揭秘中国未来20年的财富公式及具体理财方法与策略

讲述个人投资者如何提升理财智慧的七大要点

学会理财
赚大钱

小白必备的财智工具书

钱际 ◎ 著

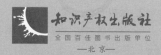

知识产权出版社

全国百佳图书出版单位

—北 京—

图书在版编目（CIP）数据

学会理财赚大钱 / 钱际著 . —北京：知识产权出版社，2021.6

ISBN 978-7-5130-7579-4

Ⅰ . ①学 …　Ⅱ . ①钱 …　Ⅲ . ①私人投资—青年读物　Ⅳ . ① F830.59-49

中国版本图书馆 CIP 数据核字（2021）第 126304 号

内容提要

本书是针对年轻人的一本理财书籍，力求通过生活化的语言和多种通俗易懂的表现形式来完整地展现理财的世界。从理念到思维、从技巧到原理、由浅入深地讲解理财需要的知识和技能。阅读本书，可以让一个理财小白，全面系统地掌握理财的各种方法，增长财智，完善人生。

责任编辑：田　姝　　　　　　　　　　责任印制：刘译文

学会理财赚大钱

XUEHUI LICAI ZHUANDAQIAN

钱　际　著

出版发行：知识产权出版社 有限责任公司	网　　址：http：//www.ipph.cn
电　　话：010-82004826	http：//www.laichushu.com
社　　址：北京市海淀区气象路 50 号院	邮　　编：100081
责编电话：010-82000860 转 8363	责编邮箱：laichushu@cnipr.com
发行电话：010-82000860 转 8101	发行传真：010-82000893
印　　刷：天津嘉恒印务有限公司	经　　销：各大网上书店、新华书店及相关专业书店
开　　本：787mm×1092mm　1/16	印　　张：21.5
版　　次：2021 年 6 月第 1 版	印　　次：2021 年 6 月第 1 次印刷
字　　数：275 千字	定　　价：79.80 元

ISBN 978-7-5130-7579-4

前言：看懂世界，你就会是富人

　　最近，一些年轻的朋友经常向我咨询理财方面的问题，我发现他们对家庭理财有很多认识上的误区。其实，**理财是一个人经济生活的一部分，是一个大系统的子系统，要想理财成功，就必须在一个更大的视野里去观察和思考。**虽然他们在各自的领域里非常成功，但在钱的问题上，却显得较为幼稚。有些人还是金融单位的高管，但那可能仅仅只是他们的工作而已，他们对自己销售的金融产品的价值和最正确的使用方法，其实并不了解。所以，我决定写下本书来做这方面的一个探讨。

　　记得 20 年前，当我学完了四年的金融学专业课程毕业后，立志要"金融报国"，但由于自己的年轻与无知，走了许多弯路。我陷入了深深的思考，发现很多时候不是我们不优秀，不是我们不努力，也不是我们掌握的知识技能或资源太少，我们之所以还没有想象的那么成功，可能只是因为一个原因，就是我们没有真正**看懂这个世界运行背后的某种客观规律**。例如一个人驾车去某地，是走高速公路、普通公路，还是乡间小路，到达的时间都会不同。

人生也是如此，如果你找不到进入高速路的正确入口，那再多努力也只会事倍功半，甚至徒劳无功。这里的"高速路"即指规律，不管你是什么样的学历和能力，不管你长得美与丑，甚至也不管你是不是比别人更辛苦或更努力，只要能进入这条高速路，即按客观规律行事，就可以很快到达理想目的地，取得人生的辉煌和成功。

看懂世界，就是看懂规律。早些年，一个刚工作不久的年轻人和我讲，说他真看懂了。他对我说："没想到单位里原来是这样的，世界是这么不公平！"他还愤愤地说，他不想像刚开始那样努力工作了，因为再努力也不会得到领导的提拔，人家根本就视而不见，还不如那些混日子却会溜须拍马的人强。我和他讲："首先你是一个勤奋的人，否则看不到这些规律，但发现规律只是人生第一步，真正要做到的是**发现规律、学习规律、运用规律、最后改变规律，共四层境界**。"后来，这个年轻人成为了那家公司的总经理，实现了自己的人生价值，公司面貌也焕然一新。

一般情况下，任何人开车上了高速路，都可以快速到达自己想去的目的地。同理，任何人只要按照财富的规律办事，同样也可以到达自己的财富目的地。这是一个什么样的规律呢？答案是：**在正确的时间和空间里做正确的事**。

先说时间。20 世纪 80 年代以前做生意可能违法，那时叫"投机倒把"，但 80 年代后做生意可能会身价百万，现在叫"成功人士"；几年前二胎政策还没放开，有些人因此还被罚款，但现在生二胎却是响应国家政策；10 年前买房可能早已赚得盆满钵满，但现在是限购限售又限贷。同样的事情放在不同的时间段里，结果就大不同，可见时间的重要性。

再说空间。我曾在一所大学讲课，一位面临毕业的大四学生问我："怎么能尽快成功？"我分析了他的情况，对他说："选对的地方。"他很疑惑地问："不应该是考取证书或参与大学生创业吗？"我说："你所在的城市是一个四线旅游城市，没有太好的创业扶持政策，而考一个将来用处不大却花钱不少的证书也绝非明智之举，不能为了考证而考证。"我告诉他正确的做法是：首先，要制订一个计划，规划一下自己的人生；其次，要好好研究各地的人才政策，不论是找工作还是创业，选择都不一样，将来还涉及当地购房政策，能否享受城市发展红利等。只有把这些都了解清楚，前方的路才会清晰。

如果时间和空间都选对了，那最后就是做正确的事。不过，事情本身其实既重要也不重要。说重要，是因为我们必须选一件事作为开始，因为它就像在致富路上所开的车辆，是载体也是工具；说不重要，是因为如果在错的时空，像碰到"前方施工，此路不通"或"大雾大雪，高速封路"一样，再好的车也会"英雄无用武之地"。所以，成功的人做什么都能成功，不会纠结于某些具体的事情。因为他们明白成功的规律所在，即**对的事情是对的时空的产物，而非绝对的正确事情。**

那究竟什么是规律呢？用老子《道德经》中的一句话最能解释其中的深意——"道可道，非常道"。这里的"道"就是宇宙规律的意思，而"非常道"，则暗指不是日常所了解的那些道理。也就是说，某些真正的道理是和大众理解不一样的，甚至截然相反。例如有些人认为"我对某人好，他就一定也会对我好"，但事实都是这样吗？有时候你付出最多的那个人，往往就是伤你最深的人。而当年最令你亢奋的某件事或物，后来可能让你最揪心，所以我们才说要有平常心。又如在理财上，能让大家真正致富的道理往往是大家最不愿意听的，而大家都愿意听的那些道理恰恰又无法令人致富，甚至可能导致亏损。例如"一夜暴富的独门秘籍"或"快速致富的九大法宝"等，你学了就能做到吗？其实他们并没有说错，只是没说清楚到底是谁的致富法宝罢了，但可以肯定的一点是，不是绝大多数人的。莎士比亚曾说过：**"凡人经历狂风巨浪才能获得财富。"**所以，理财的道理虽然简单，但做到却不容易，需从长计议。

用上面的这个观点来看，**你见到的这个世界从来就不是真实的。**怎么理解呢？即我们对世界的理解不是全面的，而且经常是片面的，用现在流行的一个观点来看就是"维度"有点低了。我读高中的儿子就曾问过这样一个问题，他说："您老说富人思维是延迟享受，想赚钱先要存一部分钱是吧？"我说："是的，世界上真正的富人其实都很节俭。"他说："那我们班上的那个孩子家里开矿，他上学都坐豪车，好像有钱人不是那样的。"我告诉他："我们国家是刚刚富裕起来，这种行为和心情可以理解，因为过去太穷嘛。就像你去非洲，那里的孩子还在比谁家里存了多少袋大米，咱们国家的孩子却在比家里有多少套房子和开什么车子，如果你去了更发达的国家，他们就不会看重这些。""那注重什么呢？"他很好奇。我说："可能精神财富方面吧，还有娱乐、生活什么的。"他毕竟还是个孩子，对大人说的世界不是完全懂。但后来他悄悄告诉我，他已经开始试着控制自己的消费欲望先去存钱了，可还是感觉有一点点担心。我问他担心什么，他说担心别人会说，"那样做降低了自己的生活品质。"我说："你要现在的生活品质还是将来的？"他说："当然是将来的。但不是人家都说应该追求有品质的生活吗？否则赚钱了有什么意义，都不懂得享受人生，这不是浪费吗？"我笑着对他说："你说的没错，关键是这些话是谁说的！"他告诉我"是同学说的"，我又问"同学是听谁说的"，他说"同学的爸爸说的"，"那他爸爸又是听谁说的呢"，"他爸是听电视说的"，"那电视是听谁说的"，他说不出来了。我停顿了一下，告诉他其实是那些想卖产品的人说的，而那些人大多是企业的老板。

他说："您的意思是富人一直在给我们灌输观念，好销售他们的产品，我们消费了，钱就跑进了他们的腰包。"我说："是的。"他又问："那他们也消费那些产品吗？"我笑着说："你觉得呢？"他也笑了没有说话。

经常有人说"耳听为虚，眼见为实"。其实**这个世界就算摆在你的面前，你也很可能只是看到它的其中一个侧面而已。千万不要以为这就了解了全貌，完整的世界是包含看到的和看不到的两个部分。**一次，我问一个大学生对新发行的人民币有何看法，他告诉我说印刷很精美，这就是他只看到了其中一个侧面，当我告诉他新印的钱会使钱币贬值时，他才看到了全貌。他又问我怎么能让钱不贬值而增值，我笑着告诉他两个方法：一个是学会投资理财；还有一个就是把手里的现金保存起来，不是存到银行，因为利息太低，而是收藏起来。其实我从小就喜欢收藏，现在家里还有各个时期的纸币及各类邮票，还有几个存硬币的罐子。据说现在很多钱币已经价值不菲，但我不会出手，会一直保存。

很早就有一批聪明人把一些原本不相关的事物进行了联系，以高出其真正成本的几倍甚至十倍百倍的价格卖给了我们，我们虽然得到了那样东西，但真金白银却流入了那些聪明人的囊中，他们因此变得富有，成为了富人。你可能听过这样的一条广告吧，"下雨天，巧克力和音乐更配哦"，你是不是就有了一下雨就买一大盒巧克力送给爱人的冲动呢？你知道吗，生产德芙巧克力的跨国公司美国玛氏公司成立于 1911 年，早在 1989 年就进入了中国，是世界上最大的宠物食品和休闲食品制造商。

你有没有听过这样一句很经典的广告语，"钻石恒久远，一颗永流传"。如果你是女生，你希望在结婚时得到一个又大又美的钻戒吗？我想这几乎是所有女生的梦想，但这个梦是谁造的呢？据说早在 1947 年戴比尔斯公司就已经开始推广他们的"石头记"了，当年他们先后购买了 125 份报纸的布局，邀请众多的好莱坞明星代言，将钻石与爱情"巧妙"地联系了起来，还植入了电影，很多求婚送钻戒的镜头就成了我们今天的经典镜头。那句广告语的原意其实是，"钻石是持久的，永远是永恒的"，目的只有一个就是不要卖出，因为那样会导致价格下跌。而这个戴比尔斯公司其实不是一家简单的公司，是世界上主要钻石经销商共同成立的一个公司，目的也只有一个，垄断钻石矿和控制钻石的价格。例如在非洲等地区很早就发现了大矿却迟迟未开采，只因大量开采会导致钻石价格的下跌。他们甚至还教给人们一种鉴别人造钻石的方法，以引导我们去购买他们的"真"钻石，其实都是碳元素，并无多大区别。正如各国央行都有黄金储备，从来就没有听过钻石储备的。你可能会说，国外富人不都是用钻石来做大笔交易的吗？但那些都是电影里的镜头，又是谁在赞助拍戏呢？**所以以后结婚还是买黄金吧，这也证明你多少学过理财，是个聪明人。**

又如"喝红酒是贵族的象征"，想想电视广告里的那些镜头吧。你家里有没有一个私人酒柜呢？摆满了各种名酒，虽然有的是空酒瓶，但仍显得那么有格调。再看看名表的广告，"卓越的标志——欧米伽""一旦拥有，别无所求——劳力士""没人能拥有百达翡丽，只不过为下一代保管而已——百达翡丽"，还有"不在乎天长地久，只在乎曾经拥有——铁达时表"等。你仔细琢磨，就会发现聪明人无处不在，他们的营销也无处不在，而我们则天天被营销。说完了名表说名车，我们再来看看汽车 BBA 的广告语吧，宝马 7 系"生活艺术，唯你独尊"，奔驰广告语是"领导时代，驾驭未来"，奥迪广告语则是"突破科技，启迪未来"。这些聪明人通过营销让自己变富，穷人则通过消费来实现他们这一愿望。当然，我要说明一下，不是说消费不好，而是要理性消费。**本书说的穷人也不是指那些赤贫的人，而指的是那些收入和消费不成比例、有点入不敷出的人。**

美国佐治亚大学教授托马斯·斯坦利曾研究了 30 多年美国富人的消费习惯，他发现真正的美国富人并不住在富人区，而是住在中产或较低端一些的社区。例如 2019 年 5 月参加股神巴菲特的公司年会，很多人惊讶地发现巴菲特开福特车（美国国产车），住不足 100 万美元的老房子已经 60 年，而且是在当地的中产社区。研究还发现很多开酒庄的老板自己家中其实也没有人们想象的、像电影上演的奢华的私人酒庄，很多人家里也就存放着几瓶招待客人的红酒，而且价格也很便宜。有数据显示，全美百万富翁中只有 7% 的人珍藏一瓶价格超过 100 美元的葡萄酒，而大部分都在 25 美元以下，超过 1/3 的人手里至少有一瓶但价格不超 10 美元，还有 9.8% 的人家中连一瓶也没有。所以斯坦利教授得出一个结论，很多**看起来像富人的人其实是在装富**，包括那些戴名表、买名包、开豪车的人，往往都是**伪富人**。真实情况是：他们大多是高收入者，受到了真正富人的影响，购买富人们的产品，甚至不惜贷款购买（银行家也因此致富了），这样导致他们看起来更像富人，但实际上很拮据（像很多停车场收费员常说的话，开好车的往往是最抠门的人）；而真正的富人却得到大笔的金钱，只是他们有时候看起来并不像个富人罢了。**这里不是说我们不该去消费，而是要和自己真实的资产相匹配。**其实，很多富人也使用奢侈产品的一个原因可能是东西是别人赠送的，不用有点浪费，还有就是出于营销的目的了。

还记得美国人罗伯特·欧阳的"酸性体质理论"大骗局吗？他十几年来写了 4 本书，这个虚无的理论被他阐述得神乎其神。知道他为什么这么做吗？

事实上他不光卖书、经营诊所，还基于自己的理论生产大量保健品和药物。直至耽误了一位患者的病情，骗局才被戳穿，并因此被判赔偿 1.05 亿美元。有没有发现，有时**我们就像一条在池塘里"一天到晚游泳的鱼"，周围却布满了各种鱼饵、骗局和陷阱，一不小心就会中招。**

现实中除了上面那些煞费苦心、长期经营的渔网，还有一种是靠短期利益来吸引我们的挂满鱼饵的**"钓鱼钩"**，如"零首付、零利息、轻松拥有×××""分期付款，购物无压力""月息 4 分，躺赚一生"等。如果你被这些广告吸引，那你就是那条鱼了，你的钱将会流向别人的口袋。**如果你想改变这样的命运，就要学习聪明人的思维和做法，看清这个世界的本质，看懂金钱的规律，就会变得越来越聪明和富有了。**

本书是写给广大理财初学者的，所以力求用最简单的道理，最贴近生活的案例来诠释金融理财的相关知识。苹果交换一下还是一个苹果，而思想交换一下就会是两种思想。希望我的经验能对你有用，切实帮到你，衷心祝福你和你的家庭在财富的道路上早日自由！

特别提示：本书所列举的所有案例，仅是为说明一个理论，并不构成任何具体的黄金、外汇或股票等的投资建议，投资需谨慎！

钱际

2019 年 12 月 1 日

目　录

第一章　如何打造一个富人的大脑

第一节　抓住趋势，赚第一桶金

人生中的第一桶金往往来之不易。有数据显示，人生中的第一个 100 万往往是积累时间最长、付出努力最多的 100 万，而这 100 万也是可以随时用来投资或消费的。当然这个 100 万只是一个相对数字目标，可以根据城市的不同做出调整。如果你是经过 5 年或 10 年赚到了第一个 100 万，那下一个 100 万的时间将会大为缩减。**所以，现代人想要在三四十岁以后就实现财务自由，如何合理、快速赚到这第一桶金就显得尤为重要了。**

我们知道成功的三要素是天时、地利、人和，其中的天时就代表趋势，也是对时间周期的一种把握，而造成这种周期变化的原因是多方面的，可能是自然环境、政策机制、人口流动或市场变化等。众所周知，做事要顺应天时（天意），如"春耕夏耘，秋收冬藏"，每个时间段都有对应的自然规律。

我发现地球上存在着一个约 2000 年的大循环，很多国家的兴衰都与此有关，同时也发现历史上大约每 100 年（即一个世纪），都会有一个国家最为兴盛。如 16 世纪的西班牙，17 世纪的法国，18 和 19 世纪的英国，20 世纪的美国。中国在 17 世纪以前，即大航海时代之前，除了一些像五代十国那样战乱的年代，几乎都是世界上的强国之一，只是在近代 200 多年里衰落了。如果这个 2000 年的周期存在，那 2000 年一定是一个重要时点。如用 2000 年做一时间轴零点，并用一条波动曲线来表示的话，往前推 200 年就是中华近代苦难史。往前推 100 年即 1900 年就是这条曲线的最低点了，前后有两次鸦片战争、中日甲午战争、八国联军侵华战争、抗日战争和解放战争，而《南京条约》《马关条约》和《辛丑条约》等不平等条约的签订迫使中国进入了近代最黑暗的时期。根据自然界的周期波动规律，我们可以大胆预测，**2000 年后的100 年将是中国新的辉煌时期，应该说 21 世纪一定是属于中国的**。如图 1-1 所示。

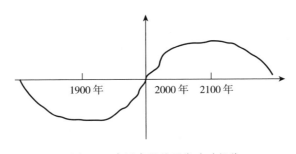

▲ 图 1-1　中国发展的周期波动规律

你可能会问，理财怎么说到历史了呢？其实当年在发现这个规律后，我就做出了自己的人生规划。因为如果把 2100 年设定为中国发展的新高点，那么 2050 年就正值壮年，也就是中华人民共和国成立 100 周年时，我们完全可以超越现在的老大美国了，而 2030 年将是我们的青春岁月，就像一个 30 岁的人，正处于最好的年华。由于未来人类的发展将会更加文明，经济发展将是主流，所以我在毕业时就决定放弃当时那些所谓稳定的分配工作，而选择了金融行业，并设定了自己最终金融创业的人生目标。要知道 20 多年前，很多人都以能找到一份稳定工作为荣。直到现在，很多中国的三、四线城市中，丈母娘选女婿的首要标准还是公务员第一、国企职工第二，而在私企工作的年轻人排第三，可见这个观念在老百姓心中是多么根深蒂固。

如果中国能成为世界一流的国家，那就会像 20 世纪战后的美国和日本一样，涌现出摩根、洛克菲勒和松下幸之助等一批叱咤风云的商业人物，中国的企业家将走向世界的舞台。当时我还写了一篇文章给很多人看，说 2050 年中国会超过美国，世界首富将可能来自中国，中国的企业家将迎来最好的历史机遇期等。可惜无人认同，没有发表，说"一个刚毕业学生的思想也未免太激进了，太过理想化，还净操不该操的心"。那时是 1998 年，中国经济总量还不是很高，也没有现在的自媒体。话说回来，那时的我的确还在为生存而奋斗，当时连件像样的衣服都没有，但我觉得跟上这股洪流肯定没错，现在回头看还是正确的。

下面我们分析一下整个经济周期里暗含的几类趋势。

首先，土地是经济的正函数。如果经济上涨，土地则必然上涨，而各国房地产从开始发展都会有 50 年的繁荣期，预计我国到 2040 年附近会阶段见顶。我从大学毕业的次年就开始在家人的支持下买房，1998 年买了第一套房产，80 多平方米花了 3 万多元，2000 年买了第二套房产，100 多平方米花了 7 万元，我当年的目标是在全国好一点的城市都能拥有一套自己的住房。

很多人都觉得我异想天开、不切实际，而且当时也没有人像今天这样热衷买房，但这个决定，回头来看也是正确的。很多当年在一线城市手里有几套房产的人，早已收获了他们人生的第一桶金。

其次，股市是经济的晴雨表。 虽然中国股市有很多不规范之处，但大数据显示，在经济的重大拐点处，股市无疑还是有作用的。纵观西方证券市场的历史，新兴国家的股市总是巨幅波动的，就像一个新生儿，感冒发烧是常事，免疫力还不强，但随着成长会逐步完善。近几年国内经济下行压力较大，所以股市基本处于冬眠状态，一直低位调整，没怎么上涨，但较低的市盈率也使得其中的一些优秀企业筹码估值偏低。所以沙里淘金、藏金待涨就是现在对 A 股市场最好的策略。

随着下一步**我国居民财富蓄水池逐步从房地产向股市转移，未来收藏优质公司的股票将是每个普通家庭的理财首选，**当然这个过程也是缓慢的。在刘彦斌的《理财有道》这本书中，他讲了一个中国国民党荣誉主席连战家族的理财故事。连家世代经商，但正真让连家富甲一方的要归功于连战的母亲赵兰坤，她没有像一般的富人那样只是把钱存到银行，而是积极进行投资理财。先开始陆续买了彰化银行、华南银行、国泰人寿等二十几种股票，靠着这些金融资产在当地银行贷款的便利政策，后又从彰化银行大量贷款购买了台北的很多物业，只租不卖。在近 40 多年的时间里，连家将所有的家产投资于股票和房地产，并耐心等待，期间很少卖出。数据显示，连家长期投资的收益率高达每年 20% 以上，5 年就可以翻一番。书中介绍，连家当年财产总值估计约达 300 亿新台币，约合 70 多亿元人民币。

最后，整个国家的经济格局将会大为改变。中国将成为世界经济的新引擎和新动力。科技和金融将是非常有发展潜力的两个行业，当年我根据自己的专业和爱好，选择了金融行业，在证券、期货、保险等金融领域公司工作了近20年。但现在，金融已经成为一个传统行业，今天如果你想创业，我劝你选择科技，一是国家支持，二是成本也低，现在只用一部手机就可以开始创业之旅。

为什么要谈创业，因为创业就要成立公司，而**公司经营需要掌握的知识也是理财者应当了解的**，如购买股票就是选择行业和公司。很多人问我有没有赚钱的项目，或是推荐一只好股票，还有就是能否告诉他一记"选股绝招"，我通常都是笑着说没有的。因为如果你不爱学习，贪图短利，是很难领悟理财的真谛的，而且往往容易上当受骗。理财建议书就像医生的诊断书一样，是绝对个性化的，同样的理财产品，有的人赚钱，而有的人却在赔钱，所以你必须了解得更多、更全面。当你的知识涵盖了这一切，再集中精力做一点，想办法让自己成为某个投资理财领域的专家，那成功就指日可待了。

⊙ 有人曾问我，"现在的商业趋势是什么呢"？

我个人认为是个性化、品质化、科技化和效率化。**个性化**就是你的产品或服务要有独特的个性。例如现在流行的社交电商、短视频、海底捞式服务都有极鲜明的个性；如果你喜欢流行音乐，你会发现嗓音独特的人更易成功。**品质化**的意思是，现在是物质过剩的时代，但好的产品和服务还是有市场的，你要假想自己就是客户，想想你想获得什么样更好的产品或服务，如果有满足你这些需求的产品，那销量一定不会太差。**科技化**是指你的产品和服务的科技手段有没有超前，现在的"90后"及"00后"是在手机游戏中长大的，他们对科技的好感要更加强烈，我经常对孩子说的是，你以后的家用电器里一定会有机器人，我们将经历一段"人机共存"的时代。**效率化**是说，整个社会将提高效率，杜绝浪费和污染。例如通过大数据和云计算，倒推产品的所有设计流程和生产，以满足人们个性化的需求。科技推动下的"计划经济"将是世界资源的极大节约，还有经常听到的共享经济和分享经济，都是效率化的一种体现。这些都是商业发展的趋势，你可以以此来改进自己的企业或产品，以适应这种变化。很多没有改变的企业都将被时代趋势所淘汰，就像诺基亚的一位管理者所说的："我们什么也没做错，只是输给了这个时代。"**从理财的角度讲，你未来也可以投资于这样的企业。**

⊙"未来的公司趋势是怎样的"？

我认为是**平台化**、**小型化**和**虚拟化**。未来是智力资本的时代，个人经济将精彩纷呈，拥有独特技能、知识或文化魅力的人，将成为企业的核心竞争力。所以，大公司就要做平台，以提供个人经济的各类发展舞台。普通公司因社会分工更加精细，就要想办法成为某个细分领域的顶尖高手，组织将趋于小型化，当然人少并不意味着钱就少。而科技的发展将使公司办公更加虚拟化。虚拟化的好处是写字楼租金成本大幅降低，以及可以网罗全国乃至全球的高素质创意员工。这也符合了年轻一代崇尚自由的心理，他们可以边工作边旅游，让自己的灵感与潜能发挥到极致，并拥有多元化的收入，同时也降低了其交通和租房成本及购房的压力。此举对社会的好处是可以减缓交通的压力，抑制或平衡市郊的房价，以及增加各地的消费等。

⊙"未来的产品趋势如何发展"？

我认为产品分为五个阶段，即**有形产品**、**无形产品**、**知识产品**、**创意产**

品和精神产品。现在的中国有形产品过剩，无形服务五花八门，在这两块创业投入高回报少，当然我说的是大概率事件。而知识经济现在是大行其道，包括文化娱乐、直播网购、自媒体、教育培训、商标专利等。

下一步的发展应该是创意型的产品，基础的商业架构逐步成熟之后，就需要适合新时代的大脑来激活了，这就是创意产品。

再进一步就是精神产品。在未来，当很多低端和重复性的工作被人工智能所取代后，人们将被极大地解放出来，开始新的思考和探索。要知道人类的追求不仅是物质，在物质极大丰富之后，精神方面的需求就会提升，如美国电影《头号玩家》讲述的可能是偏向娱乐方面的，马斯克的"火星移民计划"可能是偏向宇宙探索的，还有类似人类永生计划等。

一次，一位刚毕业的年轻人向我请教："现在该如何赚钱？我想马上去创业！"我告诉他，**过去企业赚钱靠的是信息不对称**，A 地有的产品 B 地没有，运过去就赚钱了；**未来靠的是技术不对称**，人家有的专利技术你没有，人家就赚钱了；而**现在靠的是服务不对称**，别人的服务不到位，你的服务无微不至，你同样可以赚到钱，我称为"好人经济"。根据他的情况（家里对他的帮助不会太大），我告诉他因为目前自己本身的经济条件不好，满足刚需是首选，尤其是大众的刚需，如衣食住行，另外还有孩子教育等，因为这些老百姓都离不了。我还给了他几点忠告：首先，如果你选的行业内有大型企业存在，那就不适合你，你要找到细分的小行业，并想办法做到最好；其次，尽可能用少的投资，目的是以小搏大和积累经验，要知道小成功会"传染"，有很多小成功就会带来大成功；最后，如果你选的是需要交加盟费的那种特许加盟公司，防止被骗的最佳做法就是要求到他们总公司工作至少一个月，你就可以知道这个生意能不能做了。很多时候，那些看起来太明显的好机会往往不是你的机会，因为这么好的事可能早就有人做了，怎么会轮到你呢？另外也不必惋惜那些所谓"失去的大机会"，要知道机会无处不在，你一定要耐心等到属于你自己的机会。

再来看"衣食住行"。服装行业里，被 ZARA、优衣库、海澜之家等大企业充斥着，另外这个行业电商也很发达，属于红海行业竞争激烈，没经验的人不易进入；饮食行业可以考虑，因为众口难调嘛，各个地区口味不同，反倒有机会，而网络订餐和餐饮是共生关系，所以可以选择；住房中，大学生和白领人士的租房生意或旅游城市的民宿宾馆生意值得考虑，未来年轻人旅游的需求会很大，因为我看到现在已经有一些"90后"在做自由职业者了，等到了"00后"工作时，相信这一数字还会扩大，未来居家或旅游式办公将是常态，到单位上班的反而会成为少数；出行方面，留下的缺口也不多，如对车辆的美容与维修，当然也要看自己的爱好和特长再进行选择。

如果你是职场人士，兼职投资就是你赚取第一桶金的最佳选择。 你可能没时间和精力去创业，但你可以投资别人创立的企业。两点建议：首先，房地产还有十年左右的好时光，但会呈现微涨和涨跌分化的状态，一、二线的城市由于人口流入，房价可能继续上涨，但三、四线的城市，尤其是人口流出的城市，则长期有下跌风险；其次，在此期间，居民财富的蓄水池也将从房地产逐步转向证券市场，你可以收集优质的股票资产，当然你也可以投资基金，或者两者兼做。从美国的发展也可以看出这个规律，原来他们的居民财富蓄水池也是房地产，还有很多税收优惠政策。但从 20 世纪 80 年代中期开始，美国通过税法改革，逐步将居民财富成功引流到美国股市。很多美国人的社会养老如 401（K）计划等都是投资美国股市的，使得美国股市上涨了 30 多年，创造了全球最多的亿万富翁。历史经常是重演的，相信未来中国的股市也会有类似的表现，虽然现在很多人谈股色变，但将来一切都会改变。20 世纪 30 年代美国股灾后，直到四五十年代，美国人都不愿听到股票两个字，但现在美国富人的持股比例是家庭资产的 30% 以上。现在移动互联网的发展使得投资变得更加便利，你可以通过手机购买股票或基金，来投资你熟悉（比如你工作的）的行业与公司，甚至全球市场指数、外汇及各类大宗商品（像黄金）等。

总之，**想钓鱼就要到鱼多的地方去，想赚钱就要到有风口的地方去**。例如 20 世纪 80 年代做工厂和贸易的人，90 年代炒股和做房地产的人，2000 年做互联网的人，2005 年买房子的人，甚至前几年做淘宝、微商、抖音、直播和自媒体的人，都是抓住了时代的趋势，赚得人生的第一桶金。

读者可能会问："那我的第一桶金在哪里呢？"先不要着急，请继续阅读下面的内容，你会在那里找到答案。

第二节　规划财富理想，设计美好人生

首先，什么是财富？财富并不等于收入，而是指未来能保证你生活质量的一种能力。简单说，**财富就是未来赚的钱**。财富从大的方面讲有两种形式，一种是物质的财富，一种是精神的财富。物质财富又可划分为内在和外在的财富，内在的物质财富就是健康长寿的身体，而外在的物质财富就是积累的未来收入；精神财富也可以分为内在和外在的财富，内在的精神财富是指健康积极的心态，而外在的精神财富就是对社会积极的影响。**我们人类社会的发展也是对这四种财富的积极探索和积累**。如图 1-2 所示。

▲ 图 1-2　财富的分类

不难看出，有钱人和富人还是有所区别的。**一个人只有对上述四项财富都进行了积极的探索和追求，才能算一个真正幸福圆满的人。**很多人有花不完的金钱但身体不好，有些人身体虽好但精神痛苦，当然还有身心都好但生活拮据的人，这些都不是一个人财富健全的表现。我在读大学期间，曾有一本拿破仑·希尔的《思考致富》，那时我一直把它放在枕边，没事就拿起来阅读。书中讲的一个观念我非常认同，他说一个人的心态有积极的一面，也有消极的一面。还说如果想获得健康与财富，那就要把自己的心态始终翻到积极的一面，每天都要拭去心灵上的蛛网，打开心扉，让健康、快乐、温暖的阳光充满你的心房。

中国有句古话说得很好"君子爱财，取之有道"，而思考致富告诉我们每个人都有获得财富的自由，那是你与生俱来的一项基本权利。我一直这样认为，**如果把人比作一棵大树的话，那财富和教育一定是它的最佳养分。**例如早年从农村出来后进入娱乐圈的明星，成名后的照片和他们出道前的照片如果放在一起，你会发现整个人的外貌和气质都改变了。所以，如果你想让自己和家族的生命之花开得更加艳丽多彩，那就去勇敢地追求真正的财富吧。我之所以这么说，是因为很多人虽然口头说想成为一个富人，但其实内心并不这么想，或者内心是想了，但又心怀恐惧。

当然，这也不能全怪他们，我发现人们有一个奇怪的特点，就是喜欢"心口不一"，也叫"口是心非"。怎么说呢？例如你问一个人什么最重要的时候，他回答的往往是他从不做的。曾经碰到一个女孩子说自己很想减肥，我问她："减肥什么最重要呢？"她告诉我"控制饮食和多运动"。我说："那你是这么做的吗？"她回答我"从来没有"。从心理学角度分析来看，**人们认为最重要的往往就是他们最缺失的**。例如人们从来不会认为空气最重要而去为之付费，因为他们实际并不缺少。当你认为金钱很重要的时候，其实你正在缺钱，你也经常会听到致富后的人说钱并不重要。我还告诉那个女孩子，如果你想减肥，就一定不要说"我想减肥"，**因人类的大脑对单词的敏感度比判断单词的敏感度要高 4 倍以上**，潜意识里看到的仅是"肥"这个字，而不是减与增。所以，正确的说法应该是"我要瘦"；再如想成功的人，一定要说"我想成功"，而不是"不要失败"；想投资赚钱的人，一定要说"我想赚钱"，而不是"不要亏损"。

打个不恰当的比方，如果把你比作一部手机的话，那你的潜意识就是手机的底层程序，如安卓 Android 和苹果 iOS，而你的显意识就是手机上的各类 App，拥有各种各样的能力。**这里你的潜意识（底层程序）决定了你是一部性能怎样的手机**。好在人类的潜意识可以自我强化和升级，所以要想你的财富 App 能发挥最大的性能，那你的系统就要很强大和兼容。我说这个道理的原因是，很多人嘴上说想要致富，但其实心里（即底层程序）并不那么真正认为，所以致富过程不是卡就是顿，财富目标很难达成。就像那个财富 App 长期运行不灵一样，很多人在多次尝试无果后，在矛盾与无奈中就把它卸载了。

造成你底层程序系统不强大的原因其实是你接受了错误的信息。因为财富计划是非常个性化的，所以成功的财富思维只在成功获得财富的家族中传递，我们在学校和社会上一般都无法获得，生活中的很多"才华横溢的穷人"就证明了这一点。上面说到的卸载了财富 App 的那些人又把他们的错误认知传递给了下一代。社会上就出现了一种怪现象：当官的孩子会当官，有钱人的孩子还会赚钱，而穷人的孩子只会打工。这个怪现象的原因就是，知识被屏蔽了，能力被限制了，正如过去国产手机和苹果手机差的不是硬件，而是软件，是芯片，好在这一现象正在被扭转。

网络上有句话是这么说的，"**打造一个暴发户只需要三天的时间，而打造一个贵族则需要三代人的努力**"。在一次公益活动中，一位做教育的老师曾和我讲，"你祖上肯定是书香门第"，我问他"你怎么看出来的"，他说"因为三代人才能影响一代人，你有读书人的气质"。的确，我的父亲和我讲过，我们家祖上有当过大学士的，有当过御医的，不过后代都经商没落了。其实除了家族对你的影响以外，还有更多来自社会上、历史上的各类信息对你的影响。多年前我在一个培训班上讲，现在很多人都是没有自己思想的，很多学员不服气和我争论。我问他们，你想想你现在的这些思想，哪个不是别人告诉你的，不管是课堂上还是书本上、电影里，甚至从你刚懂事的时候就在告诉你了,但哪个是你自己真正的思想呢？就像歌德在《浮士德》里说的"醒醒吧"。的确，我们是该好好想想了，**只有找到了真正的自己，才能唤醒你心底的那个程序，哪怕现在信号是那么的微弱，你的潜能也会被全部激发。**

几千年前的管仲将人分为"士农工商"四类,可见商人的地位并不高（其实在殷商时代的商人地位还是可以的，商人也由此得名，但周朝总结了前朝的失败，认为商人误国，开始了不断打压），到了后面儒家思想逐步发展起来后，中国社会一直都是"重政轻商"。有诗云"天下重英豪，文章教尔曹；万般皆下品，惟有读书高"。所以，现在有些人就感觉说钱总不好意思，觉得"俗气"，有"铜臭味"。明代的启蒙书目《增广贤文》里讲到这样一句话"钱财如粪土，仁义值千金"，意思是告诉我们不能为了钱而抛弃了仁义，但很多人仅记住了前半句，并以此来作为他们贫穷的一个心理安慰。现在我们知道了，这样做并不明智，想获得财富也并不可耻，人人都有获得财富自由的权利。

还有的人总喜欢把获得财富的人和"为富不仁"联系起来，那也是不对的。获得财富的道路有许多条，如继承家族遗产、拆迁、与富人结婚、中大奖、创业成立公司、投资理财，还有欺骗、违法收入等。鉴于对四种综合财富的理解，我建议靠自己的能力来创富。我自己选择的道路就是"白手起家"，即通过**"创业＋理财"**力争成为**"富一代"**，当然我不是说其他合法的选择不好，不同的人生只是一种不同的选择。记得儿时看过一个美国电影，讲的是一位事业有成的父亲在教育初出茅庐的儿子，儿子事业屡屡受挫、心灰意冷，为了培养儿子的信心，父亲决定"重演历史"。他在街头把所有财产分发给一些街头流浪者，他和儿子则一起代理了跑步机开始推销。可实际情况并不理想，在销售失败和体力不支的双重打击下，父亲开始怀疑自己是不是"老了"，绝望中想到放弃。但这时儿子却没有倒下，反而变得坚强起来，开始扭转败局，再度创造了家族新的辉煌。

我一直这样认为，**人生如同旅程，不管旅途的风景是沙漠还是绿洲，也不管是白天还是黑夜，其实都需要你用心品味。**就像日本作家夏目漱石写的《我是猫》里的猫眼看世界，我感觉人的灵魂就是通过自己的身体来观察整个世界的，什么都经历一下，这一辈子也算在人间没白走一遭，当然非要选择太不好的经历就是种愚蠢了。庄子曾说过人有四重境界，"**不滞于物，不困于心，不乱于人，不迷本性**"。我们虽然追求财富，但绝不能成为金钱的奴隶，**金钱只是我们的工具，我们要做金钱的主人**。

当我决定不为金钱所困，要做金钱的主人时，我便定下了一个计划。我并没有选择追求让自己在很年轻时就获得成功，而是根据我自己性格特点，制订了一个大器晚成的人生计划。因为我年轻时性格内向、沉默寡言且不善交际，虽然我现在可以流畅地当众演讲，但那是经过了艰苦的努力才做到的。在我每次看《国王的演讲》这部电影时，总是能对主人公的感受有很好的理解。商业界有句名言"有了规划就不乱，有了计划就不忙"。的确如此，**计划是达成目标最好的一种手段**。

如果对两件事情不好判断取舍，我建议用富兰克林的一种判断方法（如图 1-3 所示），就是用一张白纸和一支笔，分别写下做"事件 A"和"事件 B"的好处和坏处，选择结果就是好处最多的那项。例如当年在早些创业还是晚些创业这件事上，我是这么计划的：早创业的好处是，成功了可以早点获得财务上的自由，但不足之处是，我的性格不适合当时的商业环境，喝酒送礼看不惯，更关键那时在金融方面创业的门路其实很少；晚创业的好处是我可以提升自己的各种能力，成功率会更高，而且社会风气也改善不少，过去是"无商不奸"，现在因为有了互联网，是"好人经济"，符合我的个性。坏处就是成功较晚，不能给自己和家人更好的物质生活。当然，**每个人情况和境遇不同，该如何选择要因人而异**，我的思路也只是种参考。

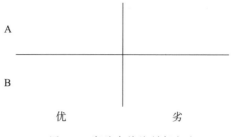

▲ 图 1-3　富兰克林的判断方法

综合考虑，我找到了属于自己人生的最佳路径，我做了自己毕业后的人生计划，在 30 岁之前只做有挑战性的金融行业，30 岁之后考虑家庭的因素，要从前面从事过的行业里选择一个可以从事 10~20 年的行业，力争在 36 岁有自己相对独立的事业，40 岁创业成功。不管结果如何，我开始了自己的人生计划。

通过学习我知道，一个成功企业家应该具备 9 种以上的能力，其中有几种能力尤为重要，如营销能力、演讲能力、决策能力，还有诸如学习能力、说服能力、统筹能力、创新能力、领导能力、组织能力等，还要懂财务和法律、人事和运营等知识。同时个人素质也要不断修炼，如自信、果断、勇敢和抗压等。

我每年都给自己定下当年需要加强的几个方面，每年都要提升至少一种能力。例如我第一份工作就选择了做一名期货经纪人，两年的推销经历，让我拥有了一个和我日常性格完全不同的职业性格。那时，我平常虽不爱说话，但谈起业务却是口若悬河、滔滔不绝。当时有个同事好奇地问我：“单位里挺能说，怎么出来就沉默寡言了。”我笑着回答道：“说累了！”他不知道那其实是我的一种自我训练。为了掌握必要的知识，我每年都会考取几本资格证书，如基金、期货、证券从业资格证，证券分析师、中国寿险管理师、拍卖师、贵金属交易师、美国注册财务策划师（RFP）等。原计划还要参加法律职业资格考试，但当年考试科目调整，从考3本书一下加考到12本，我觉得付出会太多，和我的计划方向不符，所以放弃了。我还参加过注册会计师考试，虽然没有通过，但这些自学的知识，后来都用到了我的创业和投资理财中。

因为有了大的人生计划，所以我又制订了小的子计划，有工作计划、学习计划、个人素质提升计划和家庭计划等，虽然当年日子过得很普通，但感觉很充实。每当碰到困难或经济紧张的时候，爱人总是很担心，我打趣道："不要担心现在没有钱，而要担心以后再也不能体会到这样的生活。"

很多朋友曾问我，订这么多计划累不累，我说不订计划才会累。**很多人生中的措手不及就是没有提前订好计划的一种结果**，正所谓"凡事预则立，不预则废"，说的就是这个道理。我曾和一些年轻的员工聊天，他们说自己的能力很强，就是领导没眼光，总不提拔他们，他们很愤慨。我告诉他们，当我按照计划在30岁以后选择了一个长期事业后，我便一改30岁之前每两年跳槽一个新行业，一年跳槽几家公司的做法。因为过去那是在尝试，而现在我有了家庭，我不再是一个人，我要负起家庭的责任，我为我的家庭而战，所以必须在一个公司好好一直干下去，跳槽曾让我的收入比同龄人高很多，但永远得不到公司的真正重用。我在进入准备长期工作的那家公司时，就告诉自己，一切从零开始。我的信条是"尊重每一个人，做好每一件小事"。**我相信，很多岗位不是领导给你的，是你自己给自己创造的，因为如果你具备了那个岗位超高的技能和敬业的精神，不用你就是领导的失策。**

当你决定给自己制订一个长期的计划，请一定相信计划的力量。因为人的潜意识是不完全受我们掌控的（如你控制不了头发和指甲的生长速度，也控制不了心跳的速度，它们都是在潜意识模式下引导控制的），当你定下这个计划的时候，潜意识也深深地记住了这一点。你有没有过这样的一些经历，当年你偶然看到一个学校或是一个单位的大楼，你内心只想了一下"要是能去这里就好了"。但你很快又回到了现实，心想"这怎么可能"，可多年后你很可能发现自己就在那里上学或工作。还有你碰到一位心仪的异性，想象能和对方交往该多么美好，但又感觉不太可能。同样多年以后，你可能发现她真的已经成为你的另一半了。因为理智觉得不可能的事情，但潜意识记住了。如果你把你的计划写在日记本的第一页或是挂在床头的墙上，潜意识就会分分秒秒地发挥效应。民间有句玩笑话是这么说的，"不怕贼偷就怕贼惦记"，你老想这事儿，做成的机会就会很大。

我还有一个经验要告诉你，**制订计划时你一定要多想"好事"，不要想"坏事"**。记得我还是学生的时候，我曾给自己做了一个简单的计划，在一张白纸上画了一幅人生曲线图（如图 1-4）。

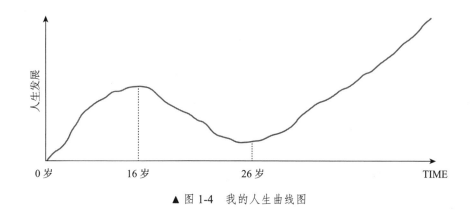

▲ 图 1-4 我的人生曲线图

我当时品学兼优、人缘也好，我觉得自己太顺了，全校老师旅游只带一个学生，就是我。那时我看到很多大人物都是饱受磨难后才修成正果的，所以也给自己随笔画了10年的下降曲线。很巧的是，就从那年开始，我经历了整整近10年的磨难，先是眼疾，三年高中只学了半年，勉强考取大学，毕业后工作也是屡屡受挫……在那段低谷期，我叫苦不迭，真后悔当时为什么不少画几年。好在当年我把我的人生曲线又画上去了，要不然也不会有后来的转机。你可能觉得不可思议，我也是后来通过学习才知道，是我给了潜意识不好的暗示，以为那是我想要的生活。所以**多想想别人的好处，多想想美好的事物，是获得幸福生活的一个小秘密**。可很多人却经常说，"自己这辈子是不可能成功的，赚钱是件非常困难的事"，的确他们也是"如愿以偿"。

罗伯特·清崎曾在畅销书《富爸爸投资指南》中写到，致富的计划有三种，一种是安全的，一种是舒适的，一种是富有的。安全的计划只能让你过上稳定但拮据的生活；舒适的计划则会让你过上小康的中产阶级生活；而富有的计划会让你过上富有的富人生活。

所以，尽早给自己制订一个理想的人生计划，是你迈向成功的开始。同时在制订计划的过程中，你也能发现你的计划和目标是否一致、能否达成。例如很多人想做富人，但他的计划却是仅靠打工，根本就无法实现。请认真思考你的人生目标并重新制订你的计划，这对你非常重要！在电影《银河补习班》里有一句经典台词："人生就像射箭，梦想就像箭靶子，连箭靶子都找不到在哪儿，你每天拉弓有什么用。"这支箭就是你的计划，而梦想就是你的目标。年轻的人生就像一张白纸，请你珍惜你的每一次决定和选择，你的人生就是在这一次次的抉择中产生的。**只有你确定了自己的人生目标并制订了财富计划，理财才会变得更有力量和价值。**

第三节　抛弃穷人思想，打造富人思维

首先要说明的是我没有一点鄙视穷人的意思，这里讲的"穷人"是指支出大于收入的人，而这里讲的"富人"则是指收入大于支出的人。一位西方的哲人曾说过致富的秘密就是，**"虽然赚得少，但花得更少"**。

就像那位"日本最省女孩咲"一样，她在 18 岁的时候就计划在 34 岁前买下三套房，然后退休。在众人怀疑的目光中，她靠着自己制订的省钱计划，把每天的生活费控制在 200 日元内（约 12 元人民币），她不买新衣服、省吃俭用，甚至节水节电，以不可思议的生活方式，成功实现了自己的目标。在某视频网站的一项民意调查中，近 30 万人对"你会为了买房，在生活中极端省钱吗？"进行投票，77.1% 的人选择的是"不会"，当然还有 22.9% 的选择了"会"。我想在选择了"会"的这些人当中，真正去做并坚持的人，一定凤毛麟角。生活就是这样，成功的路上从来都不拥挤，也正是因为这个"不拥挤"，才给了这些人一个机会，而那些连想法都没有的人，更谈不上去做了。

要想彻底分清穷人和富人的思维到底有何不同，首先就要对人有一个正确且全面的认识。很多时候，人最不了解的那个人就是自己，如很多人生气的真正原因其实是无法接受错误行为人是自己，所以更别谈去了解别人了。请先认识自己，再了解别人，才能厘清那些缠绕在你脑海里的穷人和富人的各种思维。你知道吗，即使拥有 9 项富人的思维，可能也无法让你真正富有，但拥有一项穷人的思维，则肯定让你无法成功。而了解人就要了解人性，这

也将让你在人类社会中无往而不胜。**像投资就是对广大投资者的人性分析，营销就是对众多消费者的人性分析，而管理就是对若干骨干员工或几个班子成员的人性分析。**

李宗吾的《厚黑学》认为，人性没有好坏，只有一个字，就是"利"。我在这个基础上又加了一个字"善"以作细化，就像图1-5，可以找到每一个人的坐标和定位。

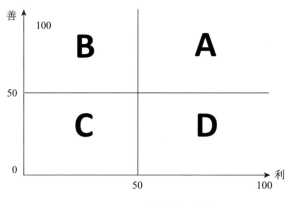

▲ 图1-5 人的坐标和定位

横坐标代表"利"，纵坐标代表"善"，如果用100分作为一个尺度来衡量的话，50分刚好是它们的中点。"A象限"的人，他们都很善良，同时也喜欢追求财富，往往是真正的富人，即我们讲的拥有四种财富的人；"B象限"的人，他们同样很善良，但对财富的渴望并不高，他们多是中产阶级和工薪阶层；"C象限"的人，他们善良程度不如上面两个象限的人，对财富的渴望程度也很低，他们大多是社会的底层人士；而最后一个象限"D象限"的人，他们善良程度同样不如上面两个象限的人，但对财富的渴望程度却很高，他们往往是靠走险招来逐利的人，如欺骗和违法。其中善良 0 分，利益 100 分的人，可以为了钱去谋财害命、杀人越货；而善良 100 分，利益 0 分的人，就是像雷锋、焦裕禄和唐玄奘那样的人。

看懂这张表，你就会了解很多人，你既可以看懂投资者的内心，也可以理解客户或员工的想法，自然你的成功就会水到渠成。**用宽容的心态去对待别人，你就会变得越来越平和与智慧。**因为平静可以生出智慧，如佛语有云"定能生慧"。一个人变得聪明了，那他的选择就一定会很明智。

2019 年的诺贝尔经济学奖得主是一本书的三位美国作者，这本书叫《贫穷的本质》，讲的是如何拯救那些极度贫穷的人，即那些真正的穷人（赤贫之人）。全球大约有 7 亿人生活在贫困线以下（每天生活支出不足 0.99 美元）。因为没有很好的教育，得不到正确的信息，又没有完善的社会基础服务体系，凡事都要去争取和努力，缺乏像我们身边的很多助推力（例如我们可以随时使用百度搜索来解决各种各样的小问题，但他们却是没有的）。导致他们**心灵不平静且有行为偏差，最终人生判断失误，无法致富。**书中写道，研究者们发现了一个很有意思的现象：穷人宁愿吃不饱饭也要购买电视等娱乐设备，被采访的那些村民告诉他们，电视是使他们逃离沮丧、减轻烦恼的有效工具。而对于食物来说，穷人们更注重食物的口味，而非价格，同时也不明白食物有什么营养，对人体有什么好处，导致他们的孩子体质很差。穷人们还喜欢下药较猛的医生，认为那样更有效，而薄弱的医疗系统也使每年约 500 万 5 岁以下的儿童死于本可以通过廉价治疗而预防的疾病。长期窘迫的生活，逼着人们往往孤注一掷，失败后就无法翻身。由于长期缺钱，所以精神一直很紧张，无法平静，更谈不到什么智慧了。每次的决策和判断都是严重的失误，这些都将摧垮他们本来就疲惫无力的心灵防线，他们只有认命，认为是天意。在印度的一些极其贫困的地区，人们甚至认为人生来就该受苦，且贫穷可以让人升入天堂，如果谁去教他们致富，那将是他们的敌人。

虽然本书并不去深度探讨如何消除极度贫穷的问题，因为那需要从整个国家和社会入手，就像书中写到的那样，需要国家去"包干"负责。但研究他们赤贫的成因，可以让我们防微杜渐。其实，**只要能提供基本的社会保障，并辅以正确的教育，人慢慢就会产生致富的智慧与行动。**

财富的特点是可以被无限创造的，且没有上限，各国的历史已经证明，财富的数字是被越来越放大的。当人们通过整合地球上的资源而不断创造出物质财富后，又会创造出更加丰富的精神财富，而财富本身又会衍生出更多的新财富。从这点上讲，财富也是有生命的，随着科技的发展，这一现象又将提速。**民众的财富汇聚起来，形成国家财富或叫社会财富，而国家财富又将推动产生更多的个人财富，这才是财富的最佳流动。**可见每个人都能创造财富，对国家和社会是有益的，即"国家兴亡，匹夫有责"。

一、"财富是有限的，赚钱是很难的"

穷人的第一个错误看法是认为"财富是有限的，赚钱是很难的"。这也是很多人无法真正致富的一个主要原因，就像一个准备上战场的士兵却带着失败的信念。人的信念存在于人的潜意识中，就像前文所述的属于底层设计的程序。如果它有了问题，那你的财富 App 是无法正常运行的，即使你有了丰富的理财知识和技能。信念就是你对一件事情的把握程度，它是由很多小的信念组成的，就像分子与原子的关系。我年轻时就明白房子会随经济升值的这一原理，也学习了房地产的相关知识，并进行了很多房产的实地考察。但我有一个很小的忧虑，就是需要贷款，而我在借钱这件事上受过打击，让我内心对负债是反感的。家人也一直告诫我，不要去借别人的钱也不要借钱给别人。所以这个小信念导致我没有去贷款，而对买房的大信念我还是有把握的，最终选择了全款买房，但价格却比当年贵了好几倍。

我经常看一个电视情感节目《爱情保卫战》，很多原本相爱的夫妻只因一件小事就吵个不停，甚至反目。究其原因，人们在彼此相爱的大信念上是一致的，而在一些小信念上则是很不同。如果人们真正了解了对方的小信念，那很多矛盾就不会产生。这里我们不谈爱情，只谈理财，如果**你能把内心中的这些小的信念做一微调，那致富的速度将会快很多。**当然如何调整自己的内心世界，是门很深的学问。

这里给大家介绍一个简单的方法，即**"噩梦与美梦"**法，"噩梦"代表痛苦，"美梦"代表快乐，人类天生就有拒绝痛苦、追求快乐的天性。像上面说的案例，我原把"向银行贷款"这件事连接到了"我多次借钱被骗"的事情上，而被骗的那种痛苦感觉就是我的"噩梦"。所以即使我把"早些买房可以升值"这件事作为我的"美梦"，我也没办法真正行动，因为痛苦的力量其实大于快乐的力量，就像做一个不好的梦会让人几天都没有精神。

现在，我把"噩梦"调整为，如果我买不到合适的价格，那我将失去财富自由的大好机会，那是我无法容忍的，非常痛苦；我的"美梦"调整为，我喜欢向银行借钱，因为负债有好、坏之分，向银行借钱无疑是好的负债，可以用借来的钱去赚钱。而我过去借给别人钱是不好的负债，因为不光会让我失去钱，还会失去朋友。

二、"吃不着葡萄就说葡萄酸"

穷人还有一个错误想法就是，"吃不着葡萄就说葡萄酸"。很多人普遍存在"仇富"的一种心态，甚至认为钱多了并不好。禅经里有一个故事，说"金钱是毒蛇"，说的是一家人捡到了一箱丢失的金子，他们把金子藏了起来，但后来还是被发现了。而这种金钱就是不义之财，的确是"毒蛇"。还有一个故事是讲，一个地主发现家里的长工夫妻虽没有钱却很快乐，而自己很有钱却不快乐。他很不解地向他的师爷请教，师爷让他丢一小坛金子在长工夫妻常走的路上，结果就发现这对快乐的夫妻从此就变得忧愁起来。**他们忧虑的原因都是一个，就是把钱看得太重，成为了金钱的奴隶。**

曾有一位事业有成的年轻人，在同龄人中间绝对是佼佼者，是一家金融公司的营销总监，他和我讲："我没赚到什么钱。"我说："你可是百万年薪，怎么说没赚到钱呢？"他说他也不知道，总之赚多少都能花掉，而且总有合适消费的项目，所以几年了，手里还是没多少钱。我看了看他的消费项目，的确他的消费很惊人，投资项目很多但赚钱的却很少，他对朋友也很慷慨，经常会借钱给别人。和他的聊天中我发现，他受他父亲的影响很深，而父亲经常告诉他，"钱不是好东西，差不多够花就行了，赚多了会带来灾难的"。

我告诉他："我找到你攒不下钱的原因了，你父亲多年来不断对你的教导已经深深刻入你的脑海。虽然你也想有财富积累，可你潜意识中其实一直都认为钱多是有害的，潜意识属于底层设计，力量更大，要想改变它就得改变你那些错误看法。"

他说："的确是，我就想尽快把钱花完，所以很多投资根本就没多看就投了。朋友借钱时，更是出手大方，为此爱人还和我争吵了好几次。"

我最后告诉他："你只需要将你的'噩梦'从原来父亲告诉你的'钱多会有难'，调整为金钱的价值是可以消费但不能浪费，而浪费金钱就等于'慢性自杀'。"

"有那么严重吗？"他吓了一跳。

我笑了："你可以试试。"

试试的结果就是，他不再浪费金钱了，后面他又学习了很多理财的知识，现在他的财富蒸蒸日上。

三、"不满现状，经常抱怨"

当对现状不满时，穷人大多选择消极抱怨，富人则选择积极思考。中国古语有云"众口铄金"，可见语言是很有力量的。人类的文明正是在有了语言文字后，才得以传承下来的，但现代人对获得的这种能力已经是习以为常。抱怨的词大多是消极的，对人的潜意识有不好的影响。网络上总结了许多消极和积极的词汇，你可以从它们中得到不同的感受，那就是**消极的词汇大多是负能量的，而积极的词汇则是正能量的**，当然还有很多中间词汇。

正能量、积极的词汇	负能量、消极的词汇
关爱、勤劳、善良、自信、爱心、文明、诚信、忠诚、表扬、热情、公正、和平、乐观、坚强、细心、正义、淡定、聪慧、果敢、勤奋、正直、率真、诚实、理智、踏实、豁达、无私、执着、勇敢、信念	冷漠、懒惰、邪恶、自卑、嘲讽、背叛、批评、囚禁、痛苦、伤心、嘲笑、压力、嫉妒、挫折、绝望、抱怨、指责、悲伤、哭泣、生气、责备、愤怒、自责、讥笑、叫骂、倒霉、麻烦、完蛋、哀叹、死亡

你看着这些词有什么感觉？我相信你一定能感受到不同的词汇带给你不同的感受。积极的词带给我们希望，而消极的词则会带给我们沮丧。科学研究显示，经常看正面的词汇对人体健康都是有益的。如很多年轻人喜欢看恐怖片，那他们一定不如喜欢看喜剧的年轻人开心快乐。

穷人的词汇和富人的词汇表也绝对不一样。

穷人经常会说，"不可能""不会成功的""太贵了""我买不起""我是个失败者""我害怕投资失败"等。

富人则会说，"怎么能做到""我一定行""怎么能买到""我是个成功者""我想投资去赚钱"等。

所以，**当你想抱怨时，你一定要明白，第一，抱怨不可能改变现实；第二，抱怨只会让你越来越糟**。如果你的行为让人看起来像个失败者，那说明你现在就站在失败者的那一行列。有句古话说得好，叫"病从口入，祸从口出"，这"祸"字右边的字形结构就是"口＋内"，可见口中的语言是何等重要。所以，**贵人要惜言，富人要谨言，而抱怨的话大家都要少言**。

如果你对现状不满，请不要说出来，因为没有人想听，关心你的人会感到担心，妒忌你的人会拍手称快。那该怎么办呢？其实，**你想要得到的更多，一定不能去要求或盼望，甚至埋怨，而应该对你已经拥有的感恩**。看看"盼"字怎么写，"目＋分"，你越是想得到的，眼睛天天盯着的，往往会离开。真是"盼什么不来什么，惧怕什么就会拥有什么"。因为"惧＝心＋具（有）"，古人早就告诉我们答案了。记得多年前当我刚赚了些钱，却在一次投资中失误，导致当天亏损80多万元时，我开始想埋怨所有的人。他们有不迅速执行我指令的经纪人；有当时打电话非要约我出去玩的同事；还有一个买卖指令都输错的朋友，为了帮他我没及时出场；还有楼上好像有人在装修；隔壁邻居孩子在奔跑吵闹；等等。但我很快就不那么想了，因为如果我做了，我就变成一个失败者了，站到了穷人的行列。我告诉自己，我应该感谢今天我有一天能赔 80 万元的机会，毕竟一年前我的年薪才刚达到个税起征点。于是我决定停止抱怨，并把这次教训带给我的宝贵经验，投入到后面的投资中去。

四、"我错过了机会"

穷人的另一个错误认知是，"我错过了机会"。表面上看起来是的，像 20 世纪 80 年代"让一部分人先富起来"的机会，还有 90 年代"全民奔小康"的机会，再有前两年"大众创业，万众创新"的机会，很多人都是错过了的。难道真的是错过了机会吗？答案是：没有！其实你的机会一直都在，就等你去发现它，你的机会和任何人的机会都没关系。**记住，明白这点对你很重要，社会的机会和你的机会其实是两回事。**

现在流行的一句话是，"只要找对了风口，猪都能飞上天"。的确，现在的很多独角兽企业就是站在当时的风口上飞起来的，但要明白的一点是，如果你整天到晚都是一个"追风的人"，那你绝不是一个明智的人。正确的做法是无论在认知上还是技能上都有充分的准备，在风口临近的时候，可以选择大胆尝试。如果没有任何积累而只是简单寻找风口的话，你离成功的机会反而会越来越远。其实很多商业上成功的企业，其团队成员都在相关行业浸淫了许多年，直至等到机会的东风。

所以，不要惋惜任何失去的所谓"大机会"。很多人在叹息机会失去时，往往又会草率地选择另一个机会，而这个机会也没有做充分的研究与准备，结果自然也不会好。就像一个刚刚失恋的人，为了弥补心灵的空虚而很快新找一位，但当某一天这个人明白自己的真实想法后，新找的这位最终也得分手。其实，属于你的"爱情"已经在路上。某种意义上讲机会也是如此。

著名影星刘晓庆当年在拍电影时，有人问她："知不知道美国总统是谁？"她说："不知道。"大家都很惊讶，有人提醒她那位总统也是位电影演员，刘晓庆仍然说不知道，因为她只专心在片场拍片，根本是心无旁骛。当然，后来她成功以后肯定是知道了，是里根总统，但了解这些又和她将来的成功有什么关系呢。**一个人只要足够专注，就可以在任何行业和事业上获得成功。另外，我们要用开放共赢的心态来看待世界，而不是封闭竞争的心态。**共赢的心态则让我们不再羡慕别人的财富，因为我们也会同样拥有。

从现在开始，**请祝福身边所有获得财富的那些人，并开始专心于自己的事业与机会。**

五、"害怕犯错，恐惧失败"

很多穷人的口头禅是"我怕失败"，他们天生具有某种不安全感，他们只追求安全而有保障的生活。俗话说得好，"勇者无畏，智者无惧"。穷人的恐惧是因为错误的教育带来的，因很多学校和家庭的教育都是"打工思维"，即你学的越专业，你就越能找到好工作，而好工作能为你带来好的保障。

从国际上来说，曾经的大资本家设立学校的目的就是培养专业的工人，自己则教育自己的下一代做全学科的接班人。技术工人的高级版本就是工程师，但没有哪个资本家会把企业传给他们。所以，**在社会上想要出人头地，**

就必须做"全才"，而"专才"那种高度的专业化其实是对人的一种桎梏。当新技术不断兴起时，旧时的大资本家逐渐失去了往日的优势，因对新技术的陌生使得他们无法成为这个时代的"全才"。当他们逐步退出了历史舞台时，很多已经建立的社会制度依然保存了下来，但其实它们在信息时代来临之际就早已落伍。

从我国来看，如果你了解下一步的发展趋势，你就不会让自己有所谓稳定的好工作，因为稳定意味着你将无法享受最大的国家发展红利。稳定的工作，固定的薪酬，也固定了你的收入和发展。所以，你完全可以对自己"狠一点"，尝试一下挑战自己的瓶颈。我曾亲自做过一个小测试，我叫它"企鹅计划"，我先给自己画了一个"安全圈"，然后去逼自己激发潜能。如何操作的呢？

首先，我在创业前，决定只拿尽量少的钱去创业，其他的收入放回家庭，以保证家庭的日常生活开支。

其次，我带着3万元（其中1万元还是借来的，当时3万元也是开公司要求的最低注册资金）离开了总经理的岗位，开始了自己初次的创业尝试。

最后，我开始"逼自己"。我每天都告诉自己，"办法总比困难多，我就是来创造奇迹的"。为了让自己忘掉当总经理的舒适感，我把车停在家里，每天只坐公交车去公司，坚持了一年多，早出晚归、卧薪尝胆，也曾绝望过，但都挺了过来。晋商乔家大院里有一副对联写道，**"放开眼界原无碍，种好心田自有收"**。的确，每个人的心中其实都有一亩田，你是经常浇灌还是疏于打理，你是用河水浇灌还是用汗水浇灌，开的花和结的果都不尽相同，而我选择用心血浇灌。果然走出了困境，并赚取了人生的第一桶金。

穷人因为对未来无知，看不清未来，所以才产生恐惧。**因为恐惧而去为钱工作，这就是大部分人过着普通生活的缘由。**同时穷人的无知还表现在理财的方方面面，因为其恐惧之多，导致恶性循环，最终无法致富。

六、穷人买金蛋，富人买金鹅

穷人和富人的最大区别就是他们赚钱后购买的东西是不同的。穷人爱买金蛋，可金蛋吃了就没了；富人爱买金鹅，而金鹅可以下金蛋。在理财界，这个金蛋就叫**负债**，是会让你口袋里的钱变少的东西；而这个金鹅就叫**资产**，是会让你口袋里的钱变多的东西。

穷人由于没有看懂金钱流动的规律，被各类营销广告所吸引，购买了超过其财力的很多东西，导致每月现金流（收入－支出）为负，所以很难积累财富。又由于现在的互联网金融发展得相对较快，这也为人们的消费透支提供了便利。以蚂蚁金服的花呗为例，你可以当时不花一分钱就买到想买的商品，而且还有红包赠送，当然这些花掉的钱要在下月某个还款日无息还款。如果资金紧张不够还，还可以分期还，有3、6、9、12期，每月交一定手续费（利息）就可以，而这个利息也有优惠活动。还有，分期还款的首月是往后推了一个月的。不难看出，这比普通的信用卡可是方便多了，现在又开通了免密支付和面部识别支付，这些都使支付变得更加的便利。但**便利的支付对理财并不是一件好事**，要知道在你认为很潇洒地完成了这一系列操作后，你的钱便流进了别人的口袋。

这里我不是说花呗不好，正好相反，我经常使用花呗，信用极高。因为如果你能免费使用资金一个月，为什么不去使用，把你自己的钱放在有收益的地方。不要小看这个差别，**花掉 1 元和赚取 1 元的差别并不是 1 元，而是 2 元**。所以，你不能让"花呗"们培养你消费的习惯，而应该培养自己理财的习惯。如果你的钱可以创造出比分期手续费更高的收入，为什么不去参与分期呢，还可以享受互联网推广期的各类优惠。富人们正是了解了这些金钱的流动特性，借花呗或银行信用卡的钱来让钱流回到自己的口袋，同时也得到想要的商品。

关于买金蛋还是金鹅的问题，穷人们可能也明白"先买鹅，再吃蛋"的道理。但他们的问题往往是**分不清什么是金蛋，什么是金鹅，即什么是资产和负债**。例如很多人认为金鹅（资产）是可以升值的东西，所以买了高档的红木家具和珠宝玉器，但后来发现那些市场其实水很深，价格是涨了，但要卖出，经常是有价无市；还有一些人认为金鹅（资产）是价格较高的东西，结果买了高档的家电家具和名牌服装鞋子等，在资产评估时，它们的确是有价格的，但其实根本卖不出去，毫无价值；有的人投资了度假房，以为那是他们引以为傲的资产，岂不知是十足的负债；有的人认为自己的汽车是自己的资产，其实是个彻头彻尾的负债；还有的人以为买黄金是资产，便买了大量的黄金首饰，但那是工艺黄金的价格，每克贵了几十元不说，就是回收也是按实际重量回收的。凡此种种，不胜枚举。

到底什么是资产，什么是负债呢？那就要看产生的现金流是正还是负了，**产生正现金流的就是资产，产生负现金流的就是负债**。而这个现金流就是收入减支出的余额，它就像人体的血液一样重要，今天很多企业破产的原因就是因为现金流的断裂。

富人之所以能成为富人就是因为买了大量的资产，而穷人则是买了大量的负债。但要注意的一点是资产有时也会变成负债，而负债有时也会是资产。

例如你购买的黄金由上涨转为下跌，原来卖出时能带给你正现金流，现在卖出则会让你亏损（负现金流），即黄金由资产变为负债；又如你购买的住房原来需要交各项费用（物业费、采暖费、空调费、修理费、水电费、燃气费、卫生费、有线网络费等），现在改为出租，不光不用交这些费用，还有租金收入，则该住房由负债变为资产。

所以，**真正的资产其实是你大脑中的理财智慧，是你让它们变成了负债或资产，而加强理财学习和思考，无疑是获得资产的最佳途径。**

资产会带给我们两笔收入，一笔是定期流入的现金流，一笔是最后卖出的资本利得，它也是卖出时的最后一笔现金流。究竟投资资产是该注重平时的现金流还是最后的资本利得呢？答案是：两个都重要！但良好的现金流会让人有安全感，这也是为什么很多人愿意有一份稳定工作的原因。因为他们在退休时，会有一笔退休金每月流入自己的养老账户，直至终身，而这让他们感到安全有保障，所以好工作也是一种资产。富人们选的"好工作"是他们的企业和投资，因为现金流更大更充分，所以他们也更自由。

普通工作是穷人的资产，好工作是中产阶级的资产，而提供这些工作则是富人的资产。普通工作无法让人真正致富的原因不光是现金流有限的问题，更是因为分配机制导致的。说到机制让我想起中国足球，中国 14 亿人难道就没有高手？不是的，还是机制问题。踢足球在国内可是有钱人的运动，没有几十万元还真踢不起。但是，足球在国外是穷人的运动，很多人为了踢球赚钱以改变命运都是全力以赴。

那穷人是怎么被分配机制所限制的呢？主要是税收。穷人大多要通过工作来赚钱，而工作收入是要交税的，目前我国个人所得税执行的是七级超额累进制，起征点是每月 5000 元。就是说，每月 5000 元以下的收入是不用交税的，超过 5000 元就得交税了。收入越高税率也越高，税率最高为 45%，加上社会保险（简称"社保"）的缴纳，高收入者几乎一半的收入是在交税。过去，**许多高收入者之间问工资是多少，现在则问交税是多少。**

也许你说，富人也有税收。是的，但**富人通过企业做了合理的避税。**例如穷人是有了收入先交税再消费，而富人是有了收入先消费再交税，因消费抵销了部分应纳税额，所以税收大大减少了。作为企业来说，很多旅行被定义为商业考察，购买的服装是工作服，电脑数码等设备则是办公用品，家用车辆也可以租赁使用等，这些在现实中都很常见。另外，公司购买的车辆和房屋等资产，都可以分若干年摊销折旧，这些都能减少应纳税额而少交税。最关键的是，**穷人在交完税后又购买，甚至是贷款购买让他们财富大为减少的负债，而富人则是去购买资产，这又让他们变得更富有。**

富人也去消费，只不过富人是在资产增值后才去消费。**理财界有一个定律，即你的每月被动收入大于你的每月总支出，你就获得了财务自由。**这也意味着可以调低每月支出来实现这一计划，例如前面提到的"日本最省女孩"。当然你也可以通过增加每月的被动收入来做到。这里的被动收入就是指你不用主动工作的收入，有租金、企业红利、版税等。实现了财务自由，你就不用再去朝九晚五地挤地铁公交去上班了，有大把的闲暇时间和美妙的旅程，你和家人待在一起的时间会更长。但我也要提醒的一点是，现在很多人都把实现财务自由来作为自己人生的终极目标，想着不用工作是多么的惬意。这本身是没错的，但富人们实现财务自由的目的并不简单是为了不去工作，而是为了有更多、更自由的时间去赚更多的钱，或做自己喜欢的事情，让自己的人生变得更有价值。

七、富人的致富格斗术

当我们具备了正确的财富理念，并掌握了一定的致富知识后，就可以正式开始致富之旅了。当然这还需要很长一段时间的磨炼与实践，我们才能掌握其中的真谛，并逐步迈向财富的殿堂。

如果把致富动作和武术搏击来做一比较的话，那你的左拳就是你的工作，右拳就是你的事业，双脚就是投资或投机了。在搏击实战中，左拳的作用有两个，一是进攻二是防守，而右拳多是重拳出击，至于双脚的踢踹则是最致命的，所谓"手是两扇门，全凭脚打人"，说的就是这个道理。

富人在真正出右手重拳前，一般先会用左拳即工作来作为他们生活的保护和初次进攻的试探。例如爱因斯坦在研究出他的"相对论"之前，一直都默默地在瑞士伯尔尼专利局工作；华特·迪士尼带着他的动画真人电影去好莱坞之前，曾是红十字会的救护车司机；写出《流浪地球》和《三体》的作家刘慈欣，都是利用在电厂的"业余时间"来创作的；音乐天王周杰伦创作的很多歌曲，都是在做别人助理时写成的；蒸汽机的发明者瓦特为了完成自己的研究，他做过道路勘察、监工、修理乐器和科学仪器等工作。

普通人只关注自己的左拳，而成功者更关注自己的右拳，因它是事业成功的关键，我们称之为"专注自己的事业"。然而，很多人以为在做自己的事业，其实是在做别人的事业，很多人以为在实现自己的梦想，其实是在帮助别人实现梦想。曾和一位大型保险公司的高管聊天，他告诉我他们今年的业绩是如何好，增员（发展业务员）是怎么强，他正在为自己的事业和梦想而战。我问他："今年绩效应该很好吧？""那是！"他回答的声音很大。我又问他："那你有股份分红吗？""嗯，那个没有。"他回答的声音小了不少。

他只是公司的高级打工仔，并不拥有这家公司，所以他实现的其实是公司股东们的事业和梦想罢了。也许有人会拥有一些股份，但和真正的拥有者来说，那点股份微不足道。还有的人会说我们有股权激励的期股，但真正的股份是自由的，而期股大多是有条件的。当然，公司一般也会发一块金灿灿的奖牌来做精神激励，以弥补他们这点心理上的遗憾。

富人们专注于自己的事业，而穷人们则专注于别人的事业。专注于自己事业的人，他们为了自己的事业可以不耻下问、遍访名师、刻苦钻研、百折不挠。我发现很多在社会上打拼的年轻人，当他们有机会和比他们成功的人聊天时，他们却很少问及关于如何致富和成功的问题，不能不说是一种遗憾。

曾是一代人心中偶像的"功夫之王"李小龙，创立了闻名中外的"截拳道"。我们只了解他的师父是咏春拳大师叶问，其实他的师父还有柔术之父拉贝尔、空手道之父埃德帕克、跆拳道之父李峻九、霍元甲传人邵汉生、蔡李佛拳创始人陈亨等。他还向自己的徒弟学习，向丹尼·伊诺山度学习了"双节棍与短棍"的实战棍法，向严镜海学习了"肌肉训练方法"。而他的第一位师父其实是他的父亲李海泉，他从小就和父亲练习太极拳，一练就是20多年。正是源于这份专注和努力，他才很早就获得了成功。**现实中，有很多人一直都在抱怨生活的不公平，却从不想为了自己的事业付出半点努力，究其内心不难看出，其实并不是真想通过付出努力去获得成功。**就像美国石油大亨洛克菲勒小的时候，家里很穷困。他问妈妈："为什么我们家这么穷？"妈妈告诉他说："因为你爸从来就没想要富。"

很多人在做生意时，总喜欢代理别人的产品，但从来没有想过自己创立一个产品让别人来代理。代理别人的产品是可以致富，但最大的赢家是被代理的人。社会上真正赚了大钱的都是自己研究出一个产品或系统来让别人去代理的，这个过程虽然费时费力，可一旦成功就会比那些代理别人产品的人要富有得多。还有些人喜欢投资别人的公司，却从来也没想过自己成立一家公司来让别人投资。除非是专业的风投机构，否则这些人都是没弄明白，成功要靠专注自己右拳（事业）的道理。他们在为别人的事业添砖加瓦，却要承担别人努力失败后的种种风险，不得不说很不明智。

在现实中，也有直接练习右拳而获得成功的选手，如微软比尔·盖茨、百度李彦宏、腾讯马化腾等。还有，2019 年票房高达 49 亿元人民币的动画片《哪吒之魔童降世》的"80 后"导演饺子，据说他的第一部成名动画片是在"啃老"三年后才做出的。今天更多的年轻人通过直接创业获得了成功，原因是当今发达的移动互联网技术强化了他们的右拳，就像戴上了"无限手套"。比起过去需要多年的沉淀和积累，现在这一切都变得容易许多，如现在流行的网红经济、自媒体行业和直播带货等。

当你的双拳练得炉火纯青之后，相信你也有了一定的市场战绩，这时就要练习腿脚上的功夫了，一种是投资，一种是投机。投机就像"回马枪"，要等机会且不可常用，常用会让对手发现破绽；而投资更像"杀手锏"，要勤加练习，势必每击必中。

看到这里，你已经初步具备了致富高手的若干成功信条。下一步，就让我们一起来学习投资理财的那些"真功夫"吧。

第二章　财富的机会在哪里？

第一节　揭秘中国未来 20 年的财富公式

想知道中国未来 20 年的财富趋势，首先就要回头看下过去 20 年来的财富历史变化。以 2000 年为起点来看，当时全国的人均工资为每月 800 元，到 2019 年全国的人均工资约为每月 6000 元，近 20 年增长了 6.5 倍，当然分行业和地区不同而差别迥异。一线城市工资较高，例如北京 2019 年人均工资达到 11434 元 / 月，收入较高的三个行业分别是 IT、金融和科研，月薪均已过万元。回首当年，记得那时路上跑的汽车还不是很多，许多人的梦想就是能买一部大众的桑塔纳轿车，而现在几乎每家都有一部车了，有的家庭甚至有好几部，交通拥堵已是现在城市的常态之一。

2000 年时的房子还很便宜，像北京上海这样的一线城市均价也就每平方米三四千元左右，有的买房还送户口，但现在的均价是每平方米五六万元，平均价格翻了 20 倍以上。城市核心位置的房产价格更高。从全国来看，目前均价最高的是上海的静安区、黄埔区和北京的西城区，均价都在十万元以上。再看股市，2000 年我们 A 股大盘上证指数是在 2000 点附近，2019 年 12 月在 2900 点附近，涨幅为 0.45 倍，同期美国的道琼斯指数从 1 万点涨到 2.8 万点，涨幅为 2.8 倍。不难看出，我们的 A 股大盘几乎没怎么上涨。

下面再来回顾一下我们国家的整体发展情况，2000 年我们国家的 GDP 为 1 万多亿美元，全球排行第六位，当时美国全球排行第一位，GDP 为 9.8 万亿美元，两者相差近 10 倍。到 2019 年我们国家的 GDP 为 15.54 万亿美元，全球排行第二位，美国 GDP 为 21.41 万亿美元，排名还是第一位，第三名日本 5.36 万亿美元，第四名德国 4.42 万亿美元，第五名印度 3.16 万亿美元，第六名法国 3.06 万亿美元，第七名英国 3.02 万亿美元。**中美两国的 GDP 总量遥遥领先，且两者相差仅为 1.38 倍。**

在人均 GDP 方面，我国 2000 年人均 GDP 为 959 美元，世界排名第 133 位，2019 年为 10121 美元，增长了 9.55 倍，排名第 72 位，提升了 61 名，但距离世界平均水平 11486 美元，还有 1365 美元的人均差距。美国 2000 年人均 GDP 为 36334 美元，世界排名第 5 位，2019 年为 63809 美元，增长了 0.75 倍，排名第 8 位。可见，**中国老百姓收入还有相当大的提升空间。**

物价方面，电子产品价格跌幅较大，原来大哥大（手机）卖上万元，现在便宜的手机几百元，而那时的钱比现在的钱可要"值钱"得多；当时的大众汽车略好的要二三十万元，现在不到十万元就能买到；还有价值一两万元的落地背投电视，现在 2000 多元就可能买到 50 英寸的超薄液晶平板电视，所以电子产品、家用电器和汽车的价格是下降了。但吃的东西价格是涨了，据家里老人回忆当时一份快餐 3 元钱，现在需要 15 元，涨了 4 倍；猪肉每斤

2.5 元，现在每斤 20 元左右，涨了 7 倍多；还有大米也涨了 2 倍多，由每斤 1 元涨到了每斤 3 元；西红柿由夏季每斤 0.4 元，冬季每斤 0.8 元，涨到了现在的夏季每斤 2 元而冬季每斤 5 元多；我记得当时花 8 元钱就可以买 10 斤苹果，能吃好几天，现在只能买一两个。可见，食品价格全面上涨。其实生活中涨价的东西还有很多，例如汽油，2000 年 93 号汽油的价格是每升 3.5 元左右，现在 6 元多；还有药价的上涨也是非常惊人，有居民感叹"速度都快超过房价"；另外教育费用也大幅上涨，几乎占到工薪阶层收入的一半以上。

在这飞速发展的 20 年间，中国富裕家庭的发展也是翻天覆地，增速令世界瞩目。富裕后的中国人，开始走出国门，大笔买入价格昂贵的奢侈品。全世界主要的奢侈品生产地在欧洲，但中国人却是主要的购买大军，2018 年占到全球奢侈品消费的 1/3，达到 7700 亿元人民币。麦肯锡预计到了 2025 年，这一占比将达到 65%。中国人走到哪里，哪里的市场就会火爆，黄金、房产、旅游，还有马桶盖。**据《2019 胡润财富报告》显示，中国大陆 2019 年家庭资产达到 600 万元人民币的家庭为 392 万户，1000 万元人民币的家庭为 158 万户，1 亿元人民币的家庭为 10.5 万户，整体占比接近 2%。**由于 2000 年时的家庭财富数据缺乏，我从网上仅找到了 2011 年的一份统计数据，600 万元人民币的家庭为 111 万户，8 年我们翻了近 4 倍。在个人资产方面，2000 年时的中国首富是荣毅仁，资产大概 19 亿美元左右。2019 年的一份数据显示，中国首富为马化腾 346 亿美元，世界排名 20；马云 333 亿美元，世界排名第 21；许家印 322 亿美元，世界排名第 24。首富资产翻了 18 倍还多，且都超过了原来的世界华人首富李嘉诚。

说到这里，**我想大概已把过去中国 20 年的财富轮廓大致描述出来了。那一个普通家庭财富的积累到底是靠什么呢？**

⊙ 是工资吗？

在这 20 年中，人均工资虽然涨了 6.5 倍，但各类物价都在上涨。可能你说电子产品和汽车是降价了，但电子产品的后续费用仍要收取。如手机降价了，但电话费、漫游费和流量费你得交吧。虽然现在有些费用也在逐步减免，但那是依托技术进步换来的，而技术进步了，你的手机也该换了，4G 换 5G，5G 将来还得换 6G。电视机是便宜了，但有线费你得交吧，很多智能电视现在都变成直播或点播了，那想看高清的 VIP 节目还得交费。关键是智能手机和电视都需要升级或重新购买，否则经常卡顿，都不好用了。还有，汽车虽然降价了，但油价上却涨了一倍多，而且只要开车就得加油，那可是要加几十年，不算不知道，一算吓一跳啊，多花的那些油费足够买一辆新车了。还要注意的一点就是，这个人均工资是指税前工资，还要扣除个税与社保。如前文所述，工资越高，扣除比例就越高，最高可达工资将近一半。

最后的结论是：**靠工资致富，绝无可能，工资仅够维持日常生计的各项开销。**

⊙ 是股票吗？

确实有人靠炒股赚了大钱，但我想绝对是少数。从大的方面来看，中国股市 20 年涨了不到 0.5 倍，几乎在原地踏步，所以普通人要想在股市掘金，难度较大，除非是你有超强的技术眼光或内幕。2000 年时，基金行业也刚刚起步，但那种粗放经营和屡屡爆出的基金黑幕，加之从业者的从业时间和投资经验有限，也曾一度使投资者望而却步，直到近几年才有所改观。原因是价值投资的引入，以及基金行业从业者的逐步成熟和国家监管的不断完善。

结论是：靠炒股赚钱的机会不大，还有亏损的可能。

⊙ 那么究竟是什么成就了现在的富人？

股市没有增长，工资涨幅有限，多出来的那么多社会上的富人，他们的钱是从哪赚来的？研究后我们不难发现，股市大盘是没涨多少，但在不到 30 年的时间里，两市发行的股票共计 4000 多只，而美国花了 200 多年也只有 7600 只左右。我们这里暂不谈垃圾股太多的问题，只看这个数字你就应该知道他们的财富是从哪里来的了吧。股票不赚钱那是对买股票的人说的，对于卖股票的人来说，赚钱太容易了，所以有的企业家也把 IPO 计划称为他们的"圈钱"计划。

我们已经知道 20 年间唯一大幅增长的资产就是房产，所以**"创业＋房产"就是中国过去 20 年的财富公式**。那这一模式在未来的 20 年是否依然有效呢？答案是：有效，只不过有所细化。

那中国未来 20 年的财富公式究竟是什么呢？我认为是：核心地域的住宅房产＋专业化的投资理财＋海外资产配置＋保险财富传承。同理，财富公式也对应着红利公式：红利＝城市红利＋国家红利＋世界红利＋家族红利。

一、核心地域的房产

首先，大家要明白房地产值钱的不是房子而是地。为什么很多北京的"老破小"价格飞涨？你要看房子吧，也许都不如三、四线城市的房子漂亮，但一问价格，随便一套几百万甚至上千万元。其实从商品的使用来说，旧房子一定是贬值的，而且建筑材料的使用寿命也就 50 年，30 年后就有拆迁的可能。实际上，涨价的是房子下面的那片土地，所以房地产投资里就有了"地段、地段、还是地段"的说法。

其次，房子的价格是由进入该地区的人口数量和质量决定的，因为房子是用来住的，居住是它的使用价值。一、二线城市无疑是人口的聚集地，尤其是一线城市。通过这几年很火的"人才吸引"政策不难看出，一线城市要的是人才的质量，而二线城市要的是人才的数量。一套房子的价格会不会涨，只要看看小区的入住率就可以了。你可以选择晚上去实地考察，亮灯多的小区即入住率高的小区，其价格一般也是坚挺的。另外，如今各地户口政策放宽，中国的城镇化进程又会加快，整个规划大约到2039年，这也和前面所说的2040年周期阶段见顶相符。所以，我们的投资房产可以考虑提前5~7年陆续出手。

最后，为什么要选核心区域的住宅呢？这是大城市特有的**虹吸效应**。因为在大城市除了房子，生活成本并不算特别高，还有良好的教育医疗资源及艺术氛围，工作收入和商业机会相对多，所以人口较为集中。其实，**导致房价高的真正原因正是这些背后锁定的资源**，人们为什么不愿留在老家发展而想来大城市发展，就是因为大城市的这些配套资源。

同时，这也是国际上的发展规律。数据显示，美国人口最多的四大州为加利福尼亚州、得克萨斯州、纽约州和佛罗里达州，这4个州人口大约1亿人，也就是说约三分之一的美国人集中生活在美国50个州中的4个州。其中纽约州人口约2000万人，有约1300万人即65%的人口集中在纽约市附近；加利福尼亚州约70%的人口集中在洛杉矶和圣迭戈一线；得克萨斯州约三分之二的人口集中在休斯敦等4个城市；佛罗里达州有约30%人口集中在迈阿密。

再看日本，1964 年日本开通了东京到大阪的新干线，时间由 7 个小时减少到 2 个小时，目的是想拉动大阪等周边城市的经济发展，同时输送东京的流动人口到大阪工作生活。但结果是东京都市圈的人口急剧上升，而大阪都市圈的人口反而下降了，原来大阪的很多人都跑到东京发展来了，使得仅占日本约 4% 面积的东京聚集了约 25% 的人口。这么多的人口入驻，使得这些人口聚集地的房地产价格异常坚挺。所以，**中国一、二线城市的住房还是有保值增值空间的，但如果你在三、四线城市，那就要注意了，大概率是仅适合买一套生活自住，当然你也可以通过各地的人才政策进入到一、二线城市去工作和买房。**

二、专业化的投资理财

这是每个人心中的痛，不理财吧，辛苦赚来的钱正在贬值，存银行那点利息就算能追得上 CPI（居民消费价格指数，是度量通货膨胀的一个重要指标），也追不上 M2（广义货币）的发行量，但去投资就可能遭遇各种各样的风险和骗局。这几年 P2P 公司暴雷太多了，很多都是几百亿级。从前私募、信托和资管很火，起步都是百万级，但现在私募也暴雷，信托也没有了过去的刚性兑付（保证盈利）了，甚至违约事件频发。去买原始股投资股权吧，又碰到各种骗术，例如买新三板的都想上主板，其实很多根本上不了 A 板。现在 A 板的门槛抬高不少，何况新三板也分成了三层（基础层、创新层、精选层），能更上一层楼就不错了。

那些好公司的股权都早被一个圈子里"内部人"买走了，他们大多是朋友、风投或战略伙伴，我们普通人是很难买到的，如果你很容易就可以买到，那倒是应该好好斟酌几番。很多人还跟着网上的"××股神或分析大师"炒股、炒外汇、炒期货，前面说得天花乱坠，后面赔得一塌糊涂。前不久，上海一对小夫妻就把买房的900万元亏在外汇上，令人不禁扼腕叹息。还有，现在的银行理财也没有保本一说了。那照这么说就不能理财了吗？其实正好相反，以上这么多的反面教材，都是因为自己缺乏投资智慧造成的，需要学习怎么防骗。我将在后面的章节里重点阐述。

现在，随着监管的加强和技术的革新，投资理财环境大为改善。国外股市中大多是机构投资者，而我国还是散户居多，未来将出现机构投资者逐步取代个人投资者的趋势，所以投资需要专业化。在未来的10~15年，我国居民的财富蓄水池将逐步从房地产向股市转移，那选择中国优秀企业的股票长期持有将是一个不错的战略。再者，货币超发是全球性的，货币贬值必然带来黄金的升值，同样也可以进行家庭储备。**好消息是，以上投资你都可以通过购买基金让专业人士来帮你打理。**

三、海外资产配置

当你的资产达到一定规模后，你就应该考虑全球配置了。由于经济的全球化，现在各国经济已经成为一个整体，在整体的经济浪潮中，各国都难以独善其身。但因各国发展阶段不同，所以各国受影响情况也较为不同。很多国际投资家就很重视新兴的发展中国家机会，因为发展规律是相同的，每个人都有自己的青春岁月，每个国家也都有经济高速发展的黄金时期。按照**"鸡蛋不要全放在一个篮子里"**的理念，分散资产可以让你回避一个国家的系统性或周期性风险，还能带给你更广阔的视野和分享别国经济成长红利的机会，以及便利的国际身份。

例如你的生意可以走向世界，你可以购房来实现移民，自由畅游世界各国，你的孩子可以选择留学或回国以移民身份考取中国的一流大学。将来回国创业还有留学生创业基金扶持，即使限购的一线城市也可以去买房，不受户口限制。你还可以将来到国外养老，如果身体不好，也可以选择医疗发达的国家进行调理和治疗等。

请相信，这不仅仅是梦想，这是你应有的生活。只要愿意，每个人都有使自己生命之花绽放的权利，而金钱和教育就是养分，理财和学习就是耕耘。

四、保险财富传承

香港首富李嘉诚曾说过："别人都说我很富有，拥有很多财产，其实真正属于我的个人财产，是我给自己和家人买了充足的人寿保险！"每个人都应该根据自身的情况，制订相关的保险理财计划。其中，最基本的当属重大疾病险和意外身价险了，还有定期或终身寿险也是不错的选择，万一开征遗产税，按照国际惯例，保险是可以免税的。

素有台湾"经营之神"之称的台塑集团创始人王永庆，2008年去世后留下价值逾600亿元新台币（1新台币≈0.23人民币）的遗产，其继承人核定需缴纳119亿元新台币（约合人民币27.37亿元），创下了台湾遗产税的最高纪录。而2004年去世的台湾前首富蔡万霖同样留下了庞大的遗产，根据台湾地区规定，他的子女需要缴纳782亿新台币（约合人民币179.86亿元）的遗产税，但实际只交了5亿新台币（约合人民币1.15亿元）。原因是靠经营保险业起家的蔡万霖生前购买了数十亿元的巨额寿险保单，将其庞大的资产通过人寿保险的方式安全合法地转移给了下一代。

总之，做好了以上四点，你就可以不光自己致富、享受人生，还能造福子孙后代，打破中国"富不过三代"的魔咒。

第二节　户口放开、人才政策，
如何抓住这波政策红利

2019年3月31日国家发展和改革委员会印发了关于《2019年新型城镇化建设重点任务》的通知，要求继续加大户籍制度改革力度，城区常住人口100万~300万人的Ⅱ型大城市，要全面取消落户限制，城区常住人口300万~500万人的Ⅰ型大城市，要全面放宽落户限制，而超特大城市要大幅增加落户的规模等。

你对这项政策的出台有何感受呢？要知道在中国很多的机会都与国家政策的红利有关。**那户口放开会带给我们什么样的机会？第一，你可以通过这项政策进入自己想去的城市生活和工作；第二，你还可以购买那里的房产，获得该城市红利。**尤其是对于那些想进入一、二线城市发展的三、四、五线城市的年轻人来说，现在落户变得容易许多。

也许年轻人对户口的概念感受并不深，但年龄稍长的人一定感触颇深。当今世界上实行严格的户口政策的国家目前就仅有中国、朝鲜和贝宁三个国家。我们国家在1958年之前是可以自由迁徙的，但在1958年到1978年之间户口是被严格控制的，人口流动几乎不太可能。1978年以后管理就不那么严了，处于半控制阶段。曾几何时，由于户口本上的那几个字划分了一代人的命运。所以户籍制度的改革对这一代人的影响是深远的，蕴藏着巨大的机遇与机会。

户籍制度从"二元城乡"到"一元居民"的逐步放开，将极大地调动全国人力资源的有效分配，有利于激发经济活力。同时，流动人口也可在常住地与本地居民一样平等享受公共服务和设施，当然这一放开过程也是相对漫长的。当你在新的城市里落户工作后，那头等大事就是要想办法买套住房，俗话说"安居才能乐业"，因为户口也是要落到具体的房产上的（在没有房产前，只能落到集体户上）。但这里要注意的是，小城市的人都跑到中大型城市了，所以越大的城市房地产价格就越坚挺，而那些小城市的人口减少，房价则有下跌风险。如果城市的吸引力尚可，周边郊县的人愿意落户购房，则房价还有支撑，当然再涨也难。但如果吸引力严重不足，就会出现像黑龙江鹤岗市那样的情形，房价低得无人问津，即所谓"房价如葱"。现在农村土地改革政策和福利都很好，农民愿不愿意到城里发展还是未知数，所以三、四线城市的房子还是要谨慎投资的。

如何把个人的发展与城市的发展结合起来，是当代年轻人应思考的一大课题，而一个城市的发展带给我们最大的红利就是房地产。举例说明：多年前，有两个老同学，一个在老家三、四线城市发展，后来当了一家公司的总经理，月薪2万元；另一个在北京发展，是一般员工，工资6000元。早年他们都各自成家立业并购置了房产。你猜他们现在的身价是谁更高呢？谁的工作压力更大呢？谁付出的努力更多呢？谁取得的成就更大呢？谁的人生更精彩呢？谁的下一代更幸福呢？

有人可能会说："北京房价是高但又不能卖，卖了住哪里啊？还是一样没钱!"的确，那是因为他没学过理财，房子不能卖却可以抵押。早年那个同学在北京的房子涨价后便抵押了一笔钱，又买了一套小两居的，没过两年价格又涨了，他又抵押小两居买了套一居的。几年下来资产早上千万了，涨价后卖了最小的房还贷，还把最大的房子出租还剩余月供。前两年国家房地产政策调控，他们把最大的房子也卖了，仅留一套北京户口所在的房子出租，他们在老家开发区用较低的价格买了一套大房子自住。因为钱足够花就没有再去工作了，现在他们有充足的时间和家人待在一起，没想到老家开发区的房子在一、二线城市限购后也随着外溢资金流入而上涨了一倍多。

同样，那个总经理同学买的房子也涨了不少，价值五六十万元。但他每天还得为公司操劳，喝酒应酬，根本没有太多的业余时间，更别提陪家人了。年薪虽高，但开销也大，几乎存不下什么钱。**为什么一个普通员工在财务大赛中能胜出？原因不是他的优秀和努力，而是他的财富平台比较高、致富工具比较快，即大城市发展要比小城市快很多。**

面对不断上涨的房价，曾有专家预警说，中国的房地产是饱和的。西南财经大学发布的《2017中国城镇住房空置分析》中显示我国的空置率为21.4%，绝对数约为6500万套。但其实饱和的地区，是像总经理同学居住的三、四线城市及以下，一、二线大城市还是需求旺盛。究其原因，还是户籍制度放开的长期性和延迟性导致的，大城市的很多配套现在并没有对非本市户籍人员完全放开，如教育、住房和养老等。**为了让下一代能过上更好的生活，很多去大城市打拼的年轻人，其背后都是举全家之力来购房落户，所以大城市的房价总是居高不下。**

回想当年，一首《北京欢迎你》表现出对五湖四海宾朋来到北京的欢迎，依托强有力的人才吸引政策，北上广深等一线城市得到了极大的发展。

现在，第一阶段靠人的数量来发展的时代已经结束，第二阶段将是靠人的质量来发展。所以，这几年很多人感觉北京上海等城市在往外"撵人"，其实是置换高端人才的"腾笼换鸟"计划，毕竟要为打造世界级的国际大都市做好人才储备。

中国地大物博、幅员辽阔，一线"老大哥"城市都发展起来了，那还有很多二线城市的"老弟"也急需发展。有了一线城市的成熟经验，二线城市的人才发展模式也可以成功复制了，由此便引发了蔚为壮观的人才争夺大赛。**这个模式一旦开启，城市的造富工程将在这些城市重启。**历史经常会重演，想想刚才上文中的那个总经理同学的例子，你又该如何规划你的人生呢？

现在很多参加高考的孩子和家长都很焦虑，不知该如何选择大学、城市和专业。有的家长说应该先选专业，因为专业对口好就业；有的家长说应该先选学校，现在招聘先看的是"双一流"大学；还有的家长说应该先选城市，尤其是一线大城市。那究竟该如何选择呢？其实**你能选择的只是城市和专业，学校是由你的分数决定的**。其中，首选就是城市，哪怕学校稍差些，但不一定就非要选北上广深等一线城市，你要看你将来要融入的这个城市，是不是处在快速发展的城市行列。目前中国设立了九大中心城市，你完全可以选择一个心仪的城市去开创美好生活。那种只为找工作而考大学的想法已经落伍了，快速发展的城市对人的包容性更强，而工作和创业的机会也更多。要知道上大学是快速融入理想城市发展的最佳良机，大学期间你可以很容易了解到当地的人文和经济，从而选择对你更有利的生活轨迹。

如果你已经是大学生了，那现在就是你最好的人生机会了，要感谢党和国家给的政策与红利。现在很多同学还在为找什么样的工作而发愁，还在为赚不到钱而焦虑，那都是不明白自己的价值所在。什么是价值？大家都在抢的才有价值，很多地方都争着要你那就是你的价值。网上曾有一段子："某市警察在火车站问一年轻人，你是什么学历？对方说本科。警察说，那拉到派出所，你符合学历人才引入政策。那年轻人忙说，我刚已经落户了。警察又说，还是拉到派出所，打电话给同学，问他们落户不？"虽然有夸张的手法，但从侧面也可以看出，人才大战是多么的火爆。如果一个年轻人错过了这一历史性的政策机遇，那错过的可就是一段人生了。

下面我们一起来回顾一下这场沸沸扬扬的"人才争夺大战"。

在户口放开的大背景下，从 2017 年年初开始人才大战打响，刚开始主要是西安、成都、武汉、南京和杭州等二线城市，后来发展愈演愈烈，甚至蔓延到一线和三、四线城市，还吸引不少县级城市加入大战。**很多先知先觉的人已经开始顺应这个时代的趋势，将自己的人生与国家、城市的发展紧密联系起来。**看看每天各地人满为患的政务大厅就可以知道，很多都是来落户的年轻人。

20 世纪 80 年代的政策是"让一部分人先富裕起来"，人们不敢相信；90 年代"全民奔小康"，多数人不明方向；前几年"大众创业，万众创新"，大多数人还是犹豫不决。很多人之所以很难成为富人，就是因为他们的犹豫不决。他们也没有认真研究政策，不知道国家在下的这盘棋会怎么走，最后错失自己的人生机遇。

对普通人而言，目前最大的机会就在二线城市，尤其是一些国家重点发展的战略城市。一线城市基本上倾向于吸引高端人才，且上一波城市红利释放完毕。如前所述，20 年间一线城市的房地产均价翻了至少 20 倍。当然不是说一线城市的房价会下跌，将来是一个微幅上涨的过程，由于是全国房价的风向标，所以政府的控制会比较严。但一线的房产仍是大体量财富的保温库，毕竟未来打造的是国际化的大都市。对于众多没能搭上第一班车的人来说，机会终于来了，就在那些国家确定为中心城市的二线城市，你可以根据自身情况理性选择。

很多即将毕业的大学生说，他们纠结于回老家三、四线城市工作，还是到一线城市打拼，或是在二线中心城市奋斗，希望我能帮他们分析一下。我给出三点建议。

首先，你要想明白你到底想要什么样的生活。是准备打工还是自己创业？你的人生计划是怎么安排的？什么时候结婚？什么时候生子？你准备租房还是买房？如果买房，你的首付款充足吗？你的贷款资格和还款能力怎么样？你有购车计划吗？如果你的另一半想回家乡发展，你们将如何选择呢？你更注重生活，还是更注重事业呢？你会想到两者皆顾，还是准备做出牺牲？你有继续深造学习的计划吗？这会不会和其他计划相冲突？还有，如果未来有了孩子，你准备让他在哪里上学呢？诸如这些你都要想清楚，很多人是想的太少，做的太多，其实智慧的人是恰恰相反。当然我不是让你去空想和幻想，而是思考和计划。"少做"也不是不行动的意思，而是要有效率地行动。人年轻时都很难控制自己的情绪，不要因为一时冲动或鲁莽行事而多走冤枉路。

其次，弄清两种选择各自的优势与劣势。如果你选择了在老家三、四线城市工作，好处是熟悉的人文环境，众多的人脉支撑，生活压力较小。但不足处是创富机会较少，房产的升值空间较低，还有教育、医疗和艺术熏陶不足等。如果你选择了在一线城市发展，好处自不用多说，但不足之处是这些城市的租金可能会占到你工资的大部分，最高可达 90%。重要的是这些城市要的是全国最顶尖、最优秀的人才，你必须要足够优秀和努力才行。还有，这里的房价也较高，需要足够多的资金才能拿动，即使贷款，压力也很大，一不小心就成"房奴"。所以对普通人来说，最好的选择其实是那些发展空间较好的二线城市，你可以事业与生活兼顾。由于政府对房地产的限价政策，使得很多新楼盘价格都比二手楼盘要稍低一些，所以你可以通过贷款首付 30% 的形式，来让自己拥有一套二线城市中心的房产，随着城市的发展，未来的价格空间肯定不错。当然你也可以在一线城市打拼，在二线城市落户买房，在三、四线城市生活，具体就看自己的规划了，但一定要明白"田忌赛马"与"曲线救国"的道理，任何时候都要做个明白人。

最后，如果你想在 30 岁时就能实现财务自由，那你也应该重点考虑中心城市中的二线城市。因为理财上讲的财务自由就是你的非工资收入能覆盖你的日常支出，那就不需要再靠工资来养活自己了。因为收入分两种，就像人有左右手，一种是工资收入，另一种就是非工资收入，其中的非工资收入就包括房租。三、四线的房子总价不高且没有金融属性，适合自住而并不适合投资，虽可出租但增值有限；一线城市的房子是理想的保值产品，但房价太高，除非家境殷实才能"上车"；二线城市房价适中且金融市场发达，是性价比较好的理财产品，即可出租又可增值。

就算你想创业，那里有各类完善的孵化园和创业基金，还有创业大赛一应俱全，同时房租和人力成本可控，所以只要机会合适，你就会脱颖而出。很多城市为了吸引人才还提供人才公寓和住房补贴，以减轻大学生生活压力，甚至还有半价买房的政策，这相当于给你送钱一样。有的城市的人才政策已经降到了中专和在校生，已经是"抢人大赛"了。

现实中，只要你去看看早晚高峰期地铁上拥挤的人群，你就会发现那里未来的发展一定不错，毕竟中国强大起来了，我们正生活在最好的年代。

第三节　小白如何走出理财第一步

现在大家都明白理财的重要，所谓"你不理财，财不理你"，但真要做起来却是一头雾水，感觉无从下手。于是有人开始读理财书籍，有人开始学理财课程，还有的干脆跟着别人买理财产品，但效果都不太理想。为什么呢？因为**理财是一个综合的布局，它是诸多因素汇集后的结果，就像屏幕的像素一样，你需要把全部的像素点都找出来，它的轮廓才会清晰。**

俗话说万事开头难，走对第一步非常重要，但并不是每一个人都能做对。我曾问过很多年轻人："如果你突然获得一大笔钱，你第一个要做的动作是什么？"他们的回答众说纷纭，有的说买车，有的说买车不如买房，有的说我要带家人去国外旅游，有的说买理财，还有的说要买个 iPad 等。我说都不对，最应该做的事情其实是学习"如何理财"，否则你很可能失去一个真正致富的良机。

世界上最大的规律之一就是排列组合，哪一个新理论不是发现了宇宙的规律？从这点上来说，世界上的"发明家"其实应该叫作"发现家"。排列组合的秘密就是它们的排列顺序，这个顺序也叫"密码"。如阿拉伯数字一共就有 10 个，但如果你想打电话给某个人，只要一个号码不对，你就打不通他的电话；身份证号只要错一位数，就完全是不同的人；密码锁的密码顺序输错一个，即使数字都对，锁也打不开。而**如何破解财富密码，就需要正确解码，从而迈出关键的第一步。**

有一些人总错误地认为，"等有钱了再去理财"。其实**理财绝对不是有钱**

人的专利，它恰恰是变为有钱人的利器。记得 2007 年我学习 RFP 理财课的时候，一位来自上海的老师给我们讲了一个她身边真实的例子：她的两位同学在大学毕业后都留在上海工作，一位月薪 6000 元，属于高消费的月光一族；另一位月薪 3000 元，但坚持自己的理财计划。几年后，月光一族还是零储蓄且还在租房，而坚持理财的那位却已经贷款在崇明岛买了一套住房。她向我们讲道，**"越是没钱的时候越应该理财，否则真的会没钱可理"**。

作为初学理财的小白，首先要明白的一个道理就是**"延迟享受"**。据说哈佛大学还做过一个实验，老师邀请了 100 位小朋友到一个大教室，在每人桌上放了一个棒棒糖，告诉他们只能看不能吃，说完老师就关门出去了。放置在教室的摄像机记录了孩子们后面的行为。开始，孩子们还是很听话的，都没有动那个漂亮而美味的棒棒糖，但时间一久，有的孩子就忍不住拿了起来。其中有的拿起来舔了一下就又放回去了，有的则是忍不住一直舔了起来，还有的一直坐在桌前而没有去动。后续在对每个孩子的一生追踪研究发现，最早拿起棒糖的孩子长大后大多生活一般，甚至有的穷困潦倒，而少数能克制自己欲望、从没动过棒糖的孩子则多数成了社会的精英。

股神巴菲特的儿媳玛丽·巴菲特曾对我们讲过这样一个故事，她说巴菲特虽然很富有，但却是一个很节俭的人。那时她的孩子们每天都要喝星巴克的咖啡，价格是每杯 5 美元。巴菲特知道后，买了很多速溶咖啡和一个星巴克的杯子，他告诉孩子们，以后不用再去星巴克喝咖啡了，因为家里也有了美味的"星巴克"。其实不是他们买不起这些，就像巴菲特给孩子们讲到的，**每天 5 美元其实不多，但几十年算下来可是一笔巨款，尤其是放在一个复利增长的账户里，财富的差距就会非常大**。

前两年网上曾有人调侃说，"我们的工资都不高，只能满足每天一杯咖啡的普通生活了"。他们的意思是他们没有钱。但我还是给他们算了一笔账，就按每杯 5 美元来算（约 30 多元人民币），30 元 ×365 天 ×20 年 =21.9 万元。如果夫妻双方都喝一杯，则是 21.9×2=43.8 万元，即 20 多岁工作到 40 多岁，他们喝咖啡的钱就高达 40 多万元。如果是 60 岁退休，夫妻双方每人每天都喝的话，30 元 ×365 天 ×40 年 ×2 人 =87.6 万元。当然我们这里只是举个例子，他们也不一定每天都喝咖啡，但一套二线城市的房子可能就这样被喝掉了，还不算如果把这些钱存入一个理财账户，那恐怕将是一个天文数字。

记得富兰克林说过："通往财富的道路就像通往市集的道路一样平坦——这取决于两个词：勤勉和节俭，也就是既不要浪费时间，也不要浪费金钱，而是最大限度地利用这两样东西。没有了勤勉和节俭，你将一事无成；拥有了它们，你就能拥有一切。"所以，**年轻人做好理财的第一步就是要学会节俭，延迟享受。**

为了做好上面这点，我们需要一个工具来帮我们理性分析。首先我们要对自己的每月花销做一个梳理，看看每月自己的钱都是花到哪里去了，这个工具就是**财务会计报表**。就像每个国家都有自己的语言一样，经济的语言就是财务会计报表，对个人来说叫家庭理财报表，对企业则叫企业财报。很多人一听财务和会计两个词就头疼，我也有过类似的经历。不过请大家放心，我们这里用到的会计知识将会非常简单。

现在很多 App 也开发了记账的功能，但因太专业而显烦琐，反而不太好用。像支付宝、微信和银行信用卡等也有账单功能，但每月只会形成部分消费报表，除非你完全使用某一种支付形式。所以，我还是建议你准备一个本和笔来亲自记录每月的收支明细。当然你也可以用 Excel 来制作。如表 2-1 所示。

表 2-1　2019 年家庭理财支出统计表

	日常支出	1月	2月	3月	4月	5月	6月	7月	8月	9月	10月	11月	12月	合计
日常开支	食品购买													
	外出就餐													
	生活用品													
	小计													
通信支出	座机费													
	手机费1													
	手机费2													
	小计													
交通费用	公交车													
	地铁													
	共享单车													
	出租车													
	长途交通													
	汽车用品													
	保养维修													
	违章罚款													
	停车费													
	汽油费													
	小计													
住房支出	房租													
	水费													
	电费													
	燃气费													
	有线宽带													
	房屋维修													
	物业费													
	装修费													
	采暖费													
	制冷费													
	小计													

续表

日常支出		1月	2月	3月	4月	5月	6月	7月	8月	9月	10月	11月	12月	合计
保险支出	汽车保险													
	财产保险													
	人寿保险													
	社会保险													
	小计													
教育支出	孩子教育													
	成人教育													
	网络教育													
	其他支出													
	小计													
贷款支出	房贷支出													
	汽车贷款													
	教育贷款													
	消费贷款													
	创业贷款													
	信用贷款													
	其他													
	小计													
休闲娱乐支出	电影													
	音乐会													
	比赛													
	图书													
	旅游													
	娱乐活动													
	小计													
宠物	猫狗费用													
	花鸟鱼虫													
	小计													

续表

	日常支出	1月	2月	3月	4月	5月	6月	7月	8月	9月	10月	11月	12月	合计
个人支出	医疗保健													
	美容美发													
	服装鞋帽													
	健身瑜伽													
	洗衣擦鞋													
	小计													
其他	赡养费													
	保姆费													
	会员费													
	人情费													
	其他费													
	小计													
支出总计														

通过对家庭支出项目的记录和统计，你也许会发现家庭支出中存在的一些不合理项目。例如，刘女士制订了每月3000元的日常支出消费计划，但通过记账发现某一周经常在外就餐，光餐费就花了1000多元，明显超出预期，所以她马上做了及时调整。又如，王女士日常对单件服装的消费价格一般在200元以内，但她通过年度的服装项目费用统计发现，一年服装的总消费金额竟高达万元，很明显买的数量偏多而质量却偏低，所以她也调整了自己的购物计划，尽量买质量好的价格稍高的服装，但总金额控制在5000元以内。

以上是我举的两个例子，实际可以根据自己的具体收入情况而定。一位长期坚持记账的女士曾告诉我她真实的感受，记账后的消费就像拿现金去买东西，而不记账时的消费就像用信用卡去买东西，花钱的感觉是完全不同的。另外，想判断一个人的未来如何，最好的方法就是看他给你提供的这张表格。**一个经常把钱花在理财学习和读书上的人一定比一个经常把钱花在啤酒加烤串上的人，未来生活要好许多。**

　　上面这张表就是"支出表"，如果再加上收入项的话，就是我们家庭理财需要掌握的第一张会计报表了，叫"收入支出表"。如表 2-2 所示。

表 2-2　2019 年家庭理财——收入支出表

日常收入		1月	2月	3月	4月	5月	6月	7月	8月	9月	10月	11月	12月	合计
主动收入	工资1													
	工资2													
	兼职收入													
	其他													
	小计													
被动收入	企业红利													
	租金收入													
	版税													
	专利费													
	其他													
	小计													
收入总计														
日常支出		1月	2月	3月	4月	5月	6月	7月	8月	9月	10月	11月	12月	合计
日常开支	食品购买													
	外出就餐													
	生活用品													
	小计													

续表

日常支出		1月	2月	3月	4月	5月	6月	7月	8月	9月	10月	11月	12月	合计
通信支出	座机费													
	手机费1													
	手机费2													
	小计													
交通费用	公交车													
	地铁													
	共享单车													
	出租车													
	长途交通													
	汽车用品													
	保养维修													
	违章罚款													
	停车费													
	汽油费													
	小计													
住房支出	房租													
	水费													
	电费													
	燃气费													
	有线宽带													
	房屋维修													
	物业费													
	装修费													
	采暖费													
	制冷费													
	小计													

续表

日常支出		1月	2月	3月	4月	5月	6月	7月	8月	9月	10月	11月	12月	合计
保险支出	汽车保险													
	财产保险													
	人寿保险													
	社会保险													
	小计													
贷款支出	房贷支出													
	汽车贷款													
	教育贷款													
	消费贷款													
	创业贷款													
	信用贷款													
	其他													
	小计													
教育支出	孩子教育													
	成人教育													
	网络教育													
	其他支出													
	小计													
休闲娱乐支出	电影													
	音乐会													
	比赛													
	图书													
	旅游													
	娱乐活动													
	小计													
宠物	猫狗费用													
	花鸟鱼虫													
	小计													

续表

日常支出		1月	2月	3月	4月	5月	6月	7月	8月	9月	10月	11月	12月	合计
个人支出	医疗保健													
	美容美发													
	服装鞋帽													
	健身瑜伽													
	洗衣擦鞋													
	小计													
其他	赡养费													
	保姆费													
	会员费													
	人情费													
	其他费													
	小计													
支出总计														
收入－支出＝账户余额		1月	2月	3月	4月	5月	6月	7月	8月	9月	10月	11月	12月	合计
账户总计														

有了这张表，你就能清楚了解家庭每月的收支情况了，其中每月的"账户余额"也叫每月的现金流。**如果每个月的账户余额（现金流）总计都为正数，那说明你的家庭账户基本正常，如果连续现金流出现了负数，那你就得注意了，要进行支出项目的必要调整。其中，如果你的每月被动收入小计超过了每月的支出总计，那么恭喜你，你就达成了财务自由的基本要求，不需要靠工作去维持生活了。**正如巴菲特说过的一句话："如果你一辈子都找不到躺着赚钱的方法，你将一直工作到老！"

下面我们来学习家庭理财必须掌握的第二张表，"资产负债表"，请放心，同样非常简单。

但这里的资产负债和会计中讲的略有不同。我们将沿用上文提到的理财概念，即"资产"是让你收入增加的项目，而"负债"则是让你收入减少的项目。这和会计中的记账方式是不同的，会计中会把你购买的汽车和住房计入固定资产项目，而理财考虑的是，如果它们带来了收入，如房屋出租带来了正向的现金流，则应该计入资产项，否则就应该计入负债项。因为房屋如果是自己使用的话，就会有各项费用的支出，导致产生负向的现金流，只能算负债了。如表2-3所示。

表2-3　2019年家庭理财——资产负债表

资　产	负　债
工作	自住房屋
有租金的房产（现金流为正）	投资性房产（现金流为负）
股票	汽车
债券	房屋贷款
企业	汽车贷款
基金	教育贷款
投资	创业贷款
出版物	信用贷款
专利权	消费贷款
其他	其他

（总资产 - 总负债＝净资产）

注：资产和负债要根据实际情况来填写，若原来是资产，但由于某种原因发生了变化，现金流为负了，那就要计入负债栏

其中，**资产又分为好的资产和坏的资产。**好的资产是能产生被动收入的资产，如房租收入，几乎不用太多的精力付出，也不用人经常去管理；坏的

资产是只能产生主动收入的资产，如退休以前的工作，一不劳动就会中断收入。**负债也分为好的负债和坏的负债**，好的负债是贷款买了资产的负债，如贷款买房用来出租；坏的负债是贷款买了负债的负债，如贷款买车自用。

真正的穷人既无资产也无负债，工薪阶层拥有坏的资产和坏的负债，而富人则拥有好的资产和好的负债。所以，**致富的关键就是用最好的负债打造最好的资产**。你应该为资产而战，你的眼光应聚焦在那些打折的资产上，而不是超市里打折的商品（负债）上，也许这才是"眼球经济"的真正含义吧。

看到这里，你是不是已经明白了收入与支出、资产和负债的两两关系了呢？那它们四者之间又有怎样的微妙联系呢？我们继续来看下面的内容。

如果我们把两张表格放在一起，就得到了家庭理财的完整财务报表，如图 2-1 所示。

▲ 图 2-1　家庭完整财务报表简化图

到这里，理财小白在对自己的支出项进行仔细分析后，就应该利用 3~6 个月的时间来缩减自己不必要的开支并砍掉那些坏的负债，以此来产生更多的每月余额（现金流），也就是要学会储蓄。只有你有了储蓄，才能有未来。现在的流行观点是"要让钱为你工作，而不是你为钱工作"。而只有有了储蓄，通过钱去投资购买了资产，钱才真正会为你工作，那时钱就会像一个不知疲倦的士兵，每天不分昼夜地持续工作了。

请切记！当你有了第一笔储蓄的时候，你一定要加倍呵护这来之不易的劳动成果，切不可轻易花掉或大方借与他人。要知道，那是你翻身或起家的资本。接下来，你还要做一个中短期理财的计划，定下自己的理财目标，当然要看该理财目标是否和自己长期的人生目标一致。同时，你还要学习了解下面三种典型财务现金流的模式，并学以致用。

世界上有三种典型的现金流动模式，首先是**穷人的财务现金流模式**，他们没有负债，只有不好的资产，即仅产生主动收入的普通工作，然后用工资支付各项费用，如图 2-2 所示。

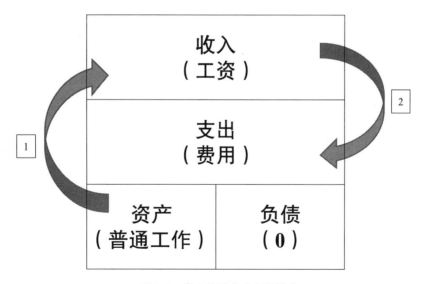

▲ 图 2-2　穷人的财务现金流模式

其次是**中产阶级的财务现金流模式**，既有资产，也有负债，但都是不好的资产和负债，其工作要较穷人好，属于单位或企业里的中高层或技术专家。他们会贷款去消费，然后用工资支付各项费用和利息，如图2-3所示。

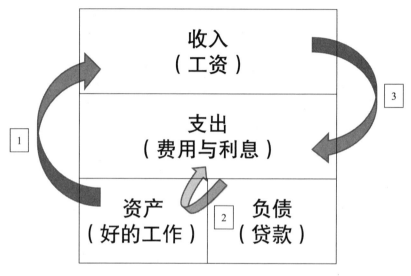

▲ 图2-3　中产阶级的财务现金流模式

最后是**富人的财务现金流模式**，既有资产，也有负债，但都是好的资产和负债，他们通过负债来购买资产，然后用资产产生的收入来支付各项费用和利息，如图2-4所示。

如果你想成为富人，就要学习富人的财务现金流模式，而不是其他两种。穷人的财务现金流模式根本无法致富，因为无法增加能致富的好资产；中产阶级的财务现金流模式存在很大的问题，因为收入都去买了负债，甚至是贷款购买，同样导致好资产无法积累，而且是最容易被"收割"的对象（当其所买的负债价格下降，那么他们贷出的钱实际上就会大大缩水，但银行却以当年的价格来要求还贷，这一里一外，他们的财富损失惨重）；富人虽也有贷款，但购买的是好资产，即使经济环境不好，它们的抗跌性也较好，且当经济好转后，往往涨得更高。

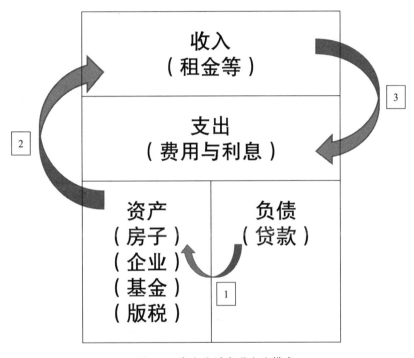

▲ 图 2-4　富人的财富现金流模式

一位年轻人曾对我说："我也想去买很多资产，但我工资太低了，什么时候才能买得起啊！"我对他说："只要你的目标正确，就不怕路遥远，最怕是根本找不到正确的道路。要知道，再高的大树也是由一粒种子成长起来的，不要小看种子的力量，只要有了合适的温度和环境，它就可以生长，即使坚硬的岩石也无法阻挡。而且，如果你连想的勇气都没有，那才是真正的失败。"只要我们付出了努力，总有一天会尝到成功的喜悦。

还有人对我说，"记账也太麻烦了"。的确比什么都不做要麻烦许多，但要想致富就不能怕麻烦，而且还要受得了麻烦。他又说，"可攒钱也太慢了"。我反问他："不这样做就会快了吗？人经常有致富的决心，但却没有等待的耐心。"最后，我还让他记住一句话，**"有些时候，快就是慢，而慢就是快"**。

第三章　房地产投资是否过时？

第一节　房产税下的房地产投资

一次，在北京科技大学的 MBA 课程上，一位老师讲了这样一个观点，他说，"房地产也叫不动产，而不动产的特点就是不动"。我反复琢磨他说的这句话，虽然当时还不太明白这句话背后的意思，但朦胧中却明白了一个道理，即什么是幸福。我开玩笑地和班上的一位女同学说："你看，幸福这两个字，怎么理解？"她说："幸福就是咱俩饿了，你有个肉包子，那你就比我幸福。"我说："你说的没错，但我的理解是：'幸＝土+¥'，而'福＝衣+一口田'，说明什么？古人很早就告诉我们**幸福**的含义就是，'**有吃有穿，有地有钱'**。"

在世界历史上，土地被赋予了权利的象征，谁征服了这片土地，谁就会成为这片土地上的主宰，并通过设立政权来维持对领土的管理，而领土之争，从来都是寸土不让的。同时土地也被赋予了财富的象征，不管是奴隶社会还是封建社会，还有现代社会，土地都与财富捆绑在一起，直到 20 世纪信息时代的到来，信息分流了土地代表财富的一些功能，但土地仍没有完全丧失它原有的地位。土地也是地球给我们最大的资源库和繁衍生息的欢乐场。

在乔治·克拉森写的《巴比伦最富有的人》一书中，讲了一个 6000 年前最富足的古代国家巴比伦刻在黏土板上的财富故事。阿尔德是当时巴比伦最富有的人，据说其富有和慷慨齐名。国王为了让国家更富足，下令召集了 100 名想致富的人来听阿尔德讲课。阿尔德一共讲了**致富的七个诀窍**，分别是：

第一个诀窍：让你的钱袋鼓起来

第二个诀窍：控制你的开支

第三个诀窍：让你的金子增值

第四个诀窍：避免失去你的财富

第五个诀窍：使你的房子成为一项有益的投资

第六个诀窍：确保未来的收入

第七个诀窍：增强你自己的赚钱能力

阿尔德在讲第五个诀窍时，他告诉这 100 人，"巴比伦很多人租住在破旧不堪的房子里，还要向地主支付高昂的房租，他们的家人都只能在泥泞的环境里生存，毫无幸福感"。他还讲道，"**其实拥有自己的住房也很容易，只要你已经拥有买房的一部分钱，剩余的钱可以向借贷商人去借，并用这笔钱来支付工人的工资和国王的税赋**"。

这应该是最早的房产税了，到了欧洲中世纪时，房产税就成为封建君主敛财的一项重要手段了，如"烟囱税""灶税""窗口税"等繁多的名目。如果去意大利旅游，记得一定要去利古里亚大区看看，从首府热那亚到海滨城市莫利，每栋建筑物的外墙上都有各式各样、五颜六色的装饰，有假花、假动物和假窗户，很多人以为这是街头艺术，所以拍照打卡的游客特别多。其实画假窗口的原因是由于1789年政府设立的"窗口税"，征税依据就是家里的窗户数量，如果达到5个，就要纳税，而少于5个则免。当地的贵族拥有最豪华的宫殿，窗口也最多，所以交了税。而普通老百姓的窗口数不多，免于交税，但为了显得尊贵，所以大家都请人在自家墙外画了许多的假窗户。

现在国内很多人都将房产税与房价下跌联系起来，其实是很不科学的。房产税发展到今天，已在全球40多个国家和地区征收，整个系统相当成熟，其中美国已经发展成为整个西方国家中房地产税制最完善的国家。从美国房价的历史数据来看，美国在开征房产税的情况下，房价依然涨了100多年。即使2007年爆发了"次贷危机"，使得美国房产到2012年年底下跌超过40%，但2017年就已经基本恢复到了危机前的水平。其实，美国的房地产税并不是简单用来调控房价的，它的主要作用是用于当地政府的财政收入，是各地根据当年的政府预算缺口情况来制定的，和市场并没有太大的关系。用郎咸平教授的话说，"在美国甚至是为了涨价的"，因各州政府会拿这笔钱进行市政建设，提升房屋的居住体验。

有人可能会问："那房产税对房价就没有一点影响吗？"答案是"有的"。**房产税是一个长效机制，短期对过热的房价是有一定抑制作用的，但却是长期良性发展的保证。**例如在日本，第二次世界大战后开始征收房产税，20世纪80年代的日本房地产泡沫严重，到了90年代更是发展到跑去美国买房。

为了抑制过热的房价，日本政府于1991年在原有房产税的基础上，增设了"地价税"。此后，日本房地产价格迅速下跌，泡沫破裂，直到1998年的亚洲金融危机时地价税才取消，但日本经济也在随后的几十年里一蹶不振。可见，**股市崩盘引起的是金融危机，而房地产暴跌则会引起经济危机。**

再看我们国家，3000年前周朝的"廛布"即为中国最早的房产税，其中的"廛"是指储存货物的屋舍，"布"就是钱币。到了清朝和民国时期也有房产税，如房捐。1949年中华人民共和国成立后，便将房产税列为开征的14个税种之一，但截至本书成稿，试行的城市仅为上海和重庆。其中，上海主要是针对增量房，税率是0.6%，而重庆则是针对高档房，税率0.5%~1.2%。就目前情形看，推出房产税乃大势所趋，短期可能对房价有所影响，但长期将更有利于房地产市场的良性成长，释放目前因限购限售及限贷等行政手段压制的有效需求。当然，**房地产税也是一项系统工程，关系到国计民生、各行各业，且还有很多的问题需要解决，如征收范围、标准，税率高低的确定和如何准确评估等，所以尚需时日。**

一位北京的朋友打电话问我："如果真的开征房产税，手里房子怎么办？"我告诉他："首先你不必太恐慌，北京的房子虽然贵，但人们的收入并不高，所以我想税率不会太高；其次，现在还存在很多像小产权和商业类的房产，也需要考虑下一步怎么办，否则不就成了变相支持吗？这和目前国家的房地产发展思路不符；最后，即使房产税的确开征了，房东必然会出租房产以抵税，那租金会不会上涨？如果上涨的租金转移到租客的身上，对吸引年轻人才是很不利的。这些问题都是需要一段时间来解决的。"

另一位在上海工作的朋友刘女士，也通过微信和我聊有关房价的问题，她很焦虑担心房价会下跌。

我告诉她："的确会下跌，但不是全部"。

她问我："是什么意思？"

我对她讲了我的看法："未来的房地产是分化的，但即使价格上涨也是稳定小幅上升，很难再有过去那种大幅上涨的情况了。"

她笑着问我："哪些会上涨呢？"

我告诉她："核心区域的住宅。"

她又说："为什么？"

我反问她："如果你每年要交的房产税比你的工资还高，你该怎么办？"

她回答："卖了买个小房子呗。"

我说："没错，所以那些大房子，像别墅价格你觉得会怎样？"

她说："要下跌。"

我说："不一定，但肯定不会涨了，是否下跌还得看市场。"

她又笑着说："那是不是可以多买些小房子？"

我回答道："也不对，要看是哪里的。"

"什么意思？"

"如果你买了人口流出型城市的房子，那就不如不买。"

"我明白了，你说的分化就是这个意思吧？"

"对的。核心区域的房子价格可能会涨，而其他地区下跌的可能性很高。房子将回到刚需才是硬道理的时代。"

"我那些海景度假房是不是刚需啊？"

"你说呢，如果你有三套房，一套市中心的两居室，一套郊区的别墅，还有一套是某地的海景房。房产税来了，你先卖哪套，后卖哪套，最后留哪套？"

她回答道："当然留市中心的房子了，我的户口在那里，还有离单位也近，出行方便。然后先卖海景房，反正也不常去。最后卖别墅，要是税费太高的话，可负担不起了啊！"

我告诉她："恭喜你！你的选择完全正确。这也是我说的分化，不好的房产将下跌，好的房产还会上涨。房地产投资从来没有过时！"

我接着解释道："从理财的角度讲，'房产税'，还有'空置税'等对你的影响其实并不大，完全可以以租抵税，对你真正有影响的税其实一直都被忽略！这个税就是通货膨胀，也叫隐形税、铸币税或智商税。"

通货膨胀被称为"隐形税收中的VIP"，那它到底是如何产生的呢？说来话长，要从现代金融业的信用体制说起。自从1971年美国尼克松总统把美元和黄金脱钩以后，世界上的钱其实就变得不像"钱"了，过去的钱叫货币，也叫交换的一般等价物并和黄金挂钩，现在的钱其实叫债务，虽然也能交换，但不再和黄金挂钩。例如美元可以大量印刷，而这些新印刷出来的钱也是需要去还的，是在透支未来美国人民甚至是世界各国人民的劳动成果。又因与原油的挂钩，美元成了具有国际支付和储备功能的国际信用货币。美国人的这项"发明"彻底地改变了世界，使得美国在很短的时间里迅速崛起，成为世界霸主。**但这个系统美中不足的是，它有一个无法克服的缺点，就是通货膨胀。**

现在世界上的很多国家普遍沿用了这种机制，想要发展就必须印大量的钱，因为有了钱才能让人去劳动建设、发展经济，而这些钱都是对未来全民劳动成果的一种负债（将来都是要还的），但短时间印出来的钱就需要控制好流向。好的政府操盘者会把资金像流水一样控制在合理的区域，如符合国家战略的行业或企业。如果这些钱进入老百姓的日常生活领域，就像当年的"姜你军""蒜你狠"和"豆你玩"，及现在的"猪要飞"，那就不得了，要知道百姓的日常生活是需要有稳定的物价的，这也是关系到社会安定的重要因素。其实，**现在居高不下的房价也是受通货膨胀的影响，大家都想跑赢通胀，可手里的钱能投资的地方并不多，所以只能选择买房保值了。**

为了让大家更好地理解这一点，我想用一个"农田灌溉"的思路来加以说明。去过都江堰旅游的人会发现，当年李冰父子就是先把岷江一分为二，后将其支流再行细分，因水流分流后水量变小而便于控制，从而可以引导其到农田进行灌溉。正是这一套水利工程系统，使得过去饱受旱涝灾害的成都平原成为现在物产丰富的天府之国。从一国印刷出来的钱就像这江河中奔腾的流水一样，是需要一个系统来调控的，否则就会出问题。如果发现河道中的水量下降，不足以有效灌溉农作物，就会出现经济低迷、企业效益差的情况，国家就要加大供水量，以保证其生长和发展所需。当然也不能供水太多，那样农作物同样会生长不良。农作物的供水量是有公式可以计算的，而经济社会的资金量也是有指标可循的。所以，**如果经济社会中流通的钱太多，就会产生通货膨胀了。**

我曾在某课堂上讲过这样一个案例：有 ABCDE 五个人，洗衣店的 A 拿着 100 元去买了服装店 B 的一件衣服，B 拿赚来的 100 元去了 C 的理发店，C 拿赚来的 100 元去了 D 的饭店，D 拿赚来的 100 元去了 E 的水果店，E 拿赚来的 100 元去了 A 的洗衣店，A 又拿回了自己的 100 元。你会发现，同样的 100 元流转了 5 次，创造了 5 倍的价值，所以消费次数越多，产生的价值也越大，而这些也是 GDP（国内生产总值）的重要组成部分。不难看出，消费的确是拉动经济的有效方法之一，其他还有投资和出口，三者并称为拉动经济的"三驾马车"。其中，**消费是为满足了国内的需求，出口是为了满足国外的需求，而投资则是为了创造需求**。在国内流通消费的资金就像河道中的水，但它比真实世界的河水多了一个特性，就是具有价格传导功能，这也为通货膨胀的形成提供了条件。

人民银行发行的钞票就像流水一样，通过大大小小的支流，流入国家想要发展的行业和领域，而各行各业的人员又在复杂的消费互动，社会总财富的总水位急剧上升，当然这个过程也是缓慢的，需要一定的时间。这就需要控制好水量的大小，太小河流可能会枯竭，太大则会发生水灾。如何控制这个水量的大小呢？答案就是"**利率**"，包括存款利率和贷款利率，也叫货币政策。银行就好比一个大水库，如果存款利率提高了，因钱有逐利性，所以银行水库的水就会变多了，那社会上的钱在一定时间内相当于变少了，所以对其他市场如股市和楼市，就是利空的。如果贷款利率降低了，则社会上的钱也会多，因为贷款成本低了，人们愿意贷款，对股市、楼市也是一种间接利好。

现在，全世界的河流都因为全球一体化而逐步连接到一起，虽然我们国家目前还没有完全放开，但也只是时间的问题，国家与世界大水库的闸门叫"**汇率**"。美国利用其美元在国际上的优势地位，通过"量化宽松"的政策，多年以来是不断印刷纸币，而各国为了本国货币不被稀释或边缘化，也被动或主动地在超发货币，所以**通胀的问题不是一国的问题，而是全球性的问题**。由于"放水"过多，导致了物品的标价上升，从表面来看就是"涨价"了，很多人的工资都"翻倍"了，但并不是真正的财富增长，实际的购买力并没有提高多少。而对于**深谙财富流动的人来说，能预测哪些物品的"水位线"将会提升，那他的财富就会跑赢众人**。要知道货币的每一次"放水"，对一些人来说是一个变穷的过程，而对另一些人来说则是一个造富的机会。

对河流起点端的开闸放水，用的是货币政策的利率手段来调节水量大小，而在广大的河流灌溉区末端，则是通过财政政策的税收手段来把多余的水分"抽走"，以保持一段时间的相对平衡并体现国家意愿。其中的"相对平衡"指的是维持并调节各行业的收入水平的均衡，避免贫富差距过大；而"国家意愿"则是对国家鼓励的行业减免税和对限制的行业增加税。例如对烟酒等不健康食品和高档商品的消费税率就较高，而一般生活用品则不用缴纳消费税。在国家一年的财政收入当中，80%以上都是税收，其余大部分是政府性基金的收入，而基金的主要收入就是土地出让金。国家正是通过这种**一放一收的过程来调控经济发展的**，每年都会制定目标并编制预算，实现经济"这条河"的良性运转。

从某种意义上来说，国家税收和土地出让金等财政收入其实就是在回收社会上多余的"水分"。在美国，一些金融专家还研究出了很多的金融衍生品，其目的之一也是让多余的水分"蒸发"，但因赚钱的概率实在太低了。你可能会问："还有没有别的途径会回收'水分'？"答案是当然有，比如博彩业。

要知道，**国家有国家的"大水库"，地方政府有地方的"中水库"，而企业和个人也有自己的"小水库"**。国家"大水库"的储量水平是用国家GDP来衡量的，地方政府的"中水库"是用地方GDP来衡量的，企业的"小水库"用净利润来衡量，而居民个人的"小水库"是用人均GDP来衡量的。国家不可能把所有的多余水分都"抽干"，总得留一些财富在民间，所谓"藏富于民"，只有老百姓都有钱了，国家才会真正"民富国强"。目前看来，国家的财富积累很高，而百姓的个人财富积累却较少，所以未来应重点提升的就是"藏富于民"。

你可能不禁要问："这笔财富会藏在哪里呢？"目前，大城市的房地产由于刚需竞争激烈且认同度相对较高，所以每次开闸放水灌溉良田后积蓄下来的水就都涌向了这些地区，城市越大水越深，财富效应也越大。这就是造成了上文中提到的"总经理同学"的那种现象，两个原来收入水平相当的同龄人，由于生活的城市级别不同，随着时过境迁，最后身价迥然不同。

历史上也有过类似的案例，我国在1962年货币流通量达到130亿元，而社会流通量只有70亿元，当年政府多印60亿元去发展经济，但还在流通系统中就必须收回来。当时任中共中央财经组组长的陈云同志就建议，在市场上推出几种高价商品，均不受票证的限制，如5元一斤的伊拉克蜜枣和高价奶糖等，购买的家庭都是当时的高收入者，所以普通老百姓不会受到影响。由于当年物资缺乏又凭票供应，所以此举很快就把多印的钱收了回来。这也是国家第一次向大众收通胀税，而且纳税人只是一部分有钱人而非全民纳税，当然作为通胀税载体的伊拉克蜜枣，普通老百姓吃不上也没多大关系，不会影响到正常的生活。当年的多余"水分"就留在了当时紧俏的高档食品上，只不过食物属于消费品被吃掉了，而今天的房地产就好像是那个"伊拉克蜜枣"，它承载了目前居民财富的绝大部分"水分"。

这里需要重点说明的一点是：现在很多人认为"理财就是买房"，其实是不对的。虽然本书在讲房地产投资，但绝不是鼓励你去"炒房"，相反现在非理性的购房反而有亏损的可能。正如本小节开始讲到的，**目前房地产投资的特点是"分化"，需要具备很高的专业理财知识和经验，才能做出正确的选择，而其投资智慧也仅次于经营企业。**

第二节 走出房地产投资误区

所有的投资失误都是从买入开始的，而所有的投资收益也是在买入时就确定了的，这也是投资与投机的区别。即**投资在买入时便有了利润，而投机需要在卖出时才能确定收益**。用这条理念你就可以了解自己的行为是在投资还是在投机了，很多人以为的投资其实都是在投机。

有位朋友问我："买入时就有收益是怎么做到的？靠谱吗？"

我说了一个简单道理："你首付 30% 贷款买入一套房产，然后出租，剩下的 70% 都是由租客还的，你说你是不是一开始就赚了 70%。"

他说："那有时租金也抵不了月供啊？"

我笑着说："那就去找。"

我还告诉他，"其实每月还的月供里面，一部分是还银行的贷款利息，一部分是还到了自己的房产。租客的租金虽然可能不会完全覆盖月供，但应该可以够还利息了，而余下的部分就相当于给自己做了一份'强制储蓄'的计划，否则那些钱也会慢慢花掉，而且很多人都不知道把花到哪里去了。"

他又问我："那到底有没有租金能完全覆盖月供的房子呢？"

"当然有，租金是可以经营出来的。"我说。

"怎么经营出来？"他追问道。

"我买房子会看是不是在大学的附近，而我是分租给学生的，空档期我还会短租，收益都不错的。"

"这个想法不错。"

"我还在房子里提供一些无偿和有偿服务，只是价格稍低些，但也能变相提高租金。"

"什么服务？"

"现在很多大学生考研和考证的很多，我提供一些简单的打印复印、水果茶点、电脑投影、临时学习室等，这些都让我的租金要比旁边的稍高一些。"

"对，有人在搞电竞房，好像收益也不错。"

"是的，其实有很多，但机会都是留给有心人的。我认识的一位老板，就专门去买学校旁的小商铺，而且要那种已经在出租的，他一直是长期观察、用心捡漏。"

"不过，我不准备出租，我想自己住。"

"当然可以自己住，只不过你要承担每月的月供了。"

"你说到底是租房合适还是买房合适？"他总是有很多问题。

"你说呢？"我反问道。

"前几年很多专家都建议年轻人不要买房，说租房更经济。"

"请问那些'专家'是租房还是买房呢？"

"那我不知道。"

"所以说做什么事要看别人怎么做，而不是怎么说。"

"当时报纸和网络上经常有这样的报道，不过后来他们也不说了。"

我微笑看着他，没有说话。

"马云不也是这么说的吗？"他有点急了。

"你知道马云的阿里巴巴是在哪里创业成功的吗？"

"好像是他西湖边的一套房子里。不过，很多大开发商老板都在大笔卖房，好像说是房价要下跌了吧？"

"卖货人说的有些话其实不都是说给你听的，他们的世界你不懂。"

"那倒是，要懂我也去当开发商啦。不过我还有一个问题想问你。"他又问。

"还有问题？"。

"我想明白了，租房其实是在帮别人'买房'，我也想买房，但就是资金有点紧张，我很犹豫，不知该怎么办。"

"除非要去创业，否则应该把买房放在第一位，这样才能安居乐业。没钱的人，更应该考虑买房，否则可能会一直没钱。"

"那没钱怎么买？"他不解地问。

"没钱可以贷款买。"

"非要贷款买吗？全款好还是贷款好呢？"

"银行房屋按揭贷款是一项低利率的长期贷款，还有公积金也能办理贷款，这些都是国家给每一个人的一项'福利'，不用就可惜了。"

"明白了。如果首付也没有呢？"

"那就去储蓄或借款，直到凑够首付为止。"

"如果还是凑不够呢？"

"那就换一个你能买起的城市去买。这个人不会是你吧？"

"不是不是，我开玩笑呢，我主要是感觉负担租金很有压力，不想当房奴啊。"

"好吧，我再告你一个'资产包'的概念吧。"

我最后给他讲的是如何通过"贷款加租房"来实现月供为零的方案。首先，你要做个"二房东"，你可以先租一套房来进行分租，假设你每月能得到 1000 元的正向现金流——当然需要你用心去寻找和经营；其次，你可以复制刚才的过程，如果有四套这样的房子，你的每月现金流就可达到 4000 元；最后，去首付 30% 贷款买房，最好 30 年的贷款（最低的月供），用赚到的 4000 元来交月供即可，如不够可以再租几套，直到够还月供为止。这样你就可以住在自己贷款买的房子里，而让别人来还你的月供了。**大富翁游戏里的一条规则是"四个绿房子可以换一个红酒店"，也间接说明了这一点，即"四个分租房加一个贷款房"就是一个"资产包"。**

投资房地产的好处之一就是可以通过贷款来放大自己的资产规模，尤其是经营企业的人。企业产生的现金流可以用来支付房贷，而企业也可以通过购买房地产来减少企业所得税，同时企业买房可以不受限购政策的影响，但需要全款支付房款。个人拥有房产也是信用的保证，如办理信用卡及出国签证就非常方便。**"公司加房产"也是一个"资产包"**，房产对于公司的好处不用多说，而拥有公司同样可以方便你获得贷款，因为公司可以提供贷款所需的银行流水和收入证明等。

总之，投资房产是个技术活，需要很专业的知识，并对相关政策了如指掌才行，同时还要避免以下各种投资误区。

一、买房只为房价上涨

房地产投资会带来两笔收益，一笔是价格上涨后的差价，也叫"资本利得"，一笔是每月的租金，即"现金流"。**成熟的房地产投资更注重现金流的收益，而不是资本利得，就是说不要去"炒房"。**追求资本利得（涨价）是没错的，但结果有可能是亏损，而追求现金流（租金）则收益是稳定的，因租金稳定的房产，一般来说价格也稳定且有获得资本利得的可能。房价会随着经济的冷暖而频繁波动，但房租却是比较稳定的，因为是刚需，经济好了房租还有可能上涨，经济不好也得租房居住。

一个国家的房地产黄金期大概就是 50 年，我国从 20 世纪 80 年代开始已经经历了近 40 年的发展，后面将会逐步过渡到成长缓慢期，主要以租金的现金流收益为主，房价的升幅会相对变缓，"房住不炒"将是今后的房地产主基调。炒房带给社会的影响是危害性的，不光扭曲了供需的真实情况，更在他们退出市场后留下一地鸡毛。其实房地产的投资是双赢的，既为自己获得一项稳定的收入，也给那些暂时买不起房的人一个临时的家。我经常对身边投资房产的朋友说，**一定要当成自己的家那样来买房和装饰，甚至细致到家具和摆设的选择，哪怕租金和别家一样，但这样总能很快租出，且无空置期**。

由于商品的使用价值可以转化成价值，而价值又是价格的基础。这里房子的使用价值就是"居住"，而居住的价值最终会体现在房子的价格上。简单来说，就是房价涨不涨要看住的人如何，例如有人为了买房就经常晚上去小区看亮灯的情况。如果灯火辉煌，那自然会加分不少，而如果星星点点，那就要三思而行了。有人可能会问，"有的小区入住率虽然很低，但房价可不低呀"。其实，他说的房价是买入价，而完整的交易不光有买入价，还有卖出价，**卖出价的高低才是房地产投资能否获得资本利得的关键**。

二、等一等

哈维·艾克在《有钱人和你想的不一样》这本书中写到，房地产投资要

"买上等，而不是等上买"。有多少人是在等待中错过了一个又一个的机会，而又有多少人是眼睁睁看着房价涨了上去，人们从犹豫彷徨到扼腕叹息，大多都是因为一个"等"字。而世间唯独有些事情是等不得的，一个是孝顺父母，一个是多做善事，还有一个就是早点买房。我们知道事物的发展都是螺旋式上升的，房地产也是如此，价格涨过一个幅度就会下跌，当然从长期来看最终是上涨的，只有幅度的不同。如果你还在犹豫该不该买一套属于自己的住房，那你一定要看看下面的内容。

想要真正了解一个事物，就一定要用历史的眼光来观察，很多事情的真相都应从源头看起。让我们一起来回顾一下中国房地产的历史，你就会有一个清晰而全面的判断。

中国在 20 世纪 80 年代以前，是没有房地产市场的，都是由国家政策分配，而且是无偿使用。1980 年是中国房地产的元年，邓小平提出了"住房要进行商品化"，从此就有了房地产行业。但当时的规模还很小，很多人还担心政策有变化，并不敢拥有私产，而期待单位的免费分房。直到深圳在 1987 年进行了首次土地公开拍卖，才让中国房地产真正发展起来，记得当时就有报纸媒体等报道"拍卖，掀起土地使用改革"，并称之为"石破天惊之举"。

第二年，也就是 1988 年，中国人对 8 这个数字的印象一向很好，这也决定了这将是一个意义非凡的一年。这一年的 1 月，国务院召开"第一次全国住房制度改革工作会议"；2 月，国务院批准了《关于在全国城镇分期分批推行住房制度改革的实施方案》；同年宪法规定，土地使用权可以依法转让；而海南也脱离了广东省，独立成立海南省，吸引了大批的人下海来到海南淘金，他们就是新中国的第一批地产淘金人。

1988 年全国房价平均为 1350 元 / 平方米，1991 年涨至 1400 元 / 平方米，1992 年暴涨至 5000 元 / 平方米，1993 年上半年更是达到了当时的顶峰 7500 元 / 平方米。而当时中国的人均 GDP 才 377 美元，按照当时的联系汇率 5.792 计算（联系汇率其实是我国自己确定的一个和美元挂钩的固定汇率，于次年 1994 年进行了汇率改革，调整到 8.619），也就不到 2200 元人民币，这样的购买力根本无法支撑当时的房价，新中国的第一个房产泡沫就此形成。数据显示，2018 年全国的房价均价在 8500 元 / 平方米左右，2018 年的全国人均 GDP 为 9770 美元，折合人民币约为 64500 元左右（2018 年人民币兑美元平均汇率为 6.617），是当年的 29 倍还多，而房价只是当年的 1.13 倍。

暴涨必然暴跌，1993 年的房价也是一样，巅峰后就瞬间滑落。1993 年下半年开始，海南房地产泡沫先行破裂，牵一发而动全身，全国房地产价格纷纷大跌，海口 1.3 万家房地产公司倒闭了 95%，坏账高达 800 亿元。全国楼市价格迅速回落到 1991 年的水平，跌幅高达 85%。很多炒楼的人纷纷破产，成了他们人生中最痛苦的一段回忆。2006 年时我去海南旅行，在海口还看到很多当年遗留的烂尾楼。

1997 年亚洲金融危机爆发，受其严重影响，中国房地产濒临崩溃。次年国家开始救市，并全面停止了福利分房，中国房地产真正意义上进入了全面市场化阶段。随后的两年，房地产市场火了起来，很多单位抢购住房分配给职工，全国第一轮的房地产去库存首告成功。进入 2000 年以来可谓国运昌隆，申奥成功、加入 WTO、GDP 首次突破 1 万亿美元大关等，这些都使投资者和投机者们信心大增，房价也是一路上涨。市场上出现了像"温州炒房团"那样的炒房团体，他们开始在北京、上海、杭州和苏州等地大量置业。

到了 2001 年，房地产市场供需关系开始失衡，北京第一季度的房价涨幅就达到了 97.3%。次年 2002 年 5 月，国家开始实行土地"招拍挂"制度，就是经营性用地必须通过招标、拍卖和挂牌等方式进行。此举的好处是防止了"暗箱操作"，避免了腐败，但不足之处就是进一步推高了房地产的价格。

2003 年房地产出现过热的苗头，国家开始调控。同年 6 月央行印发"121 号文"，首次推出二套房提高首付，利率上浮等政策来抑制房价，上涨势头得到遏制，全国房价应声下跌，地产行业进入寒冬。同年非典爆发，受其影响国民经济下滑严重，经济增长率下滑到 6.7%。为了保持经济增长，住房和城乡建设部发布"18 号文"，此文与"121 号文"刚好相反，全国房价开始反弹并继续上涨。

2004 年土地"招拍挂"制度开始全面实施，房地产市场逐渐显现出"过热"的行情。随后的几年都是在边调控边上涨中度过的，例如 2005 年的"国八条"，房价不降反涨 12%；2006 年的"国六条"，房价依然上涨 6%。直到 2007 年，央行进行了六次加息、十次上调存款准备金率，并从金融、税收、土地等方面全面调控，才在年底让房价这匹"奔马"停了下来。然而造化弄人，美国发生了次贷危机，受其影响，我国经济下滑严重，房地产更是再入寒冬。为此，国家又开始了再度救市，房价止跌回升。到 2009 年，政府又推出"四万亿"的经济计划，并对房地产全面松绑，当年房价同比增长达到 25% 左右。

房价的飞涨让百姓焦躁不安，为了安抚民心，国家在 2010 年发布了一系列的调控政策，北京等部分房价较高的城市也开始限购，但效果甚微，直到年底房价才有所下滑，但幅度有限。在 2011 年至 2015 年的五年中，楼市不温不火，库存积累量日益增加，但老百姓购房的意愿却并不高。记得那是

2015 年的秋天，我正在广州参加一个金融会议，闲时在宾馆里看电视财经节目，电视上的记者正在采访福建某地的一位开发商，背景是已建成的成片住宅楼工地，那位开发商说的意思大概是："快两年了，连一套房子都没有卖出去，根本就没有人来看房，现在日子很难过，要再卖不出去，就怕快撑不住了。"他很发愁，镜头记录下他在那空荡荡的还未完工的工地上孤独的背影。当时我有些倦意，但听到记者说："国家正在积极推进房地产去库存的各项政策和计划。"我一下清醒了过来，我拿起手机上百度搜到了许多相关内容。我意识到房价又要上涨了，在去北京的路上，就听到深圳已经涨了起来，我告诉我的一些朋友，让他们准备买房。

2015 年年末的时候，我陪同朋友去北京和上海等地考察，当时的售楼处里还是门可罗雀。但仅仅几个月以后，2016 年的春节后北京上海的房价就开始上涨，原先几乎没有什么人的售楼处变得人满为患，甚至还有人连夜排队去买房，有的干脆就席地而睡。有位买到房子的朋友和我说："同样一套房，年前没人要，现在还得抢，真是让人不可思议。"我和他讲："这没什么，这就是规律，当时你不是说，还要再等等看吗？"他笑道："这还得感谢你。"我说："不客气，有时等是对的，但有时真等不起。"

2016 年开始的房价上涨是影响深远的，先是一线城市上涨，慢慢二线城市也跟着涨了起来。2017 年房地产迎来了史上最严调控年，强调"房住不炒"，一、二线在"限购销售和限贷"后逐渐降温。外溢的资金流向三、四线，有些县城的房价都直逼万元大关，一时间好像全国人都在买房，千人排队、万人摇号，甚至买到了国外。从 2017 年 3 月开始调控以来，到 2018 年，全国各地的调控政策陆续出台，光 2018 年就达 400 多次，从棚改、公积金、贷款、限购等多个方面齐抓共管，"高烧不退"的房价才得以控制。2019 年国家的房地产政策是"一城一策"的长效机制，即每个城市有每个城市的政策，全国房价稳中有降，但政策中也有一个"稳"字，就是不会再有大涨和大跌。

按照房地产50年的黄金发展期，我们已经发展了40年，还有10年的发展，但这后十年的发展将会呈现"分化"的走势。用一个生活中的例子来看，如果你观察过喷泉喷水的过程，就会发现：**第一阶段是齐涨阶段；第二阶段是大部分涨，少部分跌的阶段；而第三阶段正好和第二阶段相反。**如图3-1所示，房地产的最后10年就属于第三阶段（这个规律也同样适用于股票市场）。

▲ 图 3-1　喷泉喷水的三个阶段

了解了中国近40年的房地产发展历程，你是不是对房地产也有了一个清晰的认识呢？房地产是国家的核心支柱产业，只要国家发展，房地产就会一同发展。当然，**我绝不是鼓励你不假思索就去投资买房，更不是去投机"炒房"**，而是要做个能根据形势去理性投资的明白人。

三、低价房的诱惑

1.小产权房

最近我在网上看到很多人讨论小产权房的话题，有的人认为那是违建不能买，而有的人则认为小产权房价格实惠，且地段大多还不错，将来也许还会有转正的那一天，上涨空间很大。的确，面对现在高昂的房价，尤其是一、二线城市，很多人也选择了小产权房，因为看起来和其他商品房也差不多，关键是价格便宜。那他们双方到底是孰对孰错呢？我们一起来分析一下。

这里的"小产权"是相对"大产权"而言的。国家发产权证的叫"大产权"，受到法律的保护；国家不发产权证的，而由乡政府或村委会颁发的产权证叫"小产权"。说白了小产权房其实是没有产权的，证书上也没有盖国家房屋管理部门的印章，在法律上不受保护。**2019年的最新消息是，小产权转正无望且不得发证，而且对于违法违规建设的小产权房还有可能被无偿拆除。**

小产权房为何会有这样的遭遇？这要从国家土地实行二元制结构说起，按照土地法有关规定，土地分国有土地所有制和集体土地所有制，而小产权房正是建设在集体土地上的房产。如果是建设在集体土地的建设用地或宅基地上，那就是合法的小产权；但如果是建设在集体土地的非建设用地或耕地上，那就是非法的小产权，被强拆的正是这种。前几年房价上涨过快，很多人就看到小产权房的价格低廉而买进，感觉是捡了个便宜，但如果是捡到这种非法的小产权房，那恐怕就血本无归、欲哭无泪了。

那买合法的小产权房是不是合法呢？答案是：**不合法**，除非你是本村的村民或是取得有关部门的批准。国家规定，小产权房在一个村集体组织内的成员之间是可以转让的。但如果你是城市户口而去购买，即使和小产权的房主签订了买卖合同，一旦出现法律纠纷，你签订的合同也保护不了你，因其在法律上是无效的。

小产权房最大的死穴是没有缴纳土地出让金及税费，所以不可能得到国家的法律认可，而且不能贷款、不能抵押，也不能买卖。由于没有国家统一的规划，未来还有征地或拆迁的风险，而一旦拆迁，所有补偿也只能给法律认定的原有房东。市场中小产权的房价的确也是在上涨的，只是幅度有限，让人们以为是可以投资的对象。**但从理财的角度来看，我劝你一定要远离小产权房**。市场上有些小产权房的中介只考虑自身的利益仍在推荐，利用买房人对政策的不了解而大力鼓吹其所谓优点，所以投资者一定要擦亮眼睛，避免上当。

2. 法拍房

一边是高昂的房价，一边是超低价且不限购的法拍房，这让很多人不免心动起来。法拍房真的是一个未被发现的价值洼地吗？让我们通过几个网络案例来抽丝剥茧，揭开真相。

⊙ 案例一：反复拍卖的法拍房

某网络报道，一套离杭州西湖仅 600 米，面积约 90 平方米的房子于 2019 年年初在法拍网上进行公开拍卖。该房起拍价为 280 万元，折合每平方米为 3.2 万元，28 人竞价，最终以 506 万元成交，相对周边接近每平方米 10 万元的房价还算不错。但半个月后，此房又进行了第二次拍卖，22 人参与角逐，最终以 465 万元再次成交。又过了半个月，此房又进行了第三轮拍卖。有人打电话询问法院，被告之的情况是：第一位买主由于没有实地看房，竞得后发现房子在一楼，采光特别不好；而第二位买主是因为和原房东户口的问题没有协调好。

我曾筹备过一家拍卖公司，拍卖过类似的房产。这些房子一般都是因为和银行或民间有贷款纠纷，被法院强制执行的财产。一般法院会有一个评估的市价，然后按七折起拍，每次流拍就会降价20%，直到成交。**价格低一定有价格低的原因，且肯定有很多瑕疵，所以买前要做好"尽职调查"，否则不光费时费力，还会很费钱。**

⊙ 案例二：罚没的保证金

2019年广东省佛山市顺德区女子卢某在司法拍卖中点击加价1869次，直接从第五轮竞价的3832万元加价到2.2522亿元，较评估价5416.4万元高出1.71亿元，竞买到房产后却未在规定时间内交纳剩余房款。据悉卢某已被法院罚款10万元，司法拘留15日，其所交纳的保证金750万元不予退还。**司法拍卖有这样的规定，如果悔拍，保证金将不予返还。**保证金的比例为总房款的10%~20%，是一笔数目不小的钱。

案例一中也发生了两次悔拍，两位买主草率的举动，非但没有赚到钱，反而有可能令他们亏不少钱，这和他们原本想捡漏理财的目的可谓大相径庭。

⊙ 案例三：额外的税费

2018年4月4日，有一则来自南方网的新闻报道"法拍房'坑'太深？369万拍下税要缴242万"。阿奇（化名）最近留意到淘宝上的司法拍卖房，原计划拍下房子给小孩上学使用，没想到一轮折腾下来捡个"烫手山芋"。

3月16日，阿奇以369万元拍下翠花花园一处房产，事后经计算发现税费高达242万元。如果以拍卖价成交，阿奇至少要支付611万元，高出市场成交价45万元。

阿奇不知道的是，**法拍房的转让和受让的税费，都是由买家一人承担的**。如果原房东是个人，则需要交契税、增值税和个人所得税，若该房已满两年，则增值税可免，若符合"满五唯一"则个税也可免征。但**如果房东是企业，就还需要缴纳土地增值税，这个数额可能会非常大**，最高可按差额的60%来征收，而阿奇买的房子很可能就是后者。

综上所述，法拍房的确价格美丽，但也有很大风险，需要很懂行才能介入。网上曾爆料，有人成功竞买法拍房后却又莫名被撤销，据说原因可能是原房东家里80多岁的老人去法院吵闹所致；也有买房后每天被原房东债主上门追债的，搅得人不得安宁；还有广西某人22万元买得法拍房，却发现房子少了一堵墙的怪事等。所以，买法拍房必须要对该拍卖房产标的了解清楚，如该房产的产权情况、土地属性、抵押情况、租赁情况、查封情况、是否欠税欠费、房屋是否需要修缮、是否有个人纠纷和原房东户口是否迁出等。

总之，从理财的角度来看，你也要远离法拍房，除非你是精明的行内人。

3. 商住房

有一位老家的朋友和我讲："最近有种房子很火，很想买！"

我问他："什么房？"

"一种买一层送一层的房子，既能办公又能住人，你说好不好！"他兴奋地说。

"不好，很不好。"我答道。

"为什么？"他很不解。

"让我来给你讲下商住的前世今生，你就明白啦。"

商住房和小产权房不同，它是有国家的产权证的，只不过它的产权一般是 40 年或 50 年，而不是住宅的 70 年。商住房属于商业地产，和它同一性质的还有商铺和写字楼。商住房也叫公寓，但叫公寓的不一定都是商住房，有些地方高端住宅也叫公寓，如上海。过去，商住房曾是市场上的香饽饽。但从 2017 年 3 月起，北京、上海、广州等地开始"限商住"，现在仍处于冰冻期。北京的通州区是最早开始限制商住的地区，几个月后全北京开始限购，紧接着是上海和广州等地。当时很多城市也曾陆续颁布相应的限购政策，但随着"一城一策"，各地政策有所放松。目前北京的政策仍然最严，一是北京有控制人口的疏解计划，二是北京也是全国房产的调控风向标，要率先垂范。

商住这个概念在建筑上是没有的，最早大城市要招商引资，陆续在城市的周边建设了大量的办公写字楼，但商业并没有在这些地方发展起来，反而去了集中度更高的 CBD 这样的地方，所以很多的写字楼空置。有些房地产商便想到了可以改成居住的"类住宅"进行销售，没想到因价格较低而非常火爆。开发商向政府拿地是必须配套一定商业的，所以很多楼盘干脆包装销售这种本来用途是办公的"假住宅"，或叫"类住宅"，于是就形成了现在的商住房。

很多人以为房子都是一样的，他们本来是去买住房的，却被销售稀里糊涂地劝说买了商住房，但如果细心一点你就会发现，你签订的合同上明确写着房产的用途为办公，期限 40 或 50 年。不是说商住不能买，毕竟是有国家大红本产权证的，而是说要根据自己的情况来区别对待，因为商业类的房产风险是比较大的。**对于保守型的房产投资人，劝你不要碰此类房产为好。**

下面我们来做一详细分析：

商住房的**优点**是：

A. 能注册公司，如果自己不注册公司，地址也可出租；

B. 每平方米单价较低，一般为同区域的住宅的一半以下，而且因面积较小，总价也不算高；

C. 层高较高，可隔两层，使用面积比建筑面积要大；

D. 不限购，不限贷，是限购城市年轻人的过渡房，但北京个人购买需要 5 年社保或 5 年个税，全款且名下无任何房产；

E. 位置一般较好，租售比（租金 / 房价）较住宅高。

商住房的**缺点**是：

A. 不能落户、不能办居住证、无学区配套；

B. 产权 40 或 50 年，到期政策未出，而住宅 70 年到期自动续签；

C. 贷款首付 50%，利率上浮 10%，商业贷款，最多十年；

D. 商水、商电，不通燃气，生活成本较高，还有商住房的物业费和采暖费都比住宅要高；

E. 转让税费较高，最高可达增值部分的一半以上；

F. 人员密集，居住体验一般。

我的那位朋友听完我的介绍说："没想到房子的学问这么多，差点就花了冤枉钱。"

我接着对他说："咱们那里是四线城市，完全可以买住宅。现在很多大城市卖不动的东西，都学会'下沉市场'了，当心做了'韭菜'啊！"

他说："就是，销售还说这户型是国际新潮流，所以价格要贵些，比旁边住宅贵了好多。"

如果真想投资商住房，第一，要选一、二线城市的，尤其是二线城市，因为虽有限购但调控力度不严，最好是附近有长租公寓收房代租的，这样不用经常去费心打理，商住在三、四线城市基本没有什么价值；第二，永远不要卖出，除非价格合适，只出租赚取租金，现在租房国家是支持的；第三，一定要选大开发商的房产，最好是有住宅、有办公、有别墅甚至有酒店配套的那种；第四，一定要离地铁站比较近，出行方便；**最后记住，能买住宅就不买商住房。**

4. 期房和现房

如果你可以买 70 年产权的住宅，那是买期房好还是买现房好呢？期房就是尚未建设完成、未交付使用的房屋；而现房则是在签订商品房买卖合同后，立即可以办理入住并取得产权证的房屋。

（注意：这里的期房与现房都指的是新房，即一手房）

期房的**优点**是：

A. 价格便宜，开发商为了筹集资金，有很多优惠，还有特价房、买房抽奖及大礼包等；

B. 房型较多，便于选择。

期房的**缺点**是：

A. 只能看效果图，实物和沙盘及样本间可能不符；

B. 有工程停顿、延迟收房的可能；

C. 未来价格的涨跌难以预测。

现房的**优点**是：

A. 实地看房，一目了然；

B. 交房时间短，能很快装修入住；

C. 配套完善，相对成熟。

现房的**缺点**是：

A. 房源较少，所以选择余地不如期房；

B. 价格偏高，不如期房优惠活动多。

期房现房各有优劣，如何选择要根据情况而定。很多人选择期房的一个主要原因就是因为价格，但其中的风险也要注意规避才好。期房价格虽低，但如果你是贷款购买，至少有两年半的建设期，如果遇到延期时间还会延长，这段时间你不能入住，更不能出租还贷，出手也不如现房快；还有就是工程质量不确定，很多人满心欢喜地去看新房，却发现和他们的期望完全不同，所谓的"精装房"变成了"惊装房"和"伤心房"，又开始了漫长的维权之路；另外，当年承诺的规划也可能随着时间而变化，如绿地、停车场、地铁、公园、大学城、班车和温泉等。

不难看出，**现房更胜一筹**。

当然，对于手头资金实在不宽裕的，或者该地区实在太抢手，根本无现房的情况，也是可以买期房的。不过要注意以下几点：

A. 可以买大品牌且当地口碑较好的房企住宅，因为他们一般都对规划比较清楚，物业服务也相对到位，关键是不易被骗，毕竟他们有**品牌效应**。

B. 如你不想买他们的房子，也最好选择临近的大型楼盘进行购买，主要还是**考虑规划**。

C. 入手的楼盘也最好是有高层、洋房、别墅、商住、写字楼或酒店等的大型配套楼盘，不要轻易选择购买只有一两栋楼的小型楼盘，这里考虑的是**安全性和后续服务问题。**

D. 期房最好选择在城市新区或开发区整片开发的区域，或紧邻城市中心的城乡接合部，最好有政府和学校的入驻及地铁的规划。随着房子的建设完工，周边的规划建设也会趋于成熟，基本可以居住，而这样的房子往往性价比较高。**当然，也要杜绝投资已经爆炒过的开发区概念，及打着开发旗号的偏远郊区，投资应活学活用。**

5. 低价二手房

如果说新房像股市的一级市场的话，那二手房就像股市的二级市场，无论是投资技巧，还是投资工具，都相对比较复杂。二手房投资交易需要更多的专业知识和经验，这里不做太多的阐述，只想就其中的一两点加以提示。

俗话说"便宜没好货"。2017 年 6 月，家在四川的凡女士在嘉兴的一家中介公司，看中了一套价格不高的二手房，当即签订合同并交了 3 万元定金。但后来却听邻居说，这房子里曾有两任住户意外死亡，凡女士一听吓坏了，想要回定金，不要房子了。但房东不肯退还定金，只能通过打官司来解决。还有一次，某人发现了一套价格明显偏低的二手房，兴高采烈地准备购买，实际看房时，竟发现此房和旁边的房子并不一样，有一半在地下，他只能扫兴而归。

可见价格低一定有原因，千万记住一句老话"天上不会掉馅饼"。如果有人对你说"掉馅饼你也得用手去接呀"，那你还是要小心谨慎、三思而行，否则你就是那个天上掉下来的"馅饼"。

四、理想的好房子

"什么是理想的好房子？"朋友问我。

"你说呢？"我反问。

"最好是一个大别墅，能天天看大海，吹海风。"他说。

"还有呢？"我继续问。

"中式园林也不错，我也喜欢江南的小桥流水人家。"

"还有呢？"我又问。

"其实大平层也不错，装修最好是轻奢风或北欧风。"

"那还有呢？"我再问。

"好的商铺也不错，租金很高，这个现实点。"

"你说的都没错，但都不是我们要找的好房子。"我说。

"那什么是最好的理想房子呢？"他问我道。

"最理想的好房子其实并不是房。"我答道。

"不是房子，那是什么？"他有点懵了。

"是买好房子的人。"我回答。

我进一步解释道，任何的投资都是由人来完成的，只有拥有正确理念的人才能买到最好的房子，他的投资才算是成功。好的房子是资产，而不是负债。很多人被他们理想的好房子误导了，他们的买房计划根本就是在购买负债，而负债会让他们的财富越来越少，最后他们只能不停地工作才能弥补这个财富的漏洞。**负债也不是不能买，但一定是放在最后，即资产的后面，由资产产生的现金流收益来负担**。好的房子一定是你财富计划的重要一环，就像地图拼图那样精确，当然如果你还没有制订计划，那它就只是一套房子。

"你说说，什么是买房的正确理念呢？"他问道。

"首先讲一个'购房顺序'的理念。"我说。

不管是经商还是投资，都是以人的需求为核心。马斯洛在 1943 年发表的《人类动机理论》一书中提出了著名的"需求层次理论"。该理论认为，按照由低到高的顺序将人的需求排序，依次为生理需求、安全需求、社会需求、尊重需求和自我实现需求，涉及人一生的生存、归属和成长三个方面。**最核心的需求，就叫刚需。**在房地产中什么是买房人的刚需呢？首先就是满足生活工作所需的住房，然后才是其他。

"那海边别墅不应该买吗？"朋友有点失望。

"我只说需求的顺序，没说不能买。"我答道。

"那最大的需求是什么？"

"如果房产税开征了，你有一套市区房和一套海景别墅需要卖一套，你会先卖哪套？"

"我想卖了市区的房，住海边的大别墅，用卖房的钱来进行生活，那是我儿时的梦想。"

"想法很不错，但不一定经济。"我笑着说。

他很不解地问我："这有什么，电视里不都是这么演的吗？你说不经济，是什么意思？"

"如果一个人是在三、四线城市的市区房，你这么做还说得过去，可如果是在一、二线的市区房，就是不经济了。"

"为什么？"

"很简单。现在户口是逐步放开了，人口流动的特点是向大城市靠拢，所以一线城市的房产就比二线城市的房产更具刚需性，而二线城市的房产就比三线城市的房产更具刚需性，依次类推。"

"你的意思我明白了，就是大城市的住房需求更高，价格也会涨的，是吧！"他又说，"那卖掉三、四线城市的房产去海边买别墅，不是很划算吗？"

"一点都不划算，只是卖掉小负债去买了个大负债而已。"

"那富人不都是买别墅的吗？"

"是的，但富人买别墅不一定都是为了赚钱。"

"那他们买别墅干什么？"

"为了存钱。别墅本身就是个房子存折。富人们赚钱的途径很多，赚的钱存在银行并不安全。"

"存在别墅上就很安全吗？"

"没错，你听过打劫钱财的，有听过打劫房子的吗？"我笑着说。

"有点道理。"他也笑了。

我给他倒了一杯茶，接着说："这只是玩笑话。但大笔的资金存在房子上的好处是，可以给别人展示，例如他们的生意对象。"

"我明白了，富人通过运作让负债间接变成了资产。"

"说的没错。"

"要是富人都这么做，岂不是别墅会涨很多，应该买入。"

"不一定，别墅的价格较高，买家相对较少，物业采暖等费用都高，而且很难贷款。很多都建在城市的郊区，有的生活配套设施和周围商业并不完善，居住体验其实不如住宅。你有没有发现很多城市的别墅区其实入住率并不高。"

"对。我的朋友买了两套别墅打通了居住,但那里人太少了,晚上他们都有点害怕,后来还是搬到市区的住宅居住了。"

"所以买房还得紧贴刚需,以市区住宅为好。"

"如果我不买海边别墅,就买一套高层海景房呢?"他说道。

"你对大海真是一往情深啊!但海景房也不是你的最佳选择。"我说。

"他们说现在价格便宜,而且可以贷款,怕将来涨价了买不起啊!"

"如果买了,你准备什么时候去住?"

"只能度假去了。"

"那平时呢?房子怎么办?房子如果漏水了谁会管呢?"

"他们说可以出租的。"

"租客什么时候会去租房呢?"

"也是度假时去。"

"那你是自己住呢,还是租给租客呢?"

"你说的很对,其实这个房子也就一年住几个月罢了。"

"所以它是个负债,另外几个月空置,还得还贷,交物业费等。其实很多当地人都不去买的,靠海太潮家电容易坏,不管是海景房,还是湖景房,或者是山景房,如果不能做民宿出租,其实都是负债。"

"但她们发的图片介绍实在是太漂亮了,真是我理想中的好房子。"

"那就是人们的一个误区,其实你完全可以去当租客,把节省的钱去理理财。"

"对,我可以把理财赚到的钱去当租金,照样也可以去海边玩,这回做对了吧。"

"没错。"我向他竖起了大拇指。

"现在的学区房怎么样？"他又问道。

"不要碰。除非你不差钱，真为孩子上学考虑。如果投资，政策一旦改变，价格必然下跌。"

"那买商铺理财怎么样？但好像现在很多都租不出去，你觉得呢？"

"商铺就不要碰了，现在很多实体店经营并不好，有的甚至很难出租，早已不是'一铺养三代'的年代了。"

"如果想买，有什么技巧吗？"

"是这样的，商铺分为社区商铺、临街商铺和商场的店中铺等。因现在电商发达，很多人已经习惯于家庭购物，所以都市购物街的商业是受到影响的，自然那里的商铺投资价值已经不大，但价格还是很高的；而离社区最近的社区商铺，或者附近有学校、医院等人员密集型的区域，投资价值相对来说还可以；临街商铺主要是有独立的门面，相对于商场内的产权商铺来说，安全性要高一些，因为很多商场，包括一些专业的市场，一旦经营失败，你自己根本无力回天，所以风险较高。"

"那就是社区商铺还可以买吧？"

"是的，但一定要有稳定的人流量，例如学校门口的独立商铺，还有最好是已经出租的商铺。"

"明白了，有的商场说他们包租的，你觉得可以尝试吗？"

"包租本身就是一个陷阱，把价格拉高，然后再返给你，如果能租出去就把租金的一部分返给你，租不出去你也没办法，不是吗？"

"签订合同的，他们说保证支付，还能回购。"

"这种销售行为是国家禁止的。现实中的确是有信誉好的大型商业地产商会履约，但如果实在是经营不起来，恐怕也很难维系吧？毕竟那可是一笔巨款，有可能无力支付。"

"那我可以去维权，去法院告他们啊！"

"但是官司赢了也可能无法执行，因为有限责任公司这几个字的意思就是，仅以公司的出资额为限承担责任的。"

"那还是算了，风险根本控制不了。"

"所以它们叫商业地产，和民用不一样。"

"写字楼怎么样，这个比商铺的风险要小吧？"

"写字楼根本就没有买的必要。基本不怎么涨，而且写字楼旁经常会盖更高的写字楼，谁都希望自己的公司看起来更气派，所以旧写字楼慢慢会失去当年的优势，租金只能相对下调。"

"如果就是刚盖的写字楼呢，是新房。"

"道理一样，新的也会变旧。住宅变旧了价格是涨的，但写字楼变旧了就不一定了。现在很多城市的规划也是日新月异，连 CBD 都在迁移，你敢说你买的写字楼就一定不会过时吗？现在，整个中国的商业地产都是过剩的，我去过上海和深圳的最高的写字楼，仍然能租到空着的写字间。"

"照这么说，岂不是除了住宅什么都不能买啊！"

"也不是这样，只要你在某个领域足够专业，你就可以去投资。我投资房产只是按照风险程度大小的排列顺序罢了。"

"是什么排列顺序？"

"风险最小的是市区住宅，依次是郊区的住宅、别墅、旅游度假养老房、商住房、社区商铺、临街商铺、写字楼和商场产权商铺等。"

"明白了，住宅风险最低，不过投资住宅可就简单多了。"

"住宅的投资一点都不简单，相反它是最难的。因为看起来简单的做起来往往并不容易，下面说说我的购房公式。"

我的购房公式是：**好的房产＝人口＋地段＋金融＋交通＋开发商＋物业＋楼层户型。**

第一，**人口**，人口分数量和质量两方面。现在一线城市要的是人口的质量，二线城市要的是人口的数量，三、四线城市在输送人口。所以未来大城市的住宅价格会很坚挺，因为需求量大，又因为经济越发达的国家，人口的出生率反而会下降，所以将来中小城市的住宅价格支撑相对较弱。记住，**买入一个城市的房地产就相当于买入一个城市的股票，它可以随着城市的发展而不断升值。**

第二是地段。选好城市，再说**地段**。最好的地段由于价格已经较高，包括学区房，往往并不是最好的投资对象，**最好的投资对象是那些现在还不好，而将来会好的房产。**如果碰到国家或地区有整块开发的"造城计划"，那将是投资的首选。

20年前我做拍卖师时，曾经参与过很多房产的评估和拍卖。一次，两个规模相当的火锅店要进行拍卖，它们的距离只有一条马路，但评估的结果是一家比另一家贵了至少30%。究其原因，才发现它们中间的那条马路是该城市2级地和3级地的划分线，而2级地和3级地的房地产价格可是差别很大的。所以，那时我就经常告诉身边的朋友，现在繁荣的城区是1级地，而周边2级地还未完全开发，我们应该去买2级地的房子，当2级地开发完善后，价格也会随之上涨，我们应该卖掉2级地的房子去买3级地的房子，以此类推。当然，如果现在都涨到7级地了，你是不是准备去买8级地呢？如果是，那你就又做错了！因为城市的中心辐射是有限的，除非中心已转移，否则房价将再从1级地开始再来一次，有的城市都经过好几轮了，如一线城市。

其实这样也符合人们的实际生活，年轻时要工作、接送孩子上下学，所以离城中心越近越好。而随着年龄的增长，逐渐没有这方面的需求，而需要宁静的休闲生活，则离城远一点也无妨，反正有车，且交通也会越来越便利。

第三是**金融**，房子有两个属性，一个是居住属性，一个是金融属性。成熟的房地产市场里二手房一般是很火的，光有新房一级市场的火爆而没有二手市场的火热，该地的房地产市场也是不完整的。从这点上看，大城市的房地产市场更胜一筹。买二手房最好选择房龄在 5 年以上、7 年以内的住宅，这样房子还不算太旧，便于贷款，且税费最低。**二手房的买卖会涉及很多的金融杠杆运用，又因各地的银行和监管政策都不尽相同，所以相对复杂，没有经验的新手需大量学习和实践后才能完全掌握。**

第四是**交通**，所谓"地铁一通，黄金万两"。但要注意的是，地铁的规划也可能发生变化或延迟通车，所以要多方考察，甚至到实地观察，要充分考虑各种的不确定性因素。

第五是**开发商**。我的原则是选大不选小，尤其你要去不熟悉的外地买房，这条就更关键。

第六是**物业**，好的物业是锦上添花。大部分的业主和物业都有这样或那样的矛盾，所以能找一个真正认真负责的好物业是居住的良好保证。否则，房子虽好但服务闹心，你也住得不舒服，时间久了，房价还会受影响。

最后考虑的是**楼层、户型**。顶层、底层和中间设备层都不是好的选择，而**市中心小两居的刚需房与大三居的改善房始终是市场永恒的热点。**

五、盲目跟风和冲动消费

买房时由于价格较高，一般人的精神都会相对比较紧张，反而会盲目跟风，仅听中介或售楼人员的劝说，就去冲动买房，买到后冷静一想，又后悔不迭。所以要谨记一条理念"**宁错过，不买错**"。其实好房子是买不完的，不要听别人说"这样的房子马上就会售罄或涨价"的话。另一条要谨记的理念是"**没有最好，只有更好**"，多年以后你会发现更好的房子，但如果你因误买的房子还没来得及出手，以致资金被占用，那才是更大的遗憾。

多年以前，海景房的广告铺天盖地，我在思考了一年有余后，决定前去瞧瞧，想着不买房就当旅游了。我和朋友坐上了去山东某地的一辆商务车，车上同行还有五六个人，整个行程是完全免费的，包吃包住，一路上司机和那个售楼员都是热情服务。路上他们向我们介绍了那里的发展规划、自然气候和风土人情，全车人的心情都是激动万分且心驰神往，希望能早点看到实物。

我们吃过早餐后便开始了一天的看房行程。上午到各个小区看样本间，下午还在海边休闲了半日，对于我们这些内陆的人来说这的确很有吸引力。在上午我们看房时，还来了好几辆大巴车，上百人的到来让售楼处显得分外拥挤，很多签约的人都是站着签字，连坐的地方都没有。很快我们的销售就告诉我们，"今天销售很火爆，房子已经快卖完了，如果需要就得现场交两万元的定金"。接着销售带我们实地看楼，并到了两处已经装修好的房子，告诉我们这是他们自己买的度假房。同行的人很快就都被说服并交了定金，他们还鼓励我也尽快交，但我考虑了一下还是没有交。下午从海边回来的时候，销售找到我们说晚上要吃海鲜，但车刚开出不久又告诉我们要回售楼处取点东西，让我们也去喝杯茶再走。我们进去发现里边的人依旧很多。

销售的经理跑过来对我说："先生，房子已经快全部卖完了，就剩一两套，但还有客户在谈着。"他边说边用手指着沙发上的几个人。

我有点急了，说道："那怎么办呢？"

经理告诉我："谁先交定金就是谁的！"

我当时耳朵里都是销售和一起来的已经买了房的人的声音，都在让我赶快交定金。

"我可以交，但不是两万元，而是2000元，我的额度只有这些。"我还是多留了个心眼。

经理告诉我那样不行，这是他们的统一规定，在我和我的朋友的再三请求下，他说要找总监签字才行。

最后的结果是，我刷了2000元的信用卡交了定金，并在众人给我腾出的、仅有的一个座位上签了我的房产预售合同。

回到家中，我把我的决定和妻子一说，她没说话却给我找了一大堆的网络报道。她告诉我："**买东西不能只看好的方面，而要看不好的方面你能不能接受。**"通过这些新闻报道，我发现我买的房子存在几大问题：第一是交通不便，当时都是开车去的，但我没发现有公交车的规划。第二是需要装修，而那里离市区很远，装修必须是他们指定的几家，主要是那里也就那么几家，可能价格上不会优惠。第三是居住，我当时就看了同类型的房子一眼，根本就不知道自己的房子的具体位置，草率签了合同，但每年去居住的可能性又有多高呢？何况当时还在上班，节假日都经常加班，根本就没有时间居住。

第四是房屋质量，很多海边的房子受潮严重，地板起霉、电器生锈，时有发生。第五，据说现场缴费的人可能会有托，我突然想起了那突然来访的几车人，他们签单几乎都是不假思索，而且也听说买了房的人再推荐也可以有提成，怪不得同行的人都让我去买。第六，我还要每年白交一大堆的费用，如物业费和取暖费等。

想想实在不值，我决定退房。我打电话给销售，好久也没有回复，因他们并没有固定办公场所，只有电话，所以并不好找。再说这么远，我也不便再去售楼处要钱，如果要了不给，我的损失会更大。两个月后，有人打电话告诉我说，"那是定金，是不能退的"。我的一个律师朋友也告诉我，如果当时写的是"订金"是可以退的，但我签订的是"定金"，所以不能退。幸亏当时我只交了2000元，要是两万元，就亏大了。

这件事给了我一个很大的教训，自己太年轻气盛了，太草率鲁莽了，差点就掉"坑"里。十几年过去了，据说那里几乎没多少人居住，房价虽然很低但根本无法卖出。

第三节 房子是最好的"副业"

现在很多人工作没副业都不好意思说出口，一时间副业好像成了一个人赚钱能力的代名词，很多人还把副业做成了自己的主业。我自己就是利用业余时间去创业的，但那时这种行为被认为是不务正业和玩忽职守，而现在你完全不必有这样的顾虑，可以大胆地开展副业，且简单到可能只需要一部手机即可。

副业分为线上和线下两大类，大多由自身的技能、爱好和资源产生，形式上可能是兼职、创业或投资。**从理财的角度讲，我们把产生主动收入的副业称为一般的副业，而把产生被动收入的副业称为好的副业。**例如，你可能是位会计师，利用下班时间来帮别的企业做账，而如果你不记账就可能没有收入，那这就是一般的副业。又例如，你是某公司的职员，利用业余时间和朋友投资开了一家饭店，但你不必亲自去打理，只是利用人脉介绍些业务，到期领取店内分红，那这就是好的副业。

大部分好的副业也是好的资产，而一个人能否致富就要看你的资产积累了多少。一位工厂工作的电工师傅，他利用业余时间为别人安装灯具，虽然每天都很忙，但无法真正致富，因为总有干不动的那一天。其实最主要的原因是，他没有建立自己的资产。先前做微商和代购的都比较火，可一个政策下来，很多人就都转行了，前面的付出全部归零。这说明，**没有建立自己的资产，就无法实现复利增长。**

有一位法学院的老师，他不光在本校任教，还经常到校外组织的 EMBA 去授课，同时与朋友合伙成立了自己的律师行，在一家外资律师事务所做兼职，还被多家企业邀请为法律顾问，是一家上市公司的独立董事。他还利用业余时间写作出版书籍，投资了几家科技公司，购买并出租了一线城市的房产。

不难看出，这位老师的副业非常多，带来的收入也很可观。但细分一下就会发现：一部分是好的副业，如自己合伙的律师行、出版的书籍、投资的科技公司和一线城市的出租房产等，这些能得到很好的被动收入；而其他的副业虽然也为他带来了不菲的收入，但同时也让他处于过度劳碌的状态，身体健康每况愈下，但停止工作也就停止了收入。还因去各地的差旅费都是自费，所获报酬在扣除个税及相关费用后，实际收入大大减少。

我一直讲"企业加房产是最好的资产包"，要想成为富人就要建立强大的"资产包"。富人通常会将各类资产用公司来持有，并尽量减少个人名下的资产，不光安全而且可以避税。一个人的"资产包"越强大，他的理财能力就越强。在所有的副业中，房产是最好的"副业"之一。

　　例如麦当劳，人们在这里不光可以享受到美味的汉堡、薯条和炸鸡，一套标准化的服务流程更是现代企业管理的典范。但其创始人雷·克洛克在50年前的一个公开场合却说，"**麦当劳的真正生意并不是汉堡，而是房地产**"。还说一个汉堡的利润太低了，他们的策略是大量买地，之后转手租赁给那些加盟商。加盟商由于条款的限制，也只能从这里租赁，而租金产生了稳定的前期收入（正现金流）。就这样，麦当劳在还没有造出第一个汉堡时就已经赚钱了，赚到的钱还可以进行更大的资本扩张。

　　麦当劳的经营方式分为两种：一种是**直营模式**，即自己买房或租房开店，成本偏高；另一种是**特许经营加盟模式**，向加盟商收取初始加盟费、租金和特许权使用费（销售提成）。在全球4万家分店中，直营店占到20%，特许加盟店占到80%。其中约有2万多家的特许加盟店位于美国和西欧等成熟市场，麦当劳拥有很多店面的土地和建筑所有权或长期使用权。在其他地区，麦当劳会把一个精心考察过的店铺租下来，租期20~30年，然后加价20%再转租给加盟商，这个租金按照合同也是可以随土地价格的升温而调整的。麦当劳大叔其实是在做着"世界二房东"的生意。**由于它的品牌效应，往往开到哪里，哪里就会成为当地经济的核心区域，土地和建筑物价格及租金都是水涨船高。**

　　麦当劳利用加盟商交的初次加盟费来进行该店铺的购买和租赁，如果不够，还会进行银行贷款，因有大量的不动产，他们可以贷到大量的钱。这真是绝妙的一招,即"空手套白狼",完全用别人的钱来赚钱,关键是这一招可以无限复制。据麦当劳2018年财报数据显示:全年总收入约210亿美元,直营店收入约100亿美元,利润仅约17亿美元,利润率为17%;而特许加盟店收入约110亿美元(其中租金约71亿美元,特许加盟费约为39亿美元),利润约90亿美元,利润率为82%。其中特许加盟店的利润占到了麦当劳总利润的83%,而房租收入则占到了特许加盟店总收入的65%以上。

不难看出,麦当劳其实是一家披着餐饮业外衣的"房地产企业"。**如果你的公司也会利用这里面的原理,那就像给企业发展插上一对翅膀,一个是房地产,一个是金融。**

香港喜剧之王周星驰在世人的眼中是一位演员和导演,在认识的人眼中还是一个咏春拳高手,论辈分是李小龙的师侄,而在熟悉的人眼中他其实更是一位房地产的投资高手。导演王晶曾说过:"拍戏只是周星驰的副业,而他的主业则是'炒房',并且在这方面周星驰非常成功。"周星驰的祖籍是宁波,当年的宁波商帮对中国工商业的近代化做出了巨大贡献,被称为中国"十大商帮"之一。可能受此影响,周星驰的思维一直都很有前瞻性,他分析了当时香港经济情形,选了投资房地产来做生意,并成立了自己的公司。

1990年,在影坛刚崭露头角的周星驰靠踩单车在香港中环一带多次"踩盘",并买入了第一套豪宅,买入价为475万港币,此套物业一直未出售。此后,他便开始了房地产的投资生涯,他的投资眼光很准,不仅回报率高,而且几乎没有失误。当然也有例外,1996年5月,周星驰以8380万港币买下普乐道五层楼豪宅,但两年后便遭遇亚洲金融风暴,该豪宅一度沦为负资产(即卖了房子也还不起贷款的情况,不光会一无所有,还会欠银行大笔债务）。不过周星驰很聪明，他选择和家人自住，并没有卖出，此房产目前市值已涨至约 7 亿港币。2004 年他又以 3.2 亿港币的高价买下一块位于香港山顶最高点的地皮，通过拆旧建新，利润翻了数倍有余，并在 2011 年创造了亚洲屋苑式洋房的最高单价纪录，每平方英尺价达 9.6 万港币（每平方米约 88 万元人民币）。

很快，周星驰就被媒体封为娱乐圈的"楼王"和"铺王"。后来周星驰之所以能够自导自演这么多电影，都是因为他的"主业"房地产投资，而房地产的高收益又给了他足够的资金去做自己喜欢的"副业"，即拍自己的电影。回想当年李嘉诚不也是靠着在 20 世纪 70 年代经济低迷时，大笔抄底香港的房地产而成为香港首富的吗？**只要国家经济发展，房地产这个"副业"肯定就有机会，因为历史总在不断重演。**

还记得 2019 年那位被日本电视台评为"日本最省女孩"的故事吗？ 18 岁时，当别的女孩子都在想攒钱买包和化妆品时，她却定下了一个宏大的目标，即在 34 岁前买三栋楼，然后退休。经过 9 年的异常节俭的生活，27 岁的她靠着省下来的工资，买了第一栋楼，价值 1000 万日元（约 65 万元人民币），她自己住一间，把余下的两间出租。4 年后，她靠着这种"以租养贷"的方式，31 岁的她又买下了第二栋楼，价值 1800 万日元（约 117 万元人民币）。今年她 33 岁，她已经买下了第三栋独门独户的三层楼，价值 2700 万日元（约 176 万元人民币）。如今她已经实现了自己的愿望，坐拥 3 栋楼，并从任职的房地产公司离了职，光每月的租金就能收到 30 万日元，约 2 万元人民币。

不过，你要是以为她只想当"包租婆"可就大错特错了。原来她真正的梦想是救助流浪猫，她的猫咪咖啡厅已经在她的第三栋楼的一楼开张了，她现在的主业是猫咪咖啡厅的店长，这也是她儿时最大的梦想。用她的话说："把金钱和精力攒起来，用在自己爱的事物上，我觉得这才是对自己负责。"

你可能想说，我们国内的情况和他们不一样。但我更想说的是，没有哪两个国家的国情是完全一模一样的。但**不变的是原理，即理财的智慧不会改变**。它可能存在于大都市，也可能存在于小乡村；它可能存在于某位成功人士的头脑中，也可能存在于某个城里普通老头的大脑里。只要你用心寻找，就会发现蛛丝马迹，而当你一旦有所发现，你就会明白那就是真正的智慧。

和国外相比，中国的租售比相对较低，这和中国人喜欢买房而不喜欢租房的传统思想有关。在中国租售比很高的房子往往不是好的房子，而租售比低的房子恰恰却是好房子，因各地租金的差异明显不如房价的差异大，如一线的房产价格很高，但租金和房价相比就相对比较低。前面我们讲过"四个出租房加一个贷款房就是一个资产包"的概念，这也是每个人都能做的一个"副业"。"资产包"最好的布局是：**"出租房"位于一、二线城市，而"贷款房"位于一线周边（非远郊）或二线城市中心**。这样做的目的是：因一线城市房价高，对于普通人来讲有压力，但租金相对较高，所以适合做"二房东"的分租业务。一线周边或二线城市中心，由于房价适中，可以作为你的购房首选，并可通过落户或买房政策等来实现自己的购房需求。几年后，租房的业务做大了也可雇人打理，此时新房也开始交房，你可前往居住或出租。由于这些房子的价值未来也有上升机会，你也可以等房价上升后卖出，转而贷款买入离核心位置更近的房产。

租房时最好能选择"押一付一"的那种，即用最少的钱来启动我们的生意。如按前面分租每套每月1000元的利润来算，转租10套即可实现月收入过万元。如能转租 100 套或以上，月收入可达 10 万元以上，你完全有资格成立自己的房产租赁公司了。

如果你在三、四线城市生活，也不愿意离开自己的家乡发展。同样的道理，你也**可以选择临近大学或城市中心的地方选择做分租房**，甚至是钟点房。你所要贷款买的房子就是找那种**租金能完全覆盖或超过月供的住宅房产**。有的人会说，我有住房，去买那么多房子干嘛？但房子是财富的蓄水池，总比存在银行贬值要强。而且从理论上讲，一个家庭拥有三套房即可实现"**以房养老**"，一套自己居住，一套出租来弥补家用，还有一套可以在年老时卖掉，用来支付养老所需的各项费用。

一位朋友来找我，说她想贷款开一个幼儿园，贷款的一个主要支出是租一个 500 平方米的场地。我对她说了我的建议：如果贷款，最好是买房，因为即使生意失败，你还有一个房产；而如果是贷款做生意再去租房，如果失败你就什么也没有了。其实，凡是有负债的项目，最好资金都是流向自己的。贷款买房的资金流向是**银行（利息）、自己的房产、员工（工资）和卖设备的商家**；而贷款做生意的资金流向是**银行（利息）、别的房东（租金）、员工（工资）和卖设备的商家**，两者结果大为不同。

很多做副业成功的人，都有自己独特的策略和优势，不是每个人都能复制的，但租房是刚需，只要你用心，就能做到。

第四章　走进理财专业化时代

第一节　投资逍遥派——股票还可以这么玩

很多人对股市是"既爱又恨"，甚至是"闻股色变"。的确，不是所有的人都适合投资交易，如极其保守的人，他们认为安全是第一位的，而股市充满了风险。中国股市从 20 世纪 90 年代成立至今，已经发展了几十年，但和国际上成熟的证券市场相比，还属于新兴市场，其特点就是巨幅震荡。历史上的英国、美国和日本等国的股市都发生过大起大落的现象。例如 1929 年美国股市的大崩盘，整个西方世界都摇摇欲坠，很多人在随后的几十年内都不敢染指股票，当然这也让他们失去了很多本可以通过股市赚来的财富。要知道，美国的人均 GDP 之所以那么高，就是美国将"全民持股"作为了其"藏富于民"的所在，而我们是靠房地产升值和拆迁改造，覆盖面自然有限。加之近几年来，房地产与传统大基建对经济的拉动已经呈现边际效益递减，所以现在要发展以科技为核心的"新基建"。而回馈人民、藏富于民的必由之路无疑也将是"全民持股"，毕竟已有国外成熟经验可以参考。但考虑到我国民众的投资理念并不成熟，**所以基金必将是重点发展的一大行业，从某种角度上讲，理财专业化的时代也是"基金横行"的时代。**

还有人认为股市存在着"一赚二平七损"的盈亏概率，但这是外行的概率，否则就不会有像巴菲特、索罗斯、邓普顿、彼得·林奇及罗杰斯们的存在了。俗话说"智者无惧，勇者无敌"，是人们对股市的无知造成了自己投资的失败。

一个朋友对我讲："买股票会赔钱。"

"有赔就有赚。"我答道。

"股票该怎么炒？"他又问我。

"股票不能炒，就像房子不能炒一样。"我答道。

"那什么可以炒？"他反问我。

"菜可以炒，"我打趣道："但骨头只能炖。"

"什么意思？莫名其妙！"他被我搞晕了。

随后我向他解释道，我并不是在开玩笑，很多人开始接触股市首先听到的就是"炒股"。"炒"这个词来自烹饪，短时快速操作，如"炒菜"，更适合用于投机。但股票是投资，需要时间，就像烹饪里的"炖"，**骨头要慢火炖的才更入味儿。**

我还问他："你听过炒菜，有听过炒骨头的没有？"

他笑着说："还真没有。"

我继续说："股市想赚钱，就不要再说炒股了，记得要说股票投资。"

因为"炒"的心态会让人短视，会让人急功近利、盲目冲动，尤其会让人急于求成，而这些都是股票投资的死敌。**投资中，期货是止损的艺术，而股票则是等待的艺术，就像花朵，需要时间来等待绽放。**

其实，我们不光在理念上被长期误导，在操作层面上更是如此，如很多人迷恋的技术分析。我在某券商做大户管理员的时候，最喜欢的事就是和股民们聊天，不过那时年轻气盛、口无遮拦，经常把营业部里老股民们说的怒火中烧，却又哑口无言。

记得一位年龄相仿的股民朋友就经常和我探讨技术分析的话题。

他说："准确的股票分析很难，需要高超的技术。"

我说："分析其实很简单，但基本没什么用。你可以准确预测6个月后的天气比现在是冷还是热，也可以准确预测北极或南极的天气比这里要冷。再说真正有用的技术是不会轻易说出来的。你没听过'真传一句话，假传万卷书'的道理吗？你问巴菲特的股票投资技术。他只会告诉你三条，第一条是不要亏损，第二条是一定不要亏损，第三条就是要记住前两条。"

"巴菲特讲的是价值投资，难道那么多讲技术分析的书都是没用的吗？"

"正是因为这么多的书，所以技术分析没用了，因为市场会消化一切。当年投资成功的人，也许是靠着自己的某个绝招赚钱，他们并没有像今天有这么多的投资书籍去看，否则也会被搞晕。比方说你在一张白纸上画了一匹马，再画上一头牛、三只猫、五条狗、十匹狼和一百条鱼会怎样？"

"画那么多怎么还看得清啊！"

"这些动物就是你学的那些技术分析，有K线大法、均线理论、缺口理论、波浪理论、箱体理论、四度空间、神奇数列、黄金分割、江恩理论、螺旋历法、混沌投资、筹码分布、量能配合、形态学和各色指标等，你说你能看清吗？"

"要真学这么多，早成大师了。"

"理论大师，实战经常一塌糊涂。"

"为什么呢？"

"如果让你迅速找到一个鸡蛋的核心，用什么方法最奏效？用刀切吗？可能会切偏，但如果用针来扎就 OK 了。"

"但这有什么道理呢？"

"这里把鸡蛋比作一个真理的模型，蛋黄的中心就是真理的核心，蛋白则代表外部的现象。只有用针一样专研的技术，才能真正了解真理的本质核心，而不会切偏被表象迷惑。我想当年发明某个技术并赚钱的人，一定是仅用这个技术在投资，而后来他公布了这项技术，被写到了更多的技术类书籍里去时，这个技术由于叠加了很多别的技术，就变得模糊起来，无法像原来那样'直捣黄龙'了。"

"你是说投资的方法就用一种好，是吗？不过老师们不是都说要全面分析吗？"

"全面分析其实是个误区，人天生就有认知上的偏差，根本无法做到真正的全面分析。如果你那样做了，你会发现矛盾重重，因为有的因素看涨，而有的因素又看跌。"

"那该怎么分析，才对？"他有点发火地说。

"只用一项你最熟悉的分析方法，其他仅做参考。因为导致行情涨跌变化的因素是乘积关系，而非加减关系。一个因素导致的变化有 2 种可能（涨或跌），而两个因素导致的变化有 4 种可能，三个因素导致的变化有 8 种可能。以此类推，因素越多导致的变化就越多，可谓千变万化、难以判断。"我耐心地讲解着。

"说得有点道理，我也经常在犹豫，因为这个亏了不少钱。"

"要想赚钱很容易，只要调整你的节奏就行。"

很多人经常陷入的一个尴尬局面就是，"一买就跌，一卖就涨"。其实就是节奏不对，就像在一队齐步走的士兵中，你却总走不对步伐，经常踩别人脚或被别人踩。我曾帮助过很多人，让他们从亏损专业户成为了理财大户。好几次我都是按着他们的手不许卖出，虽然他们告诉我，好容易才解套，现在是非卖不可，但当我劝阻了他们后，他们便慢慢开始盈利。我发现**很多人的特点是不敢赚钱敢赔钱，刚有一点盈利就想走，老想着知足常乐、落袋为安，但如果是被套，能一直熬到最低点后才出来。**

"那有什么方法能在股市真正盈利吗？"

"用最少的方法买最少种类的股票。"

"你是说要少买股票吗？"

"恰恰相反！我的意思是，用你最熟悉的一种方法来投资你最熟悉的一只股票。"

"股票那么多机会，今天政策利好，明天业绩翻番，后天又是概念板块、技术突破，只买一只是不是太亏了啊？"

"一点也不亏，如果你是专业选手并且持续盈利，那这里的方法不适合你，这里只是普通人的投资之道。要知道，股市如人生，选股就像找对象，异性虽然千千万，但适合你的却只有一个。"

"你是说要像谈恋爱那样找股票？有意思！"

"没错。不管别人怎样，你只要关心自己的对象就行啦。"

"明白了，其实消息刺激、板块轮动的行情一般也抓不住，万一做反了，更生气。"

"投资市场要的就是你生气，你不情绪波动，那些庄家怎么抓住你？要知道人的情绪承受力都差不多，你最生气的时候很可能也是别人最生气的时候，庄家正是利用了人性中的这一点。而成功的投资经常是反人性的，毕竟赚钱的是少数嘛。"

我曾犯过的一个错误就是，当我多次错失了一只非常想买的股票后，心情非常懊悔，同时却想也没想就买入了另一只我根本不熟悉的股票，可能为了弥补刚才没有买到股票的这一遗憾。但当我反应过来时就已经高位被套，更可气的是，当那只我原本想买的股票又一次给我机会时，我发现根本无钱可买，因资金已被占用。还有一次，我分析一只股票能从 20 元涨到 40 元，并且推算出最高价应该是 41 元 / 股，我一路看着它涨到 40 元，但好几天在顶部盘整不涨不跌，一直没见到 41 元这个价格。情急之下我决定用自己的100 股去做个实验。结果是，实验圆满成功，该股历史高价就是我成交的 41元，从那以后一路下跌到了十几元。**类似的教训，还有很多。**

多年后，我又碰到了他，一见面的话题就是股票和投资。

他问我："价值投资你怎么看？"

"未来的趋势，但真正能做到的人不多。"我说。

"为什么？"他不解地问。

"还是因为前面的那个'炒'的观念，它已经先入为主。"

"很多人也想做价值投资，但一直下跌也拿不住啊！"

"那根本就不是价值投资，巴菲特做错也是会止损的。"

"该如何选择价值投资的股票呢？"

"首先要明白为什么价值投资可行。"我说道。

价值投资就像"炖骨头"，它是通过时间来体现价值的，同时价值投资也是国家和监管部门希望投资市场遵循的原理之一。因为上市公司是吸收社

会的资金来进行发展的，公司如果壮大了，社会财富就会增加，增加的社会财富又会造福于民，人们有钱了就会继续投资好企业，而好企业则通过价格上涨来回馈股民，进行财富的分享，这就形成了一个良性循环。而操纵市场和内幕交易只会让钱流向少数人，故一定会受到监管打击，这样钱才会回到正确的循环里。所以，**一个人想要真正在社会上获得财富，就要去创造财富并去参与分享财富，创造财富是你的劳动成果，而分享财富就要靠某些载体，最早可能是伊拉克蜜枣，过去是房子，而未来就是股票。**

"现在很多炒股软件也很方便，你说值得购买吗？"

"如果软件管用，直接去做私募了，还要卖给你吗？"

"那该如何投资股票呢？技术分析没用，价值分析又难做。"

"最好的方法就是将两者结合起来，还有就是投资策略。"

"什么策略？"他急切地问。

"技术分析解决买卖时机的问题，价值投资解决买卖对象的问题，而策略则是解决投资仓位和安全的问题。"

"技术分析＋价值投资，很不错的想法，如果能成功就太好了！"

"是的，其实很简单，当然简单的东西并不一定容易。"

"这个方法有名字吗？"

"有的，我叫它春生夏长，秋收冬藏。"

"这是农民伯伯的常识吧。"他笑道。

"我就是一个买股票的股农啊。"我也笑着说。

我向他讲解了我的股票投资思路，大体是这样的：

"春生夏长，秋收冬藏"，是古人关于农业生产过程的一个智慧思想，这里用来形容股市的整个发展过程。农作物是：春天萌发，夏天成长，秋天收获，冬天储藏。**股票是："春天"开始买入，"夏天"持续加仓，"秋天"逢高减磅，"冬天"持币观望。**为了让大家能更好地理解这个道理，我选取了盘面中的常用指标来加以说明。

大家自行学习关于"K线"和"均线"的相关知识时，只做概念了解即可，千万不要跑偏了。要知道，小白的优势就是一张白纸，很多老股民的问题就是学的太多太杂了。**请你记住我下面讲的这些原理，慢慢变成自己的股市思维模式，那你的"钱"途就会很光明了。我选取的指标都是最简单不过的指标，但放在恰当的时间周期里却是最有效的分析和决策工具。**

首先，我们来了解一个概念"生命线"。每波行情都有一条神秘的生命线在主宰和支配着行情的变化，就像我们的人生一样，当我们身处顺境而碰到挫折回落时，那条线就像是你生命中贵人的双手，托住了你踏空的双脚，让你有机会攀登更高的山峰；而当你身处逆境时，那只手却好像成为你每一次挣扎反抗时给你的一记重拳，你越试图反抗，你就会被砸的更低。行情也是一样，每一次价格回落在生命线上，就会受到生命线的支撑，而如果跌破，生命线将是价格上涨的阻力。这条线也有叫"牛熊分界线"的，即线上是牛市，线下是熊市，道理都是相同的。如图4-1所示。

这里，我们以日K线为周期，取60日移动平均线作为生命线来进行分析。假设这条60日的生命线就是地平面，线上的生活是阳光明媚，而线下的世界则是黑暗阴冷。为了方便分析，我们把分析软件里日K线上的均线均设置为60，你会发现原来杂乱的屏幕变得一目了然。很多人也会研究均线，但由于没有赋予它们意义，则这些线就失去了灵魂，失去了应有的威力。**你继续想象当股价长出地平面（60线）的感觉，就像春天绿油油的麦苗破土而出。**

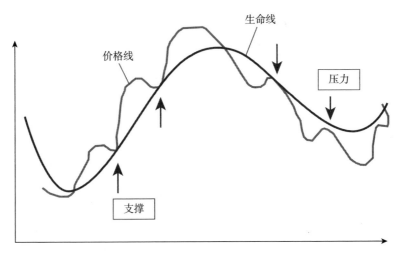

▲ 图 4-1 价格线与生命线

我在家里窗台上种了各种的蔬菜，把这种刚发芽的青苗，戏称为"小草发芽"。用在股市里，**如果价格从生命线（60 线）的下方首次突破，这种形态，就叫"小草发芽"形态，你就要开始关注股市，并准备首次买入了。**当然小草也可能半路夭折，所以这只是试买的开始。而**当价格下穿到生命线（60 线）以下，你就应该全部卖出股票并远离股市，无论它怎么上蹿下跳，只要在 60 线下，就不会考虑，这个情况就叫作"冬藏"。**你会发现，一只股票一旦上穿 60 线，则价格和成交量都会变化较大，波动极其活跃。我们就像一群股市里的农夫一样，看到自家地里的股票有"小草发芽"的情况，就开始准备浇水和收割了，而那些股票一旦"冬藏"，我们就可以专心工作或远游，不用管它们，直到再发芽为止。

"你是说，你不是每天关注股市，只是在那个'发芽'的时候才关注，而股市一旦下跌到 60 线以下（冬藏），你就不看市场了，难怪你经常在旅游。"他好像有点懂我的意思了。

"是的，正是这个道理。"我答道。

"这个是对个股有效，还是对大盘有效？60线并不新鲜，我也常用，还有5日、10日、20日、125日和250日均线等，但你有没有发现有反复多次穿越的情况，该如何处理？"

"首先，个股和大盘都有效，大盘的效果要更好些，成交量大的股票要比成交量小的股票效果好些，但这些你并不需要太在意。**要记住的是，小草发芽时并不是你一定要买的时候，只是说要开始注意了。**"

"那什么时候买？"

"不要着急，忘了炖骨头的原理了吗？最好的情况是，以日K线为例，大盘已上60线，个股也要上60线，这时你就可以买不超1/3的仓位；而如果大盘还在冬藏，个股却小草发芽，则只看不动，明白了吗？"

"意思就是，先要大气候回暖，个股上涨才有保证，是吧？"

"完全正确！"

"那大盘冬藏，个股却一直涨怎么办？"

"第一，我们只做自己能看懂的，而钱也是赚不完的。有一句话送给你，别人所得、非我所失，任何时候心态要好才行。第二，用别的方法来锁定该股。"

"什么别的方法？"

"稍微复杂一点的方法，但不适合初学的小白，以后再说。"

"好吧。那这样倒是简单了，小草发芽来观盘，冬天雪藏去旅游。人生岂不逍遥自在，不用天天提心吊胆，为涨跌发愁。"

"我喜欢逍遥的人生，投资的目的就是为了更好的生活。"

"但市场也是变幻莫测啊！实践中不知效果如何？"

"变化无常本是人生的常态。我举个例子，你再来体会一下。"

2018 年 7 月 16 日，我在百度上发表了一篇文章，文章的题目是"上证指数 20 年来第 4 次触底！会涨吗？"该文被多次转载收藏，累积阅读量近十万，还引起很多争论。当时，我选取了较大周期（季 K 线）的 60 线来分析，因周期越大其效果越可靠。如图 4-2 所示。

▲ 图 4-2　上证指数的季度 K 线

原文的解释如下：

这张图表是上证指数的季度 K 线，图中四个黄圈都触及的一条白线叫 60 线，是前 60 个收盘价的算术平均值并以此类推产生的一条线，我们也叫它生命线。我发现自产生这条线以来的近 20 年间，上证指数每一次的上涨都是发源于此线，如第一次 2005 年年底附近，从不到 1000 点最高上涨至 6124 点；第二次 2008 年年底附近，从 1600 点附近一直上涨到近 3500 点附近，时间近一年，指数翻了一倍还多；第三次从 2014 年年底的 2000 点附近同样是涨了一年的时间，最高涨到 5178 点后一路下行；目前最接近白线的第四次接触，会不会是新的一轮起点呢，笔者认为可能性极大。

图中白线的具体点位是 2600 点附近，近期最低点为 2691 点，相差不到一百点，据以往经验，白线点位上下 100 点都属于合理误差范围之内，所以技术面讲的探底成功是基本成立的。这个时候就要看基本面了，国家主流媒体几次为市场助威，也和技术面需求相吻合，那如果上涨，将是近 20 年来的第四次机会。笔者前文曾经分析过，2019 年的下半年是大行情的时间窗，所以这波行情能涨多高，不好估计，但第一目标位估计会在 3000 点附近，大家到时请留意。

"现在看来是有点效果，看来周期越大，60 线的支撑效果越好。不过，周期这么多，到底该看月 K 线还是周 K 线或日 K 线，还是季 K 线呢？还要看大盘，我脑子有点乱啊！"他说。

"让我慢慢给你捋一下吧。"

首先，先看大盘，再看个股。注意这里的大盘也可以是这只股票对应的行业指数，但我习惯了看上证指数。大盘代表大的气候，只有大气候好，个股的行情才会好。其中季 K 线一般是不用看的，而月 K 线、周 K 线和日 K 线，分别代表了全国、省和地市的大气候，所以 2020 年 1 月看来上证虽然已经涨到 3100 点，但月 K 线一直都没有上到地平面以上，所以真正的牛市还没到来，如果月 K 线站稳 60 线，那行情就真的火了，如图 4-3 所示。

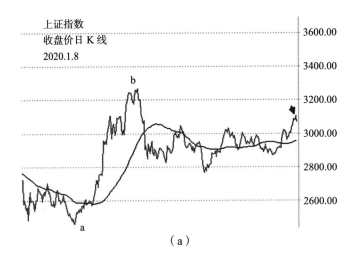

（a）

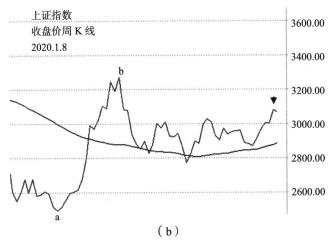

（b）

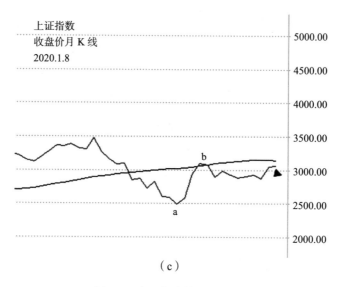

（c）

▲ 图 4-3　上证指数收盘价 K 线图

　　为了看得清楚，我将传统的 K 线换成了收盘价线，即每天的最后一口价连成的曲线，同样均线都是 60 线，即前 60 个样本的平均值，经过 N+1 点后连成的一条线，代表了 60 个时间单位的平均成本。**很多人会有疑问：股市会受制于一条曲线吗？答案是：真的会。因为这是趋势的力量，其中还包含着复杂的人性，甚至很多操盘手也是看着某些指标在操作的。**

　　从图 4-3 不难看出，三幅图的最低点其实是同一点（a），日 K 线首次穿越 60 线，行情开始加速，其次是周 K 线的 60 线，但在月 K 线的 60 线（b）处遇阻回落。日 K 线和周 K 线的价格都在 60 线上，而月 K 线还在 60 线下，所以好行情并没有真正到来。图 4-3（c）的月 K 线 60 线处也有压力，但因有前面所说季 K 线 60 线的大力支撑，所以很难下跌，何况政策面也是利好频出，A 股涨的可能性非常高，就看月 K 线价格能否有效突破 60 线了。

其次，看完大盘看个股。个股也是按照月K线、周K线和日K线的顺序来看。如果你选的股票是典型的价值投资白马股，那仅看月K线即可；如果你选的股票是成长型的价值投资黑马股，周K线将是主要的看点；而如果你选的股票带有一定的投机性，则用日K线来做短线。**当然你也可以选择看月K线来定趋势，而用日K线来判断入场。**有时日K线上的反复多次穿越，其实在更长周期如周K线和月K线上则一目了然，你只需按照对应的周期操作即可。

为了让大家能彻底明白，我们还是看图说话吧，如图4-4所示。

▲ 图4-4　赤峰黄金的月K线图

这是赤峰黄金（600988）的月K线图，选取60线为生命线。自从2009年4月有了60线后，可以明显看出此线的支撑作用，即使后面跌破了此线（但当时在此处也是多次反复盘整），并且下跌后的上涨也受到60线的压制。2020年1月时正在"小草发芽"，就不知道能不能成功了，因最终是以收盘价为准的。如果你把 60 线当成地平线，则上面就是春意盎然，我们要春风得意马蹄疾，每次回踩 60 线都是买入的机会；而 60 线下面则是黑暗寒冷，我们则要偃旗息鼓喝茶去。

但如果看该股的同周期日 K 线图（如图 4-5），则会感觉非常凌乱，没有明显的规律，所以只有你看到了更高级别的月 K 线图，你才会理解日常波动。

▲ 图 4-5　赤峰黄金的日 K 线图

但如果我们放大日 K 线图（如图 4-6）仔细来看，就会发现，日 K 线上的"小草发芽"（图中箭头所指）是个很好的买入点，而出场点就应该在月 K 线 60 线的附近。

只要你仔细对比这些图，你就会发现其中的秘密，有时答案就写在眼前。一次，华生医生问福尔摩斯，你是怎么发现那么多的案件秘密的。福尔摩斯则问他："你刚才上楼来，知道是几个台阶吗？"华生每天都来，但他的确不知道。福尔摩斯告诉他："这就是我们的区别，你只是在看，而我则在观察。"

"我也在观察，只是没有你那么细致。"他说。

▲ 图4-6　赤峰黄金的日K线放大图

"细节决定成败，你不知道吗？"我答道。

"现在我明白了，春生就开始关注股市，冬藏就远离，那夏长和秋收是怎么回事啊？"

"凡事要慢慢来，就春生冬藏的事儿，还差得远呢？"

"我都知道了，不会太差的。"

"那我出题来考考你吧。你知道刚才那只黄金股（赤峰黄金）为什么会涨吗？"

"因为该股日K线上是'小草发芽'的形态，而大盘则已在60线上了。"

"你说的很对，但其实该股上涨还有一个原因就是黄金。"

我给他看了下面这三幅图（图4-7），并问他看出了什么细节。

"我明白了黄金比股票提前两天就'小草发芽'了。"

"经营商品的公司，主导其股价涨跌的原因其实主要就是该商品的价格，黄金先发出关注信号，此时大盘也在60线上，当该股也要发芽上涨时，你说该怎么办？"

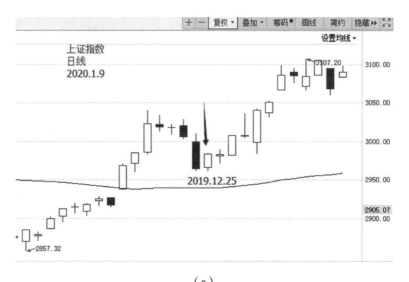

（a）

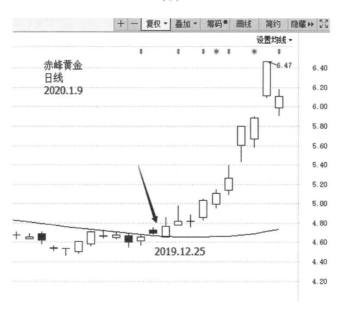

（b）

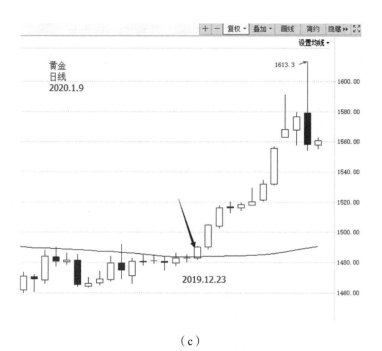

（c）

▲图4-7 上证指数、赤峰黄金、黄金的日K线

"买入，大量买入！"他兴奋地说。

"老毛病又犯了。你记不记得该在哪里出场呢？"

"记得，在该股的月K线60线附近。"

"其实，不光是黄金公司，像经营石油的企业也是这个道理。"

"这也算基本面的支撑吧。"

"对的。下面你再来看这个案例。看到什么？"

"月K线看大方向，靠近60线时在日K线'小草发芽'时买入。图4-8
（a）中，月K线A点对应的为图4-8（b）的日K线春生，月K线B点对
应的为图4-8（c）的日K线春生。"

他说的意思是对的，但为了让大家理解到位，我再详细说明一下：**该股的奥秘就在其月 K 线的生命线（60 线）上，每一次回落，都被托的更高，属于非常好的股票。**图 4-8（a）月 K 线中的 A 点时间为 2016 年 3 月，图 4-8（b）对应了当时的日 K 线和生命线的关系，虽然 3 月已经探底回升，但考虑在日 K 线的 60 线下，没有小草发芽的迹象，所以只是放在自选股里高度关注，直到 5 月 3 日才真正小草发芽，可以试探性买入建仓（不超 1/3 仓位），其后两日虽有跌破 60 线，但发现它很快就又涨上，在 6 月 27 日再次碰触日 K 线 60 线后，建仓买入（不超 1/3 仓位）。

"那要是买了又掉下去怎么办？"他插话道。

"那就拿着，要知道小草总会发芽的，毕竟月 K 线在 60 线上，如果月 K 线都跌破 60 线了，那就得止损割肉走人。"我回答。

"也就是说，还是有亏损的可能性。"

"当然，世上没有包治百病的神药，'小草发芽'也一样。"

"所以你说要试买。"

（a）

（b）

（c）

▲ 图 4-8　海尔智家的月 K 线与日 K 线

"对。投资有点像概率游戏，如果你拿 100% 的本金来赌涨和跌，概率就是 50%，不是涨就是跌，而如果你每次只拿 10% 的本金来玩，那赢的概率就会很高。"

图 4-8（a）中，月 K 线 B 点时间为 2018 年 11 月，但真正安全买入的时间是在 2019 年的 1 月 15 日，时间跨度为 75 天（2 个半月），提前买入的代价就是要承受住种种煎熬，没经验的小白恐怕早已投降。而我们则用慢悠悠的心态来观察它，并少买一些来试探它，直到等它真正发力才介入。

"很多股票涨得很快，买不上怎么办？"他又插话道，

"公园里花草树木非常多，你不一定要全部拥有，找到属于自己的就行。"

"那每天盯着我的菜园子就行啦，就等小草要发芽。"

"根本不用那么忙。理财的渠道有很多，不必把心全放在一件事上，很多人上班都是'人在单位，心在股市'，既影响投资，又耽误工作。而且这个市场并不是连续的市场，连续看盘完全没必要。"

"这又是什么道理？我在软件上能查到以往历史的所有走势，怎么会不连续？"

"是的，表面的确如此，但其内部早已物是人非。"

我的观点是，**既要历史地看问题，又要现实地看问题，历史只是参考，而现实才能成就未来。**我在自家的阳台上的大花盆里种了各种各样的蔬菜，有香菜、油菜、韭菜、西红柿、辣椒和小葱等，看着它们从米粒大小的种子到发芽、成长、成熟，再到开花结果，真是人生的一种享受，也感悟到了很多自然的力量。每种菜其实都对应了一只股票、一个公司，我的工作就像一个菜园里的农夫，只对发芽的菜才感兴趣，其他的除了浇水我是不管的。股神巴菲特说他原来的投资就是"捡烟蒂"，其他的是不管的；彼得·林奇说

他的投资就是"翻石头"，他还说每翻 10 块石头，可能就会找到一只虫子，而翻 20 块就可能找到两只。

如果你是用这种心态来投资股票，**就像到一个菜市场去买菜一样，你不必关心菜市场里每天各种菜的行情变化，也不用根据天气和物价等因素去分析研究它们，你要做的只是去寻找自己想要的蔬菜。**当然你要知道自己想要的蔬菜长什么样子，你就可以成功了。

"你是说股票投资成功的人都在力求简单。"他说道。

"是的，恒久盈利的方法一定是最简单的，否则很难复制。但这么简单的道理，到了股市就不一样了，可能是因为涉及钱的关系吧。"我说。

"但我总觉得不简单，这么简单的话，大家不都赚钱了吗？"

"所以，有的孩子到了高考就认为 1+1 ≠ 2，因为他觉得高考不应该这么简单。他们还认为解决高考中的难题也一定是一种很玄妙的方法，绝对不普通。"

"难道不是这样吗？股市赚钱的技术应该很神秘。"

"你看过一部老电影叫《夺宝奇兵》吗？人们认为神圣的圣杯应该是最灿烂夺目的那个，可偏偏是个最普通的杯子，电影里的强盗头子夺到了最抢眼的那个圣杯，并喝了里边的圣水，本以为会长生不老，结果却变成了一堆骷髅。"

"明白了，所以赚钱的人是少数，因为大部分人看不起普通的道理，总觉得这么简单不靠谱，于是都走了弯路。"

"是的，复杂的不是市场而是人心。"

第二节　最简巴菲特价值投资法

"我已经知道什么时候该关注股市，什么时候该应远离股市了。但如果要买股票的话，该如何去选股呢？"他说道。

"用最简单的巴菲特价值投资法。"我说。

"价值投资我知道，就是买低估的股票。"

"关键是买有价值的被低估的股票才行。"

"那什么是有价值的股票呢？"

"你说呢？"

"我觉得就是有发展潜力的、能稳定盈利的股票，还有就是最好有国家的政策支持。"

"你说的很对，买了吗？"

"买了，但买的价格有点高，被套了。"

"这就是价值投资里的安全边际的问题，即用 0.4 美元买入价值 1 美元的股票，就是安全的，而做到这一点，你需要点逆势投资的勇气。"

"说起来容易，但做起来难。"

"的确。因为好的投资是反人性的，如在股市下跌中去买入和在股市大涨时去卖出。股神巴菲特的老师格雷厄姆也曾犯过类似的错误，他在 1929 年的股灾中亏损严重。巴菲特吸取了老师的经验教训，在 1969 年和 2007 年都是在股市大涨中提前出场，当时华尔街的很多专家都还嘲笑他，他却在随后的股灾中又大笔买入。"

"那现在他是持股还是卖出呢？"

"据说巴菲特的伯克希尔公司 2019 年 9 月底时，现金就达到了创纪录的 1282 亿美元，约合人民币近 9000 亿元。"

"那美股是不是要掉啊？"

"暂时不会，我分析美股的头部周期在 2021—2022 年附近，即本轮 2009 年开始上涨以来的第 13 个年头。"

"会不会影响中国的股市？"

"当然有影响，我们不一定会随着美国股市的上涨而上涨，但如果它下跌，却会影响全球的股市，包括我们的市场。不过，因为现在中国的股市总基调是上涨，所以影响可能有限。"

"但也要注意出场回避，是吧？"

"是的，任何时候小心谨慎都没错。另外，刚才讲的安全边际的道理，用在技术分析上也有异曲同工之妙的。"我说。

"价值投资中的安全边际讲的是买价要尽量低于每股净资产，技术分析上是怎么用的？"他问道。

"很多人会根据政策和公司的经营信息选对股票，但在一个上涨的市场中很难买到低于每股净资产的股票，即使买到也不一定就是有价值的，所以做价值投资并不容易。除非你买了就一直持有，不管涨跌都不卖出，但如果你没有买到合适的价格则此举并不明智，最怕买的还不是价值股，那结果就更糟糕了。所以我会在选出的价值股中，进行技术分析的考量，用同样的道理来买入该股。"

"那如果一直没有买入机会呢？"

"那就一直等，毕竟我在我的'菜园子'里种了很多有价值的股票，就等某个出现机会，我便要进行收割了。"

"对了，是什么样的机会呢？"

"是二分之一法则，即如果发现一只已经连续上涨多日的股票，最佳的买入方法不是去追买，而是要等它下调到最高价 1/2 附近时买入。"

"你是说，发现一个已经上涨的股票不要急着买，等它掉一半时再买吗？那不是错过了大好机会吗？"

"如果是小草发芽是可以买的，可一旦错过且涨幅已高时，就不要冒险买入，要知道一切的错误都是从买入开始的。你只要把它放入自己的股票池就可以了，等它回调一半时，当然有时回调比一半的位置或深或浅，浅的可以不要，深得还可以再买，一半以下的位置就是这个股票在技术上的安全边际。"

"明白了。买股票不能着急，要瞅准机会再出手。"

"你来分析一下下面这个股票的图形走势。"如图 4-9 所示。

▲ 图 4-9 伊利股份的月 K 线图

"这是伊利股份（600887）的月 K 线图，在生命线 60 线的支持下一路走高，图中的三个箭头所指处，股价都是下跌了 50% 左右。"

"我们不是说股价一定会下跌一半，只是说如果出现了这样的情况，就是我们最理想的机会。第三个箭头所指的图中最后一次深幅回调并没有完全达到50%，但并不妨碍该股的上涨。"

"这种情况我们可以介入吗？"

"当然可以，要知道回调越浅其实代表该股越强，只不过我们想稳妥一些买入罢了，也可以分批买入，越跌买的反而越多。你再来分析下面这只股票，可以买入吗？"如图4-10所示。

▲ 图4-10　生益科技的月K线图

"这是生益科技（600183）的月K线，2019年非常牛的一只股票，俗话说强者恒强，原来的我肯定会去碰碰运气的。可今天听你这么一说，我还是静观其变吧，毕竟离最高点50%的回调还有一定距离呢，现在买不安全。"他想了想说。

"的确，也许它会涨，但不是我们的菜。我们菜园子里的好菜还多得是呢！再说下面这只。"

"这是网易（NTES）的月K线图，60线是个完美的支撑，最高价366

的 50% 是 183，箭头所指回调到了 174，多下跌了 9 美金，是个安全的买入点。看来美股也能分析啊！"如图 4-11 所示。

▲ 图 4-11　网易的月 K 线图

"因为道理都是相通的，你来分析下 000858。"

"这是五粮液的月 K 线图，第一个箭头所指处下跌了 90%，用这个方法要赔钱啦；第二个箭头是完美的 50%，买入后价格翻了三倍多；第三个箭头处不能买，价格还在高位，离安全区 50% 的 70 元 / 股距离甚远。我分析的如何？"他得意地说。如图 4-12 所示。

▲ 图 4-12　五粮液的月 K 线图

注：由于版面有限，本图截掉了中间部分。

"非常不错！第一个箭头所指的时间是 2007 年的 10 月，后面发生了金融危机，所以不能在 50% 处买了。因为在股市里天上掉的有时是馅饼，可有时却是刀子。"

"对啊，股市风云莫测，可怎么能分清馅饼和刀子呢？"

"第一，你选的股票的确有价值；第二，安全边际的运用；第三，靠近生命线的地方等待小草发芽。"

"知道了，这些都是血的教训。最后一个问题：如何找到有价值的股票？"

"我给你看几组图，你来找出规律。"如图 4-13~ 图 4-22 所示。

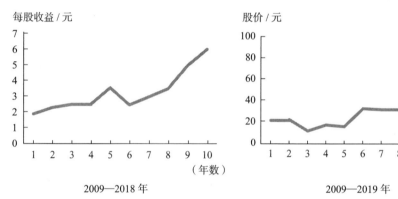

2009—2018 年

▲ 图 4-13 （601318）中国平安每股收益图

2009—2019 年

▲ 图 4-14 （601318）中国平安股价走势图

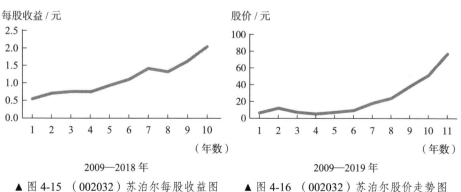

2009—2018 年

▲ 图 4-15 （002032）苏泊尔每股收益图

2009—2019 年

▲ 图 4-16 （002032）苏泊尔股价走势图

每股收益 / 元

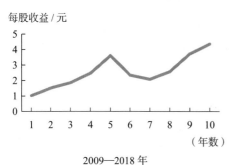

2009—2018 年

▲ 图 4-17 （000651）格力电器每股收益图

股价 / 元

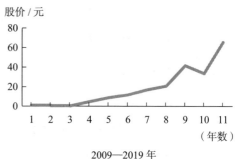

2009—2019 年

▲ 图 4-18 （000651）格力电器股价走势图

每股收益 / 元

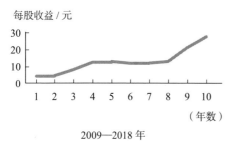

2009—2018 年

▲ 图 4-19 （600519）贵州茅台每股收益图

股价 / 元

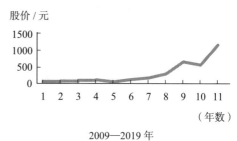

2009—2019 年

▲ 图 4-20 （600519）贵州茅台股价走势图

每股收益 / 元

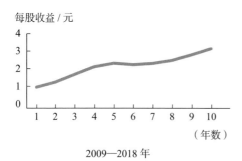

2009—2018 年

▲ 图 4-21 （600036）招商银行每股收益图

股价 / 元

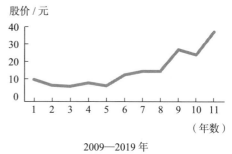

2009—2019 年

▲ 图 4-22 （600036）招商银行股价走势图

"我看出来了，每股收益的趋势和股价走势很一致。"他说。

"对。每股收益持续上升的，则股价也会相应上升，这就是价值投资里讲的,公司的盈利最终会体现在股价上。你是在买公司,而不是简单的买股票,买公司就需要全面的考量。"我说。

"有没有每股收益稳定上升,而股价下跌的情况呢?"

"如果有,就是你的机会了。"

"有没有每股收益下跌,而股价上涨的情况呢?"

"当然有,因为每股收益 = 税后利润 / 股本总数。所以,如果利润在增长的同时股本也增长,则每股收益可能没变化或者降低,当然这样也干扰了那些和我们用同样方法选股的人,如果你能再多看一些指标就能发现端倪了。比如下面这个。"如图 4-23 和图 4-24 所示。

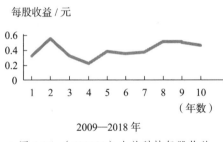

2009—2018 年

▲ 图 4-23 (600183)生益科技每股收益

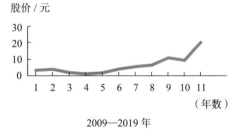

2009—2019 年

▲ 图 4-24 (600183)生益科技股价走势

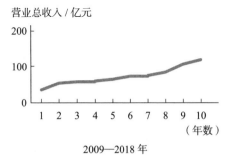

2009—2018 年

▲ 图 4-25 (600183)生益科技
营业总收入图

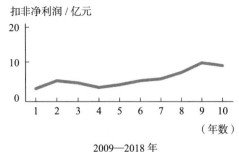

2009—2018 年

▲ 图 4-26 (600183)生益科技
扣非净利润图

"好像每股收益是水平的趋势，但股价却上涨了。"他说。

"是的，但你再看下面这两个指标，就明白了。"如图 4-25 和图 4-26 所示。

"明白了。营业总收入在增长，扣非净利润是什么意思啊？"

"说白了就是公司主营业务的利润，代表了核心赚钱能力。"

"怪不得你在 2018 年时说该股会涨，原来如此。"

"我会选择这些盈利能力好的股票放入我的'菜园子'，就等'小草发芽'去收割的。"如图 4-27 所示。

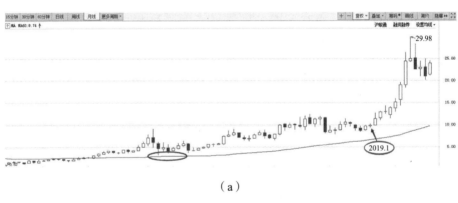

（a）

（b）

▲ 图 4-27　生益科技的月 K 线与日 K 线图

　　"我来分析一下，图 4-27（a）是（600183）生益科技月 K 线图，图中箭头所指时间为 2019 年元月，位置在生命线 60 线以上，回调价格略高于前一高点的 50%，买入位置安全；图 4-27（b）中日 K 线在 2018 年 12 月 21 日便已经'小草发芽春生'了，所以你开始介入，随后肯定是一路加仓，直至股价下穿 60 线，进入'冬藏'为止。我说的对吗？"他说。

　　"说得很对，在细节上，我还想补充一下。当时我还参考了上证指数的日 K 线图，我发现在 2018 年 12 月 21 日时，上证还在 60 线下'冬藏'，我只买了 100 股来提醒自己关注，直到 2019 年 2 月 1 日时，上证走出了'小草发芽'的图形，我才开始追加买入。下面是当时的局部放大图，你可以仔细看看。"我说。如图 4-28 所示。

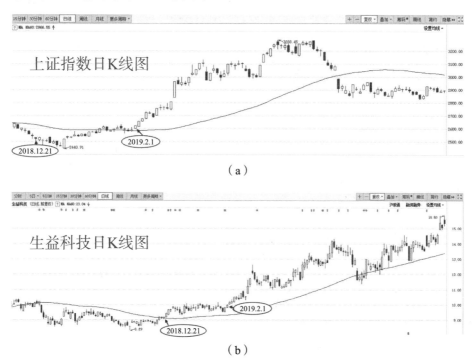

（a）

（b）

▲ 图 4-28　上证指数与生益科技日 K 线局部放大图

"看来技术分析加价值投资还行啊。"

"这其实是事物的一体两面，如一个饥饿的人会去饭店吃饭，本质是因为他饿了，而表象就是他的行动路线。这里的**价值投资就是本质，技术分析就是表象，千万不要搞反了**。要知道，股市短期是投票机，长期是称重机，而市盈率则是体脂仪。"

"什么体脂仪，是测试肌肉和脂肪比例的那种仪器吗？"

"对的，一个虚胖的人和一个全身是肌肉的人，哪一个跑的路会更长呢？"

"当然是练出肌肉的人了。"

"一个连续多年考试满分的学生和一个经常不及格的学生，哪一个会更有机会考上好的大学呢？"

"当然是连续考满分的学生了。"

"对的。巴菲特非常喜欢历史久远的公司，尤其是能连续盈利的公司，当然他也强调要用合理的市盈率❶水平去衡量。"

"我觉得巴菲特的理论有一个特点。"他神秘地说。

"什么特点？"我问道。

"他的眼神好像老在说，'我有一个秘密，但就不告诉你'。"他看着我桌上一本巴菲特的书说。

"应该是，'我有一个秘密，但需要你去发现它'。"我笑道。

"对啊。那下一个秘密会是什么呢？"

"还是巴菲特说的那两个'不能亏损'，这可是他老师格雷厄姆当年告诉他的投资秘诀。"

---

❶ 市盈率，也叫本益比，是每股价格除以每股收益的比率。

"就是句玩笑话，谁不知道不能亏损啊！那是人家不愿意告诉咱们真相罢了。"

"我开始也这么认为的。但我想他说的第一个'不能亏损'，可能是说要投资那些每股收益稳定赚钱的公司，不能投资亏损的公司，如科技公司。"

"对，巴老爷子是不投资科技公司的，那第二个'千万不能亏损'呢？"

"我想应该就是'股权债券'的理论了，因债券是有固定利息的，不会亏损。"

我拿起了他刚才看的那本书，是巴菲特的儿媳玛丽·巴菲特写的《巴菲特股票投资术》，上面还有她的亲笔签名。她曾讲过很多巴菲特的故事。她说巴菲特的投资理论其实很简单，通常都是与 99% 的投资者遵循的投资理论和策略背道而驰。巴菲特的老师是被称为"华尔街教父"的本杰明·格雷厄姆，他原本是位债券分析师，喜欢寻找价值被低估的债券，并逐渐把这一理论运用到股票市场。巴菲特则把可以运用这一理论进行投资的股票称之为"股权债券"，于是便有了巴氏投资的一系列经典案例。

股权债券的理论认为，一家拥有持续竞争优势的公司收益是可以预期的，它的股票实际上更像债券，而这种债券的"利息"就等于公司特定年份的每股收益。一只价格 100 元的股票，如果每股收益为 6 元，则该股权债券的年回报率为 6%。

巴菲特选择的都是经营历史非常悠久的公司，目的就是考量这些公司的持续盈利能力，如表 4-1 所示。

表 4-1　巴菲特投资的公司列表

成立时间	公司名称
1784 年	纽约梅隆银行
1837 年	宝洁公司

续表

成立时间	公司名称
1850 年	美国运通公司、美国合众银行
1862 年	联合太平洋铁路公司
1877 年	康菲石油公司、华盛顿邮报公司
1880 年	葛兰素史克医药公司
1886 年	可口可乐公司
1887 年	强生公司
1900 年	穆迪公司
1903 年	卡夫食品有限公司
1962 年	沃尔玛公司
1983 年	好市多批发公司

我们以可口可乐公司为例，如表 4-2 所示。

表 4-2　可口可乐公司各年份每股收益与每股净值表

年 份	每股收益 / 美元	每股净值 / 美元
2001	1.60	4.57
2002	1.65	4.78
2003	1.95	5.77
2004	2.06	6.61
2005	2.17	6.90
2006	2.37	7.30
2007	2.57	9.38
2008	3.02	8.85
2009	2.93	10.77
2010	3.49	13.53
2011	3.85	14.60
复合年均增长率	9.18%	12.32%

"这复合年均增长率是复利的意思吗？"他道。

"是的。巴菲特的投资就像滚雪球，他就是利用了这种股票收益复利增长的特点，使资产不断盘大的。"我答道。

"每股收益我知道，这个每股净值和每股净资产一样吗？"

"不一样。每股净值=（资产－负债）/已发行股数，而每股净资产=（资产－负债）/总股数。"

"那其实差不多啊。"

"也可以这么粗略了解吧。你看在2001年到2011年的十年间，每股收益的复合年均增长率为9.18%，每股净值的复合年均增长率为12.32%。这说明什么呢？"

"说明可口可乐这家公司的盈利能力很强，而且持续了十年，其在每股上的资产积累也是不断增长，同时也说明人们都爱喝这种饮料，是吧？"

"对的。这就是符合股权债券的股票特点，要知道并不是所有的股票都适合这样分析。"

"为什么？"

"因为今年的业绩不一定就能代表明年的业绩，尤其是一些竞争激烈的公司或新成立的公司，业绩的不稳定必然导致收益的不稳定，所以就不能算作股权债券型的股票。"

"对，必须选择历史悠久的公司才行。"

"不光要历史悠久，还要有稳定增长的盈利能力。你看他选择的这些公司，有什么共同特点？他选的公司所属的行业有银行、铁路、石油、医药、商业和食品等，都是老百姓生活中离不了的行业，不管是在工业时代，还是在信息时代。"

"明白了，这些公司的产品都是人们的刚需产品，只要有人需要，它们的产品就一直会畅销，那利润就滚滚而来了。"

"没错，所以会选股的人一定是会生活的人。"

"你是说会生活的人知道哪些是人们的刚需产品吧，所以他们也会选择生产那些产品的公司。"

"是的。只要你多观察身边发生的事情，你就会找到选股的灵感。我和很多人讲过，你买的第一支股票最好就是你工作过的那个行业里最好的那家上市公司。"

"如果工作的行业没有上市公司呢？"

"那就看看自己家里买的各种商品都是什么品牌的，你可以在这些品牌里找到上市公司，然后做出选择。"

"那巴菲特是怎么找到可口可乐公司的呢？难道是他爱喝这种碳酸饮料吗？"

"的确如此。他曾说他1/4的身体都是可口可乐，还说每天要喝5罐，这是他的'长寿秘诀'，他是可口可乐最大的投资者。"

"我明白了，这就是名人的广告效应，他用行动来证明爱喝可口可乐，那公司的销量和利润不就直线上升了吗？幸亏没有投资中国的茅台，要不酒量也是直线上升！"

"你的幽默感真是无人能及，不过据我所知，巴菲特从不喝酒，估计是不会投资酒业的。其实他对可口可乐的了解是来自童年，那时他曾贩卖过可口可乐去赚钱。"

"那个时候他没买吗？"

"对，巴菲特的父亲曾与人合作开过一家股票经纪行，所以他很小就对股票很了解，他喜欢一直观察研究，等到好机会才会出手。"

"什么好机会？"

"就是能以较低的价格买入这种股权债券型股票的机会。"

"能具体些吗？这个是关键啊！"

"就拿书中的案例来说，可口可乐前十年的每股收益复合年增长率是 9.18%，如果能继续保持这样的增长率，那十年后，即 2021 年的每股收益为 9.27 美元。"

"到时价格会是多少，我最感兴趣这点。"

"价格 = 每股收益 × 市盈率，这也是巴菲特最令人敬佩的一点，他会选择过去十年中最低的市盈率 16 倍来进行测算，那么可口可乐 2021 年的价格应该是 9.27×16=148.32 美元。"

"快看看涨到了没有啊？"

"还是看图说话吧！图中圈住的就是可口可乐 2011 年的年 K 线，当时如以市场价 65 美元购入，待涨到 148.32 美元，则上涨到 2.28 倍。在选择复权后，2011 年的最高价 24.86 美元，24.86×2.28 倍 =56.68 美元，2020 年 1 月 16 日凌晨三点的最高点是 56.98 美元，提前一年达标。"如图 4-29 所示。

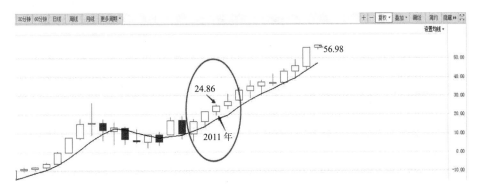

▲ 图 4-29　可口可乐公司年 K 线图

"真是书中自有黄金屋啊！咱们早几年聊就好了，不知现在还能买吗？"

"不要只看到人家的辉煌，而要看人家平时的积累和忍耐，任何时候都要坚持自己的原则，不被利益冲昏头脑。"

"对头，还是选自己的菜吧，我可喝不惯碳酸饮料。"

"美国的确产生了很多伟大的公司，但很多已经涨得很高了，想以较低的市盈率买入，现在还真不好找，估计这也是巴菲特持币观望的主要原因，他在等什么呢？其实，中国的股市也将迎来利好，但因为刚刚发展而导致良莠不齐，所以需要更加细致地去寻找，说不定你就可以找到中国的可口可乐公司，那才是你最好的投资。"

"现在很多外资都在买中国的好股票，听说有的股票都限购了。那应该怎么选咱们的股票的呢？"

"有句话说得好，没有对比就没有伤害。"如图 4-30~图 4-35 所示。

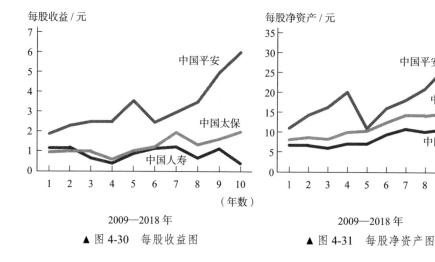

▲ 图 4-30 每股收益图

▲ 图 4-31 每股净资产图

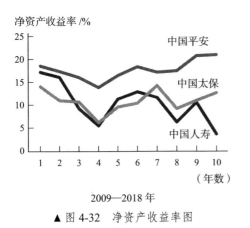

2009—2018 年

▲ 图 4-32 净资产收益率图

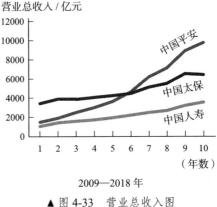

2009—2018 年

▲ 图 4-33 营业总收入图

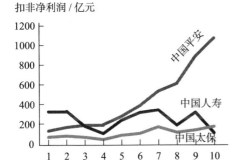

2009—2018 年

▲ 图 4-34 扣非净利润图

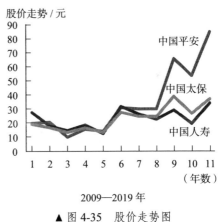

2009—2019 年

▲ 图 4-35 股价走势图

"我看出来了，中国平安的确是在数据上有明显优势，怪不得价格原来都很接近，这几年的差距拉大了。"他说。

"是的。持续稳定的盈利能力就是股权债券的特征，也是选择行业翘楚的必备条件。要投资就要投资行业里的第一名，就是皇冠上的那颗最耀眼的明珠。"

"那现在可以买吗？好像涨得有点高了。"

"别着急，先种到咱们的小菜园子里，慢慢观察等待机会。按照巴菲特股权债券的计算来看，2028 年中国平安每股的价格大约是 191 元。"

"这是怎么算出来的？"

"中国平安的每股收益从 2009 年的 1.89 涨到 2018 年的 6.02，复合年化收益率约为 13.8%，如果能以此速度再继续保持 10 年，则 2028 年的每股收益是 21.93，用过去最低的市盈率水平 8.73 倍（2015 年）计算，21.93×8.73=191.45 元。"

"这个复合年化收益率 13.8% 和市盈率水平 8.73 倍,你是怎么知道的呢？"

"年化收益率是用财务计算器算出来的，你也可以下载网络上的复利计算器 App，市盈率历史数据也可以网上搜索到。"

"如果现在买入，将来的收益有多高呢？"

"就按现在最高价 92.5 元来计算，10 年后如以 191.45 元卖出，相当于 191.45/92.5=2.07 倍的收入，复合年化收益率约为 7.55%。"

"如果买价更低的话，那收益率会更高。"

"是的，现在的价格是 85 元，而其 2018 年每股净资产是 30.44 元，当然你不可能以这个价格买到，但可以期待接近的价格。如能在月 K 线 60 线附近，且在高点价格二分之一法则处，即约 50 元买入就是很好的机会。"

"那会下跌到那里吗？"

"不知道，但我们可以等，当然也要看形势而定。"

"好像 2019 年中国人寿和中国太保也都上涨了。"

"看下表 4-3 就清楚了。"

表 4-3　中国人寿、中国太保、中国平安经营状况表

中国人寿	2019三季报	2018年报	中国太保	2019三季报	2018年报	中国平安	2019三季报	2018年报
每股收益	2.03元/股	0.39元/股	每股收益	2.53元/股	1.99元/股	每股收益	7.29元/股	6.02元/股
营业总收入	6240亿元	6431亿元	营业总收入	3112亿元	3543亿元	营业总收入	8927.51亿元	9768.32亿元
扣非净利润	526.1亿元	115.9亿元	扣非净利润	180.78亿元	180.84亿元	扣非净利润	1193.87亿元	1075.97亿元
扣非利润率	8.4%	1.8%	扣非利润率	5.8%	5.1%	扣非利润率	13.36%	11%

"截至2019年9月底，中国人寿的营业总收入同比达成率较好，尤其是扣非净利润增幅较大；中国太保继续保持了稳健的作风；中国平安的营业总收入虽未达成，但扣非净利润已经超额达成，且绝对值较高，它的扣非利润率也是三只股票中最高的，说明每一元营业收入转化成主营业务的利润最高。"我接着说。

"2019年业绩都有所提高，怪不得都在涨，但还是中国平安涨的幅度较高些。"他说。

"对啊，股市里的'强者恒强，弱者恒弱'，说的就是这个道理。"

"还有没有别的案例了？还想再多了解下这个股权债券。"

"好吧，就一个。"我指了指窗外发白的天际，天快亮了。

"从这些图表上来看，格力电器应该是佼佼者，它的各项指标的发展趋势都很积极向上，虽然总收入不如美的，但利润却很高，尤其净资产收益率多年一直保持在30%以上，真是难能可贵。总之格力电器的经营水平是很

高的，管理有效率，应该是属于那种股权债券的类型。"如图 4-36~图 4-41 和表 4-1 所示。

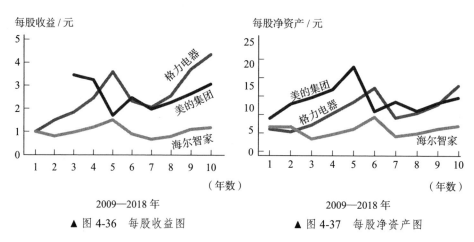

▲ 图 4-36 每股收益图

▲ 图 4-37 每股净资产图

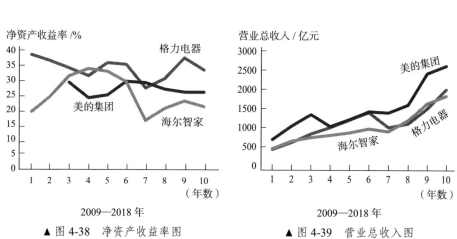

▲ 图 4-38 净资产收益率图

▲ 图 4-39 营业总收入图

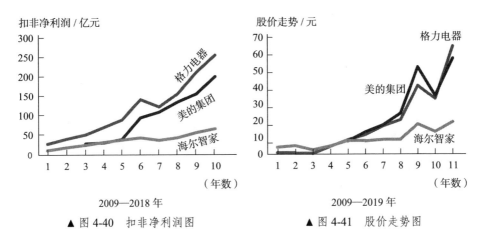

▲ 图 4-40 扣非净利润图　　　　　▲ 图 4-41 股价走势图

表 4-4 海尔智家、美的集团、格力电器经营状况表

海尔智家	2019三季报	2018年报	美的集团	2019三季报	2018年报	格力电器	2019三季报	2018年报
每股收益	1.22元/股	1.21元/股	每股收益	3.20元/股	3.08元/股	每股收益	3.68元/股	4.36元/股
营业总收入	1488.96亿元	1833.17亿元	营业总收入	2217.74亿元	2618.2亿元	营业总收入	1566.76亿元	2000.24亿元
扣非净利润	58.34亿元	66.02亿元	扣非净利润	205.98亿元	200.58亿元	扣非净利润	215.66亿元	255.81亿元
扣非利润率	3.9%	3.6%	扣非利润率	9.29%	7.66%	扣非利润率	13.76%	12.79%

"你说的没错，效率的确是企业经营的一个核心竞争能力，让人对它很有信心。"我说。

"格力的董明珠也是一位企业界的巾帼英雄，让人很敬佩。"

"是的，她是 2019 年中国最具影响力的商界领袖前十强中的唯一一位女性。要知道企业的文化就是企业家的文化，毕竟企业都是由人来做的，所以选择好的公司，不光要看指标，也要看管理这家企业的人，否则就会陷入类似 KPI 的指标迷雾。"

"KPI 的指标迷雾？"

"KPI 是分析和考核企业业绩的关键性指标，有时候各项指标很好的公司不一定就是好公司，就像一个人体检的各项指标都正常也不能简单说他就是个健康的人，所以分析时对人也要综合考虑。"

"不过对人的分析要更难吧？毕竟知人知面不知心啊！"

"你说的一点没错，所以像巴菲特这些投资家们都很看重和投资目标公司里的人进行接触和攀谈，最终来决定购买的计划。"

我给他看了我抄在笔记本上的一段话：

> 1951 年，巴菲特还是格雷厄姆的学生时，就狂热地模仿格雷厄姆。只要是格雷厄姆的公司持有的股票，他都投了资，还在《名人词典》上查到格雷厄姆是 GEICO（全美第四大汽车保险公司）的主席。于是，巴菲特在一个周六到 GEICO 总部拜访，碰巧遇上正在加班的董事长助理戴维森，长谈了 4 个小时，度过了"人生中最重要的一个下午"。随后巴菲特用大部分资产（约 1 万美元）买进 GEICO，第二年赚了近 50% 后全卖了，20 年后这些股票的市值高达 130 万美元。

"很多投资家都是到投资企业的公司里去实地采访的。"

"其实巴菲特还有一位'老师'叫费雪，他写了本书叫《如何选择成长股》，他讲的方法就是和企业管理者去聊天，并通过聊天来判断是不是符合自己投资标准的公司。"

"那这本书我也得好好看看啊。"

"费雪的儿子肯内斯·费雪写了本书叫《超级强势股》，你也可以看下。他认为市销率小于 0.75 买入公司股票是安全的，在基本分析的诸多工具中，市销率是很重要的参考指标之一。对于成熟期的企业，通常使用市盈率（PE）来估值，而对于尚未盈利的高成长性企业，则使用市销率❶（PS）来估值更为可靠。"

"这么多书，够读两个月了。"

"是啊，读书是你了解客观世界的最好方法，查理·芒格就说过，巴菲特就是一本会行走的书。刚才聊到考察公司的管理者时，我想起了另一位华尔街的投资大师彼得·林奇也有过一个有趣的案例。一次他在一家拟投资的公司里找创始人聊天，他突然感觉这位创始人将来不会是个亿万富翁，所以立刻放弃了那次投资。林奇后来说，幸亏当时的这个决定，否则后面那家公司的股价会让他亏损很多钱。"

"古话说厚德载物，一个人想富有，的确需要很多因素。"

"好了，回到我们聊的巴菲特股权债券，你能不能算出刚才你选的那个股票未来十年可能的价格？"

"没问题！"但他花了很长的时间才算了出来，指着纸上一连串杂乱的数字对我说道："格力电器的每股收益从 2009 年的 1.03 涨到 2018 年的 4.36，复合年化收益率约为 17.5%，如果能以此速度再继续保持 10 年，则 2028 年的每股收益是 21.87，用过去最低的市盈率水平 6.34 倍（2014 年）计

---

❶ 市销率（Price-to-sales，PS），PS＝总市值除以主营业务收入，市销率越低，说明该公司股票目前的投资价值越大。

算，21.87×6.34=138.66 元。就按现在最高价 70.56 元来计算，10 年后如以 138.66 元卖出，相当于 138.66/70.56=1.97 倍的收入，复合年化收益率约为 6.99%。"

"感觉你应该是算对了，怎么也不用理财计算器？"我笑着说。

"那个太复杂了，我是在手机复利 App 上一个一个比对试出来的数字，你将就着看吧。"他答道。

"好吧，不难为你了，但这个收益其实并不是最终的复合年化增长收益。"

"怎么回事呢？是我算错了吗？"

"不是，只是没有加上股息率，如中国平安 2019 年每股派息 1.85 元，格力电器 2019 年每股派息 2.1 元。如果格力一直保持这个派息水平（事实上一直在调高），那 10 年后每股会得到 21 元分红，则（21+138.66）/70.56=2.26 倍的收入，复合年化收益率约为 8.51%。"

"明白了，有机会可以买一些。"

"买一定要分批买，当然最好在合适的市盈率水平上买入，具体操作时你也可以参考'小草发芽'的形态。"

"是不是有'小草发芽'就一定会涨呢？"

"不是的！**再强调一次，股价上涨不是因为某个股价形态，是其价值所致**，但反过来看，凡是上涨的股票都会有那样的形态。就像高速路的收费员不知道你最终要去的目的地，但她知道的是，只要从此过，就得留下'买路钱'。"

"有道理。这个市盈率好像有好几种，该看哪一个呢？"

"一般炒股软件的市盈率有三种，**静态市盈率**是总市值／上年度净利润，就是我们刚才图表上列出的；**TTM 滚动市盈率**是最新价／最近 4 个季度的每股收益，这个在实际运用中能客观地反映上市公司的真实情况；还有**动态市盈率**，总市值／预估全年度总净利润。"

"看来这个动态 PE 应该更具前瞻性，因静态 PE 是去年的数据，而滚动的 PE 也是过去的数据。"

"这个恰恰是最不建议你看的数据，因为软件预估全年的收益其实很简单，如一季度 1000 万，则全年预估值为 1000 万 ×4=4000 万，并不是真正的价值预测。"

"原来如此，差点被误导了。"

"这个只能做参考，做软件的人也并不想误导你，只是这个算法过于简单，很多公司的业务在每个季度是不一样的，可能会使市盈率偏高或偏低。其实市盈率只是一个衡量价格水平的参考数据，但要注意**不能简单用平均市盈率水平的高低来买卖股票，否则就会陷入市盈率陷阱**。例如因看市盈率较平均水平低就买了周期股。"

"我知道周期性股票，就是和经济周期有关的股票，它们随着经济的盛衰而涨落。"

"很对，这也是股市被称为'经济晴雨表'的原因。而**非周期股不论经济走势如何，人们对这些产品的需求都不会有太大变动**。"

"感觉不是很好划分，这个非周期股有哪些？"

"包括医药、食品饮料、烟酒类，商业零售及金融业中的保险。简单来说，提供生活必需品的行业就是非周期性行业，提供生活非必需品的行业就是周期性行业。"

"那刚才分析的格力电器也是周期股吗？"

"是的。其实不管周期股和非周期股，只要盈利稳定增长，都可以长期持有，何况中国的经济大周期将长期向上，所以可以放心持有。"

"感觉现在时代发展了，很多刚需也应该有变化，好比我要是没手机，连一天也活不了。"

"这个就要活学活用了，但刚需就是刚需，定义如此。"

"那什么时候该卖出呢？"

"股票的盈利能力发生改变，或有了更好的投资对象。周期性股票在股市的最高峰时（此时人人都在赚钱，经济周期可能波段见顶）可以考虑卖出，但像巴菲特持有的非周期性股票（如可口可乐），只要盈利能力还在，就永远不会卖出。"

"明白了，赚钱才是硬道理，咱们买的都是'赚钱机器'，最有生命力，也最抗跌，巴菲特的价值投资真是一种智慧。"

他说完便高兴地走了，我们也结束了这次愉快的秉烛夜谈，但我的思绪还畅游在这智慧的海洋里，久久不能平静。

第三节　组建基金战队，打造自己的"复联"

没过几天，我便又接到了他的电话，大体意思是大盘行情不太好，想见面详谈。一进门就看见他已经坐在茶台前喝茶，旁边还有一位穿红衣服的女士。

"你快说说大盘这几天怎么这么弱？不是很多利好消息吗？"他急着问，看来是又被套住了。

"利好都是长期的，但发展也是曲折的，看看这幅图，你来分析一下吧。"我把我的手机打开，找到股票软件里的上证指数月 K 线图。如图 4-42 所示。

▲ 图 4-42 上证指数的月 K 线图

"原来是受阻了。"他看了一眼说道。

"对，60 线是阻力，大盘将继续横盘震荡，直到机会的到来。"我说。

"但九个月前，也有过一次上攻 60 线，可很快就失败了，这 60 线也不是很准啊？"他说。

"不准很正常，毕竟市场不是几何算术。只不过你把看盘的顺序搞反了，是先看行情，还是先看线？"我说。

"当然先看线，你不是说线是阻力和支撑位吗？"他说。

"没错，不过我是先看行情的，只是根据行情的变化来看线的位置，这里是一个反证关系。假设行情受阻是因为线的压力，就不会有你说的那种情况了，事实上行情不会被线所压制，只是在线处自身受阻。我们用任何的均线来分析，也只是作为一种参照而已，千万不能唯均线论，那就失去了灵活。"我说。

"我听了您朋友讲的您的理论，我发现您是把美国投资专家格兰维尔的均线八大法则给简化了。但我们股票上的均线有 5 日、10 日、15 日、30 日和 60 日，您怎么就一条呢？"那位女士插话问道。

"我的确是把均线系统给简化了，因为格兰维尔的均线八大买卖法则其实是针对一条线的，我把它设定在样本为 60 的均线上。你手机里的均线有那么多条，造成的结果就只有混乱，所以很多人慢慢觉得均线也不太靠谱了。"我说。

"难道不是吗？就几条移动平均线，能决定中国股市的走势吗？单靠几条线投资的理论，让人觉得也不靠谱。"她说。

"你说的没错。单靠几条线的确没法让你准确投资，所以我选择只看一条。"我说道。

"一条就可以吗？为什么不是 5 日、10 日、15 日和 30 日 K 线，而非得是 60 日 K 线呢？"她问道。

"其实哪一条都行，只不过我的投资理念偏于长期，所以选择了时间较长的一条。"我说。

"您是说，均线的参数其实不重要，那可以选更长的吗？如 125 日 K 线。"她问。

"当然可以，这个没有什么神秘的，主要是你能围绕一条线观察并发现股价的波动规律就行。你是在券商工作的专业人士，你说什么是股票投资的关键呢？"我喝了口茶反问道。

"我想应该是高超的投资技巧吧，还有正确的理念和心态也很重要，另外就是策略方面了。"

"对，投资一定要有策略，否则老是被动挨打，这不刚买的股票就又套上了。"朋友无奈道。

"我说让你持币等待，你老控制不住自己的手，这个可是老毛病了啊。"我说着起身给他俩都倒了一杯茶，接着说道："其实一个人投资的成功，不是所谓高超投资技巧的成功，也不仅是正确投资理念的成功，更不都是策略的成功，说到成功的投资策略也就一个，就是永远要留一部分现金。"

"很对，我就发现我每次被套都是满仓买入，连下来补仓的钱都没有，真是让人干着急。更可气的是，有些朋友居然买了和我一样的股票，而当他赚大钱的时候也正好是我刚解套的时候。"他说"朋友"的时候，还特意向她瞟了一眼，并撇了撇嘴。

"这也是一个很好的策略，当一个人向我控诉他的股票是如何让他亏损连连时，我通常会在他最无法承受而想要卖出时买入，我叫这个为'反向指标'法。"我继续喝茶说道。

"我们营业部也有这样的客户，还经常问我，说他是不是不适合投资，怎么每次都能买错。"她说道。

"那个人就是'反向指标'，你只需要和他反着来就行了。曾有一个朋友就是这种情况，我还花钱雇了他，给了他一个小资金的账户让他运作，我们则进行与他相反的操作。"我说。

"那后来结果如何？"她说。

"他又开始赚钱了！"我笑着说。

"怎么会这样？"他俩几乎异口同声道。

"其实人会错是因为紧张，就像你去走玻璃栈道一样，同样的路，因为紧张就无法前进。要知道，一个人投资的成功关键其实是他的信念。如果你的信念是这条玻璃做成的路和地上的路是一样的，那你就可以顺利通过，而如果你觉得这玻璃会被踩碎的话，那你一步也走不了。"我说。

"明白了，您的信念就是这条均线是一定可以撑住股价的，所以您就以此来作为投资依据，对吗？"她问道。

"对，也不对。我的确相信我自己的投资系统，相信这条均线在实际操作中很有参考价值，我也会随着客观情况的改变而进行调整，当然目前的市场测试告诉我规则还没有发生变化。刚才我说了一个人投资的成功就是他信念的成功，而信念就是他对一件事情的把握程度，对事情的把握程度来自不同的方面，这些不同的方面又构成了一个大的系统。市场上很多人亏损的主要原因就是对自己的系统不自信，或相信了别人的系统。"我答道。

"那我是不是也可以定义一条自己的生命线，而且我会坚信自己的系统，您说这样是不是客户们就会赚钱了？"她问道。

"理论上是可以的，但你要明白坚守信念也有执着和偏执之分。我在选取这条均线的时候，运用了'**大周期＋小技巧**'的方法，大周期的数据沉重不易操纵，小技巧又是很多大机构瞧不起的小伎俩，所以这个组合给了我们这些散户一个生存夹角。另外，也不要小看这些均线，它们背后代表了一段时期所选样本的平均成本，它们的运行趋势代表了很多投资者的心理偏向。而且，有些人认为均线无用或是胡乱使用，都是观察者维度太低的表现，没有明白线后蕴藏着的那股力量。"我说着又呷了口茶。

"人是不能太较劲，太执着了也不一定成功。"她说。

"偏执就是痛苦，而成功应该是喜悦的，如果你感觉不到喜悦，那你可能就是偏执了。"我道。

"我知道了，您用了一条股市里最普通的曲线，加上了一个'农时四法'的方法，让您的系统更加全面，您的信念便增强了。您老说您是股市里的农夫，就是想拥有喜悦和轻松的感受，避免让自己陷入为了金钱和成功的偏执之中。我说的没错吧。"她笑着说道。

"不愧是证券公司的佼佼者，总结的一点没错。"我也笑了。

"我记得'农时四法'你只说了两法，还有两法没讲，快说说那两法是什么吧？"朋友说道。

"这个理论只是我自己的一个心得，仅供二位参考。这农时四法分别为，春生、夏长、秋收和冬藏。春生出现就是你开始关注股市或开始入市的时候，而冬藏则是你远离股市或持币观望的时候。另外的夏长就是你加仓或持有股票的时候，而秋收则是减仓或卖出股票的时候。"我说。

"您能具体说一下吗？我没看出图上有什么区别。"红衣女士打开了已经进行了均线参数修改的手机股票软件的界面。

"这个需要再添加一条均线来进行分析才行。相比刚才会稍微复杂些，你们先按这个参数进行均线设置，我们一会儿再看。我想说的是，**针对普通的投资者，其实有春生和冬藏就足够了**。"我边说边给他们看了我手机上的均线参数。

"为什么？您不是刚才还说系统要更全面才能更加有信念力吗？"她说。

"是的。刚才你说对了一点，你说我想拥有喜悦和轻松的感受以避免偏执，其实我还有一点就是，更喜欢逍遥自在的生活。"我说。

"所以我们都叫他投资逍遥派住持。"朋友老是爱开玩笑。

"我做过主持人，但没做过住持，不过投资逍遥派这个名字倒是真的。用逍遥的观点来看，很多人并不适合股市投资。"我说。

"这又是为什么？"朋友不解地继续问道。

"因为很多人一旦在股市里投了钱，就变得不那么逍遥自在了，甚至有的老人在边看血压计边炒股。"我说。

"那可能是他们心态不好吧，我们营业部对客户是有分类的，如激进型、稳健型和保守型投资者。"这个正是她的专业，她接着又说："我们为他们提供了风险测试，通过不同的风险系数来圈定不同类型的投资者，并结合产品的风险级别来进行产品推荐。"

"这个是金融圈流行的客户分类法，但问题是这些客户对他们要投资的产品的认知有限，而他们对产品的认知程度才是真正应该建立的划分标准。例如，我过去看到有的理财顾问在给他们界定的所谓保守型客户推荐P2P，那绝对是个高风险的产品，只是他们不知道而已。"我说着在一张纸上画下了我的客户分类标准。如图4-43所示。

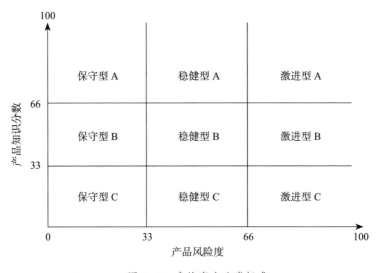

▲ 图4-43 我的客户分类标准

"这样看，好像是客户的分类更加细化了，每一个区间可以推荐更加有针对性的产品和提供更专业化的服务，这个对我的工作太有帮助了。"她很高兴地说道。

"我只是把一维的客户分类方法提升到了二维，这样你就会理解为什么'巴菲特们'有时看起来更像个激进型投资者，而很多自认为是保守型的投资者却在做着高风险的投资了。"我说道。

"这个更像个九宫格，我突然想起重庆的麻辣火锅了。"朋友看着这张纸，笑着说。

"我却看它更像一幅棋盘，九宫格棋，投资者在某个棋格里放上自己的筹码，它们是经验、技巧、信念、执着、资金、风控、策略、精力和时间等。"我说。

"这样说的话，散户投资者的确很难赚钱，而且他们大都缺乏投资的专业知识。我们营业部做的投资者教育也是有限的，无法真正帮助到投资者。"女士说得很中肯。

"我觉得最好的客户分类就是，你投资了这个产品以后，依然能睡个好觉。"朋友说道。

"你们说的都对，所以我说按照我们逍遥派的投资规矩来说，大多数的人并不适合投资股市，因为逍遥的意思就是用最少的精力来获得最大的回报，否则怎么称得上'逍遥自在'呢？"我做了个摊开双手的姿势。

"那你说到底该怎么办？你不是说股市将来是居民的财富蓄水池吗？难道我们就眼睁睁看着它的水位不断上升而无能为力吗？"他说。

"可以买基金，让对产品知识和投资经验更丰富的人来替我们理财，我们只需要交一点费用，就可以雇佣理财专家来为我们服务，不是更好吗？"我反问道。

"对，基金的确是老百姓理财的一个很好的工具，我们营业部就经常向客户提供基金方面的产品和知识。有很多人采取的是定投的方式。但基金就不会亏损吗？"女士问道。

"基金也是去投资股市，和我们自己直接投资有什么不同，股市下跌，基金也应该下跌，没什么优势。"朋友说。

"一般来说，基金亏损的幅度要比你自己投资股票的亏损幅度要小，因为他们毕竟是团队作战，各种信息也比我们普通人要灵通。而且基金投资股票的数量比我们要多得多，相当于是'万箭齐发'，而我们是'一人一箭'，你说谁更容易射中靶心呢？你可以利用春生和冬藏的道理来投资基金，那你的胜率就会提高许多。"我解释道。

"我懂了，您的意思是，大盘有小草发芽的行情时，您就去买入基金。"女士好像明白了，继续说道："而大盘冬藏时，您就卖出基金，对吧？"

"是的，我喜欢把资金分成两大部分，一部分买基金，一部分买股票，当然操作理论都是用同样的原理。"我说。

"那如果大盘日K线小草发芽了，该买什么样的基金呢？我对基金更不了解，也没买过。"朋友说。

"首先你要知道有哪些基金才行。"

"这个我知道，**基金有货币基金、债券基金、指数基金、股票基金和混合基金等**。货币基金相当于是个大额存单，每年不到4%的收益，非常安全；债券基金是投资各类债券的基金，收益率可以达到6%左右，理论上也是很安全的；指数基金是和对应标的指数同样的股票权重配置的基金，随着对应指数上升和下跌；股票基金是投资股票的基金，风险度相对较高；混合基金就是投资的对象比较多，既有货币，也有债券，还有股票等。"她讲得很专业。

"品种这么多，该买哪一种呢？"朋友说。

"这个还得用我说的客户分类法来解释一下，如果你是保守型的投资者，那你的投资篮子里的基金应该是以货币基金和债券基金为主的，因为它们安全而稳定；如果你是稳健型的投资者，那你的投资篮子里的基金除了有货币基金和债券基金外，还应该配置指数型基金和部分股票基金，因为如果在牛市后两者的收益会更高；而如果你是激进型投资者，那你的投资篮子里的基金应该是以债券基金和指数基金及股票基金为主的，因为加大了后两者的投资比例，也意味着要承担更大的投资风险。"她说。

"关键还是要知道是不是进入了牛市，这点很重要。"朋友说。

"当所有的大盘指数的月 K 线都是'小草发芽'的时候，绝对是牛市的开端，你可以买入指数型基金和股票型基金了。而当大盘还在'冬藏'时，你可以买入债券型基金，因为股市不好的时候，债券的吸引力就会很高。但要注意不要买入分级型的债券基金，这种基金的风险较高。债券以国库券和央企发行的债券级别最高，所以你可以看基金的介绍来进行购买，另外，可转债基金也是不错的选择。这里的货币基金就是你放钱的地方（如支付宝其实就是一个货币型基金），因为收益相对安全而稳定。"我在纸上画了下面这个表格（见表 4-5）。

表 4-5 不同类型投资者投资基金比例表

基金名称	保守型	稳健型	激进型
货币基金	20%	10%	5%
债券基金	80%	60%	30%
指数基金		20%	20%
股票基金		10%	35%
混合基金			10%

"混合基金怎么买那么少呢？它的投资品种齐全，不是更稳健吗？"朋友问。

"混合基金是单从基金投资角度考虑的，目的是分化风险，而我们是明确知道股市的大动向的，所以需要的是明确的、单一功能的产品。"我解释道。

"我明白了，意思就是股市月 K 线突破 60 日均线，意味着进入牛市，您开始建仓指数基金和股票基金，而在 60 日 K 线下您选择投资债券基金；您还始终有一部分资金放在货币基金里，目的就是等待更好的机会再买入。"女士说。

"对，所以我不喜欢投资产品不明朗的基金，喜欢单纯的基金。对于指数型基金也很少投资那些所谓加强型的指数型基金，因为我们更加了解自己的所需是什么，我们也更希望我们雇的专家为我们做什么。就像你牙疼，就找口腔科的专家就好了，而不是找个全科大夫，尽管他的专业知识掌握的更多。"我说。

"那如果上证指数过月 K 线 60 线时，就得快速布局基金了。"朋友说道。

"是的。很多时候，生死就在一念之间，好坏也在一夜之间，涨跌更在一线之间，你要认真把握，错过了就可惜了。"我说。

"您的投资还有一半是股票，加上各种不同的基金，感觉就像是一个投资舰队，让我想起了漫威的'复仇者联盟'，高手云集，齐力讨伐灭霸！"她笑着说。

"巴菲特说股票投资要集中化，而基金投资则一定要分散，因为基金投资的团队让投资又加了一层人为的影响，所以最佳的策略就是不要把鸡蛋都放在一个篮子里。"我说。

"赞同，2019 年的公募基金战绩是不错的。第一名是股票型基金，平均收益率为 47.46%；第二名是指数型基金，平均收益率为 34.29%；第三名是混合型基金，平均收益率为 32.04%；第四名是 QDII 基金（国内设立，投资国外的基金），平均收益率为 19.77%；第五名是债券型基金，平均收益率为 6%；第六名是理财型基金，平均收益率为 2.78%；第七名是货币型基金，平均收益率为 2.54%。"她喝了一口茶继续说道："2019 年绝对是买股票不如买基金的一年，因为是个股结构性上涨的一年。各个主流指数的涨幅都在 20%~40% 左右，如上证指数的上涨幅度为 22.30%，但股票型基金中的冠军年收益率却超过 100%，翻了一倍还多。指数型基金中的某白酒指数基金年收益率高达 86.82%，债券型基金中的某转债基金年收益率高达 39%，99% 的公募基金取得正收益，超过 50% 的基金收益率超过 10%。"

"要早知道基金这么好，还炒什么股票，买基金就万事大吉了。"朋友听完了，兴奋地说道。

"如果你看到 2018 年清盘的基金达到 394 只，33 只新基金募集失败，200 多位基金经理离职，股票型净值增长率平均为 –24.98%，你就没这么兴奋了。基金看的是长期业绩，那些本周投资冠军、月度明星等指标对我们来说是无益的。其实，认识我的朋友都知道，在十年前我是不推荐他们买基金的，我看过 2000 年的'基金黑幕'事件，而且到了 2010 年时，基金的从业人员还都很年轻，很多都是入行两三年的新人，投资的经验极度缺乏，新提倡的价值投资理论在那个庄股横行的年代也并不好使。但随着庄股时代的结束和基金从业人员的经验积累，现在已经具备了大基金时代的基础。要知道过去的庄家是被清理出场了，但很多建立的市场规则还在。基金团队不光经验丰富，他们的信息敏感度也是我们普通人无法与之匹敌的，赢家注定是未来那些优秀的基金。基金被称为股市的稳定器，其实就是股市最大的'庄家'。所以我们要想逍遥投资，何妨'与庄共舞'。"我说。

"既然基金是未来的胜者，那我们何必费心研究个股呢？"朋友问道。

"基金是给那些完全没有投资经验的人准备的，国际上以 10 年以上基金的收益率来看，平均年化收益率可达 8%~12%，所以适合长期投资持有。但如果想获得更高的年化收益，就需要更优秀的投资组合才行。因基金受限于政策、市场和基金经理及其团队的影响，所以收益极大化并不容易。例如市场大跌时，基金必须有一定的持仓，因为要护盘，甚至还需要大笔买入；又例如今年的一只基金成为了明星基金，明年它的基金经理就可能升迁或跳槽被别家挖走，那该基金就会改变投资风格。基金之王彼得·林奇曾说过，他看基金只看这只基金能不能坚持自己的投资风格，而不是一两年的收益率有多高，因为只有坚定执行正确的投资理念，才能让其走得更久远。"我说。

"对的，其实只要在上涨的时候去买基金，而不是股票，普通客户就已经受益匪浅了。如果想要赚大钱，就要学着巴菲特去做股东才行啊。"她说。

"基金只是个工具，也不用太神话它。凡是投资不太了解的股票和市场，都可以用基金来投资，因为团队的力量总比个人要强大，更何况他们还拥有雄厚的资本和专业的知识。例如你想买入黄金，你可以买投资黄金的基金；你想买美国的股市，你也可以买入 QDII 基金；你想投资某个不太了解的公司股票，你可以买入持有该股的对应基金。总之，世界上有成千上万种各式各样的基金，总有一款适合你，能帮你实现你的梦想。"我说。

"发明基金的这个人可真伟大啊！"朋友感叹道。

"其实第一只真正意义上的基金是 1868 年的英国的'海外及殖民地政府信托基金'，它主要是用来投资其海外殖民地的公司债券。"我说。

"原来如此。巴菲特总说**指数基金适合普通投资者**，这指数基金该怎么买呢？"他说。

"这个还是我来说吧。首先**指数基金分为宽基指数基金和行业指数基**

金，"她接着说，"像上证 50 指数基金、沪深 300 指数基金、中证 500 指数基金、创业板指数基金、上证红利指数基金、基本面 50 指数基金、央视财经 50 指数基金、QDII 恒生指数基金、QDII 纳斯达克 100 指数基金、QDII 标普 500 指数基金等都是宽基基金；而像必需消费品行业指数基金，医药行业指数基金，可选消费品行业指数基金，养老产业指数基金，银行和证券行业指数基金，还有房地产、白酒、军工、农业、科技、环保等行业指数基金等，都是行业指数基金。"

"这么多指数基金，头都快晕掉了，到底该怎么投呢？"

我看着他的样子不禁笑道："这么多又不是让你全买，你只要知道有这些基金就行了，然后通过我们的分析，结合当前政策，哪个指数或行业要涨，你就投资对应的基金即可。"

"我听说定投基金是一个不错的方法，而且很多人都是零基础的无脑定投。"他又说道。

"很多定投都是基金公司向银行学来的，因为最早就在银行柜台卖，是基于基金的销售，和投资本身是两码事。"我说。

"但为什么巴菲特也说定投指数基金是个很好的策略呢？"朋友问道。

"巴菲特虽然说过，"券商女接过了话题，"但定投基金是有条件的定投，绝非无脑定投。他的老师格雷厄姆很早就提出了盈利收益法，即盈利收益率大于 2 倍国债收益率且大于 10% 的时候开始定投，小于 10% 时则停止买入。"

"什么是盈利收益法？"朋友问道。

"就是你买一个产品能带给你的收益，例如你买了一只基金，它的盈利收益是 10%，也就是说你可以获得 10% 的收益。"她回答道。

"盈利收益其实就是市盈率的倒数，"我补充道，"这是它们的计算公式决定的，当一个产品能带给人10%以上收益的时候，就是它值得投资的时候，而此时也是它被低估、市盈率较低的时候，如市盈率低于10。"

"怎么才能知道这些盈利收益的数字呢？"朋友说。

"你可以从很多股票软件和专业网站获得这些数据。另外你也可以看PE市盈率百分位来判断，例如现在上证的平均PE大概是13，PE百分位在5年内为18%左右，说明当前的估值水平比近5年内82%的时候都低。"我边说边打开手机股票软件找到了相关数据（点击：上证—估值—PE百分位）。

"我觉得没人买时定投，大家都买时就卖出，这样更简单。"他说。

"有道理。不过我更喜欢用'小草发芽'的田园式方法，因为市盈率法虽然简单，但它更适于盈利稳定的行业，尤其在国内还有一定的局限性。"我说道。

"你是说春生买入，冬藏卖出吗？"他说。

"说对了一半，春生开始买入，也可以开始定时定量地定投买入，冬藏是一定要卖出的，但不是最好的卖点。"我说。

"对了，刚才你说的'夏长'和'秋收'还没讲呢，是不是用这两招来卖出呀？"他问。

"是的，'夏长'是用来持有的，而'秋收'则是用来卖出的。"我说着打开了手机软件，给他们详细讲解起来（特别说明，刚才我们的均线设置参数是：日K线、周线和月K线的均线为10日和60日两条，季K线和年K线的均线为5日和60日两条）。

"你来分析下上证月K线的'农时四法'吧。"我说。如图4-45所示。

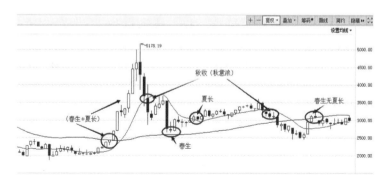

▲ 图 4-45 上证指数的月 K 线图

"好的，看起来有点复杂，但其实很简单。你把这条 60 线看作地平面，凡是从地平面长起来的情况，就称为'春生'，也叫'小草发芽'，此时就是介入的机会；如果价格在 10 日 K 线上，就看作加仓的机会，也是持有的信号，称之为'夏长'；而当价格跌破 10 日 K 线时，则应考虑减仓或出场，称为'秋收'，也叫'秋意浓'；当然价格进一步跌破 60 线，就叫'冬藏'，你会全部出场，远离市场，云游天下。"他说。

"你说的基本正确，这样的均线参数尤其适合个股的操作，如果用来做指数定投，我会用下面这个图中的参数。"我边说边打开了上证指数的季 K 线图。如图 4-46 所示。

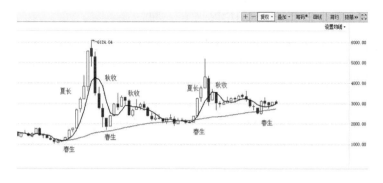

▲ 图 4-46 上证指数的季 K 线图

"就是你去年写的那篇文章吧？我记得你说是近20年来的第四次上涨！"他说道。

"是的，近20年来第四次春生，目前正在5日K线上等待'夏长'，就看月K线上的那个'小草发芽'能否成功了，但结合国家发展的大时代周期背景和股市的PE百分位较低等情况，我分析上涨的概率极大。"我说。

"要是从去年那个点开始定投上证的相关指数，那盈利的确是很高的，2019年的基金牛市也证明了这一点，那您准备什么时候卖出呢？"女士问道。

"当然是要看'秋意浓'什么时候来了啊。"我说。

"您觉得这次'春生'会有失败的情况吗？"她又问道。

"事实的情况是，失败的案例也很多，但我会观察并尝试。就拿上证季度K线图来说，当它确实上涨过了60日K线，我才会介入，尤其是上涨过了5日K线，那上涨的概率就会很大，我会不断加仓并一直持有到'秋意浓'的出现，即跌破5日K线。农时四法只能用来分析，不能用来预测。就像在十字路口的汽车，你不能去预测那些车辆要去哪里，但你可以分析的是，车辆如果拐弯或直行，车会怎么走，然后我就要采取相应的对策。"我说道。

"那您会看市盈率百分位的情况吗？"她说。

"是的，一个事物的不同侧面罢了，一般是一致的，如价格在低位时，PE也会较低，而当收益率值得去投资时，一般也正好在'春生夏长'时。"我说着又让他们看了几幅图。如图4-47所示。

▲图 4-47 恒生指数的季 K 线图

中国近十年的股市其实没有走出真正的大牛市，多以盘整为主，但仍然可以通过本图中的"春生"来把握阶段行情，通过"夏长"来定投持有，图中圈住的地方是可以减仓的"秋收"。但考虑上证的未来走势长期向好，而港股的走势也大致相同，所以操作上，"秋收"可适度减仓，在回踩 60 线处增仓并长久持有。如图 4-48 所示。

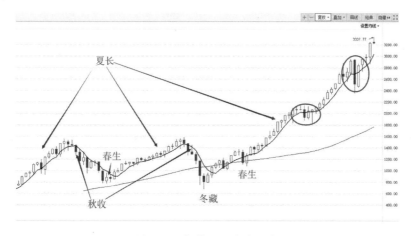

▲图 4-48 标普 500 的季 K 线图

美国的股市走了几十年的大牛市，现在运行到了历史高位，通过上图中的"春生"有两次好的买入机会；"夏长"的好处是让你没有理由去卖出，直到"秋收"的到来；而"冬藏"的真正意义是等待春天的到来。

"那您怎么判断'秋收'呢？毕竟像图中那几个圈住的地方也很像'秋收'的形态，不会出场或减仓吗？"她问。

"可能会减仓，但要确定是秋收形态才行，所以不用那么急着做决定。其实我们'逍遥一派'眼中和你们看到的并不一样，请看图4-49。"我答道。

这里把K线改为了**收盘价线**，因为K线的视觉冲击力比较大，很容易影响人的情绪，即所谓的**"骗线"**。而**收盘价线则是价格的真正目标价位**，短期下穿5日K线后又迅速回到原位，其实是加仓的信号，而看收盘价的另一个好处就是不用每天看盘，只要每天甚至每月、每季度看下收盘价就行了，节约的时间用来工作和生活。另外，我们的仓位管理一般分为三部分，1/3建仓，1/3加仓，1/3现金（货币基金或债券基金），建仓和加仓的资金又分为N个部分，不是一下就全买入的，要观察行情的发展是不是符合我们的对应图形。

"如果在'春生'买入后，小草发芽没成功怎么办？"他问。

"那就先拿一段时间，要知道长期来看指数是上涨的，大自然中的小草也不是发芽了就一定能成活的，例如碰到初春的乍暖还寒，但小草的根子并没有死，发芽意味着春天马上要到了，它们会蓄积能量，再次发芽。"我说。

"问你几个细节，像图4-49中的ABC三处，都有短暂的'秋意浓'的现象，当然很快又'夏长'了，但那是季度线，也就是说下跌的时间其实很长的，难道真不用减仓吗？"他说。

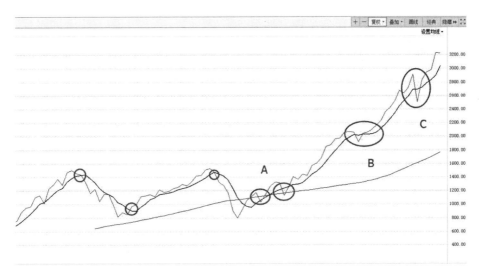

▲ 图 4-49　标普 500 的季收盘价线图

"首先，'秋意浓'的确是减仓的信号，但如果很快回升另当别论，虽然是季度线，但也只能看作一个时间单位，不能受情绪的影响。其次，'秋意浓'的下跌目标就是地平面 60 线附近，所以 A 点离 60 线很近，不用减仓，而要看它会不会跌破 60 线，如遇'冬藏'就要止损了；B 点和 C 点的距离离 60 线越来越远，所以减仓的必要性在增加，当然再次上涨也可以再次买入，但随着价格的一路攀升，买入的风险也越来越大，要随时等待'秋收'而全部出场。"我说。

"出来做什么？"他继续问。

"买入债券或货币基金，等待指数跌到 60 线后的新的'小草发芽'出现后再回股市，就这样不断循环操作即可。这只是我个人的一个操作思路，你们可以用来投资自己喜欢的基金或股票。"我说。

"看来我还得好好研究一番呢？基金的知识也真不少啊！"他说。

"是的，你要想完全掌握，那至少需要一个三天以上的专业培训才行，咱们光聊一个多小时是掌握不了的。"我说。

"您刚才说个股也适用，是怎么回事呢？"女士问道。

"所有的波动其实都是一样的道理，不光个股，其实很多投资的商品都有这样的特点。"我给他们看了下面几幅图。如图4-50~图4-53所示。

图4-50是（601318）中国平安的月K线图，前面讲了"春生"和"冬藏"，现在加上一条10日K线，便有了"夏长"和"秋收"的区分，操作变得更清晰明了了。"春生"处的建仓买入和"夏长"处的加仓买入，都是获利的关键，而"夏长"要持有到"秋收"才能卖出，所以除非你觉得收益已经很满意或提前设定了出场目标，否则没有任何卖出的理由。考虑"秋收"的下方目标就是生命线60线的位置，所以可以减仓，等待60线附近的"小草发芽"形态而再次买入，同时我们也知道它是一只股权债券，所以可以放心买入，让技术分析和价值投资进行有效结合以提高投资的效率。

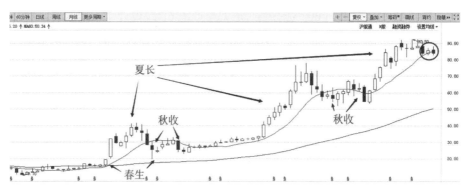

▲ 图4-50　中国平安的月K线图

图4-51是五粮液（000858）的月K线图，2013年开始进入"冬藏"形态，不必关注它，在2015年末开始发展为"小草发芽"形态，我们开始关注并逐

步买入，后面"夏长"形态一路上涨，我们无法卖出，直到2018年10月才减仓卖出，但随着后面的二次"夏长"，又可再度加仓买入，并且图中尚没有卖出的信号出现。

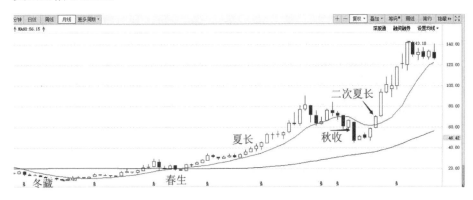

▲ 图4-51　五粮液的月K线图

图4-52是哈药股份（600664）的月K线图，它和上两只个股的不同是基本面情况较差，但是仍然可以用农时四法来进行分析投资。图中最后该股仍为"冬藏"状态，不建议关注。如果非想购买该股，则需注意的是，"秋收"不是减仓而是全部出场，"冬藏"时绝不能买入，因无基本面的数据支撑，股价有下跌风险。

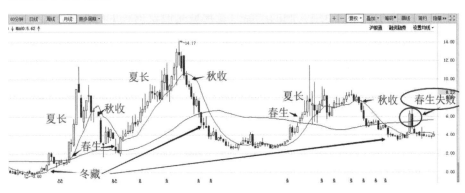

▲ 图4-52　哈药股份的月K线图

图 4-53 是神州数码（000034）的月 K 线图，"冬藏"远离，"春生"
关注，"夏长"加仓，"秋收"出场。

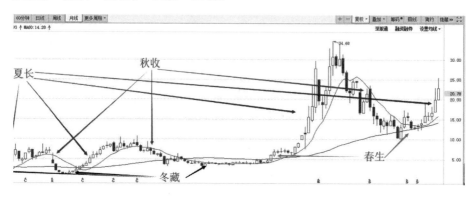

▲ 图 4-53　神州数码的月 K 线图

我又随意翻着手机屏幕，找到了不同市场的多个图表。图 4-54~ 图 4-57
所示。

图 4-54 是香港腾讯控股（00700）的月 K 线图，如果坚持"夏长"的理论，
很难找到出场的理由，目前的状态未明，属于观察等待期。图表显示，目标
仍然是向上。其实中国现在好的互联网企业，像腾讯、阿里巴巴和百度等，
都属于长期向上的品种。只要看其国内庞大的用户活跃度就可以知道，如果
有一天人们开始不再使用它们的产品时，那就是股票出场的时候。

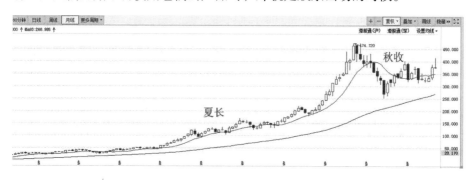

▲ 图 4-54　腾讯控股的月 K 线图

图 4-55 是美股网易（NTES）的月 K 线图，其最大的亮点就是，只要"夏长"不被有效击穿，你就可以获得很好的收益，如果换成收盘价线（图 4-56）观看，效果更佳，每月底看几分钟就可以稳操胜券了。

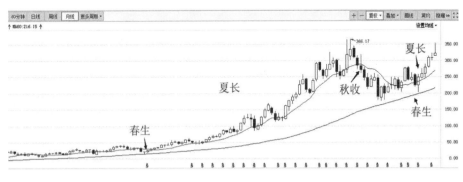

▲ 图 4-55　网易的月 K 线图

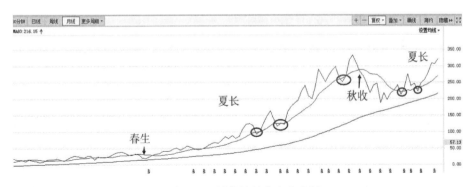

▲ 图 4-56　网易的月收盘价线图

就像在大自然中，春天刚刚到来时，气温还不是很高，随着夏天的到来，温度逐渐升高，中间偶有几次雷雨大风，但大气候没有改变，气温很快恢复了夏天的酷热。在小草已经长得很高时，天气也开始转冷，秋意渐浓、落叶飘零，但再一次的升温告诉我们，它的寒冬还没有真正到来。所以，**只要我们顺应天意循环，就能赚到钱了，这也是对你遵循自然规律的一种回馈**。

图 4-57 是美股可口可乐（KO）的季 K 线图，也是巴菲特重点投资的
股票。因有基本面的支撑，股价非常强悍，目前仍是"夏长"的形态，没有
卖出的理由。所以价值投资加上技术分析就能赚大钱。还有很多列子，篇
幅有限，就不一一展示了。

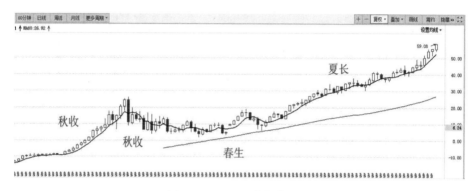

▲ 图 4-57　可口可乐的季 K 线图

"我发现国外的市场好像更适合您说的这个理论，国内的市场投机性较
强，所以仅适合部分股票吧？"女士问道。

"是的。国外市场的投资理念更成熟，公司业绩好就一定会反映在股价
的上涨上。国内市场属新兴市场，投机氛围较浓厚，业绩好也不一定就会涨。"
我说。

"我看在国内还得看新闻联播，政策消息最厉害。"朋友说。

"的确如此，在国内要关注政府对市场的引导，就像一个孩子，家长的
意见很重要，而国外的股票市场更像一个成年人，有了独立的思想，会遵守
一定的行为规范。这也是为什么我建议普通投资者买基金的一个主要原因，

在我们投资经验还不成熟的时候，让基金这个'家长'去帮助我们。另外，我在选择股票时，也会注意选择投资'大孩子'，即每个行业的前三甲。"我边说边看着他俩。

"明白了。那您说，如果单从股票来讲，投资者如何做才能真正成功呢？"她说。

"我想需要研究好五个因素，即公司、市场、政策、资金和投资者。举个例子来说，你想开车去某地。首先，你要选一部好车；其次，要选择好高速路线；第三，还要看天气、路况；第四，记得加满油；第五，你必须是符合有驾照且一年以上驾龄的优秀驾驶员，行程安全才有保证。这里的'好车'即公司，需要用价值投资方法来筛选和鉴定；'好路'即市场，需要用技术分析来考量与判断；'天气路况'即政策，需要研究各类政策和消息，且敏感度要高；'汽油'即资金，需研判资金盘面动向；而'驾驶员'即投资者，必须要经过训练和考核才行。"我说。

"那的确不容易做到，国内的普通投资者也太难了。"她说。

"你可以买入对应的基金。像在券商、银行、天天基金，甚至微信或支付宝上都有推荐，而且有很多的相关知识，你可以慢慢学习。"我说。

"那些推荐？那些不是营销员的说辞话术吗？"他说。

"对。因为我们懂了怎么分析市场，所以知道什么时候该接受他们的推销。有句话是这么说的，因为你们有产品，正好我也需要。"我说。

"应该是，因为您有需求，而我们正好专业吧！"女士笑着说道。

"很对！"我忙说，大家都笑了，"咱们回去都做一份 2020 年的基金理财计划吧，我们来年再聚！"

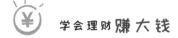

第四节 如何用一个"指标"衡量各国经济

随着我国人均 GDP 突破一万美元大关，居民的个人财富也逐步增长，而如何管理好这些增加的财富，就是下一阶段中国老百姓最大的课题之一。这点从银行积极成立理财子公司就可获知。另外，前几年高速发展的第三方理财公司也遇到瓶颈，甚至很多理财公司让客户的钱财受损，所以百姓理财也需要走向专业化与正规化。更多富裕的家庭也把目光投向了海外，这里我们通过各国股市的发展水平，来辅助分析一下各国的经济发展情况，为有这方面需求的家庭提供一种参考。

财富如流水，需要去管理。正如本书前面所提到的未来 20 年的财富公式，全球化资产配置是防御一国系统性风险和提高资金利用率的一种有效手段。由于各国的发展水平或周期不同，各国的资金为了寻求更好的发展而在不同的国家间流动。运用全球化的思维，使用一种简单的分析工具，将资产分配在不同的项目中并寻求最大化的经济效益，就是全球资产配置的核心目的。同时借助各种投资的国际身份，也将为你的财富人生和家庭创造新的辉煌。

股市被称为经济的晴雨表，反映着一国的经济总体发展水平。对各国股票指数的分析，可以作为我们投资该国的一个"指标"参考。这里选取的指数图表数据均为年 K 线图，主图选择为收盘价线，仅保留 5 日移动平均线 MA5。

1. 美国

图 4-58 是美国道琼斯指数的年 K 线图（图表数据均为 2020 年 2 月 6 日

时的数据）。美国是世界第一经济强国，有高度发达的现代市场经济。从 20
世纪 90 年代开始，美国股市经历了长达几十年的上涨期，仅在 2002—2012
年经历了两次"秋收"形态的盘整，尤其在 2008 年还经历了金融次贷风波。
从目前图中圈住的部分来看，美国股市仍处于强劲上升阶段。

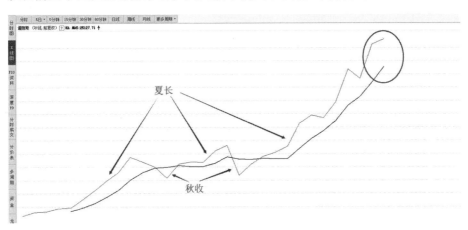

▲ 图 4-58　美国道琼斯指数的年 K 线图

　　考虑该指数处于历史高位，则应以短线操作为主，尤其是该图再出现
"秋收"形态时必须离场。当然，从 2009 年后的行情上涨来看，每一次的深
幅下调同时也是买入的大好时机。

　　图 4-59 是美元指数 USDX 的年 K 线图，代表美元对选定的一揽子货币
的综合变化率，以此来衡量美元的强弱程度。**美元指数和道琼斯指数的相关
性非常高，美元指数走高，即相对比其他货币升值，道琼斯也是行情高涨的
时期，因美元是国际货币的"避风港"，人们会买入以美元标价的资产。**而
当美元指数下跌时（图中的"秋收"部分），则道琼斯指数表现为同期的盘
整走势，例如美元指数 2002—2012 年的一次"秋收"下跌行情，对应着道
琼斯指数同期的两次"秋收"盘整行情。

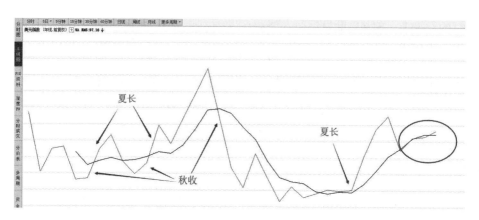

▲ 图 4-59　美元指数 USDX 的年 K 线图

对于美元指数，我认为投资者还应了解以下几点。

（1）美元指数上升并非就是美元升值，而是相对其他币种走强。其中主要是欧元，其指数权重占 57.6%；其次是日元，占 13.6%；其后依次是英镑 11.9%，加拿大元 9.1%，瑞典克朗 4.2% 和瑞士法郎 3.6%。

（2）如果美元升值，则以其标价的美国商品就因价高而难以出口，美国贸易的逆差将会加大；而当美元贬值时，美国生产的以美元标价的商品就因价低容易出口，美国贸易的顺差就会产生，这是对美国经济出口的影响。**在理财上，美元升值意味着黄金会下降，美股会上涨，反之则相反。**当然也有美元和黄金一同上涨的情况。例如只需将上涨的黄金用美元结算，就会造成美元升值的假象，实则美元在贬值，所以投资者要善于分析与识别。

（3）数据显示，美国国家债务在特朗普执政期间膨胀到约 23.2 万亿美元，增长了 16.4%，美国政府 2019 年的财政赤字超过 1 万亿美元大关。所以美国未来降息的可能性非常高，降息将导致美元的吸引力降低，故美元指数很可能会相对贬值而下跌，那美国的债务也就因贬值而变少了，同时还有利于出口，这点在图表上圈住的部分也可以看出端倪。**如果美元指数下跌，则道琼斯指数的上涨也将终结，值得投资美国股市的投资者们高度重视。**

（4）顺带提一下，美国强大的原因有两个，一个是军事力量，一个是军事力量保护下的金融力量。美国通过提升美元的汇率来吸引国际资本的流入，保持国内股市的上升，推动高新企业等经济的发展，快速积累资本财富，又通过降低美元的汇率来剪世界人民的羊毛。如美元贬值，则各国多年通过劳动所积累的美元外汇储备迅速贬值（财富缩水），当年借给美国的美元也贬值了（美国是世界上最大的债务国，相当于部分钱美国不用还了）。由于本国的货币相对美元升值，则出口企业难以维系，国内经济受损。同时，以美国华尔街为首的国际热钱会涌入该国并借势推高该国的股市和楼市，当在泡沫过度膨胀后迅速撤离，赚得第一桶金。但又因该国的经济其实并无实质好转，华尔街可通过打压该国的外汇、股市和期货市场，并辅以信用评级、媒体造势和经济制裁等手段，让市场形成恐慌，最终造成资产贱卖，这时美国当年积累的资本财富就会出手接收该国很多被错杀的优质资产和公司。只要美元拥有国际结算的垄断地位，这样的循环就不会停止，就像"养羊—剪羊毛"的原理一样。

（5）美元是美国真正的赚钱武器。像油价暴跌，很多人认为美国也是受害者，因其是全球最大的石油生产国之一，但实际上美国赚钱并不靠石油，美国要的就是买石油时一定要用美元来支付，石油已成为美元霸权的载体。所以就不难理解，油价为何会跌成负数，美国新能源发展政策怎么会"变卦"倒车，以及对电子货币的管控为什么会相对严格。我想，这也是我国大力支持网络经济和网上支付的一个原因吧。只有未来的电子支付手段才有可能冲破当今美元打造的"牢笼"。

2. 英国

图 4-60 是英国富时 100 指数的年 K 线图，第一波的"夏长"一直延续到 1999 年年底，其后也和美国道琼斯一样经历了两次"秋收"回落，但 2012 年后的上涨却略显疲态。这种疲态的一个关键因素就是"英国脱欧"。在"脱欧"公投三年多后，2020 年 1 月 31 日英国正式离开，结束了其 47 年的欧盟（欧共体）成员国身份。而"脱欧"只是第一步，接下来还要进行 11 个月的谈判，最终才能重新搭建其和欧盟的贸易伙伴关系，这些都为英国后续的发展蒙上了一层不确定性的阴影。

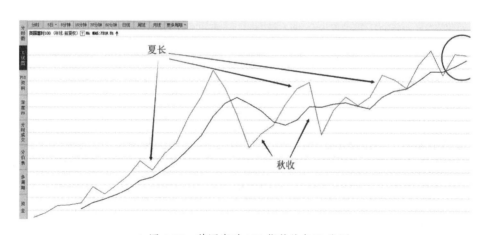

▲ 图 4-60　英国富时 100 指数的年 K 线图

图 4-60 显示：近期的上涨可谓一波三折，且未创新高，说明指数上方压力较重，有下跌或回调的风险。

3. 德国

图 4-61 是德国 DAX30 指数的年 K 线图，不难看出，德国较英国的股

市情况更为乐观。德国经济总量在欧洲也是最高的，是名副其实的工业大国，工业占到整个德国经济的 20% 以上，近 90% 的可见出口产品是工业产品，很多公司在全球许多领域和市场都处于领先地位。但由于英国"脱欧"，整个欧盟成员国家都会受到一定影响，欧洲的整体发展相对疲弱。

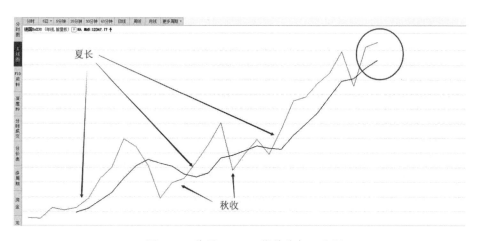

▲ 图 4-61　德国 DAX30 指数的年 K 线图

据德国联邦经济和能源部 2020 年 1 月 29 日公布的年度经济报告预计，德国失业率将维持在 5%，与 2019 年持平；就业人数将增长 19 万至创纪录的 4540 万；出口和进口将分别增长 2% 和 3.2%；2019 年德国 GDP 增长为 0.6%，已经连续增长 10 年，但增长水平较低，预计 2020 年经济增长 1.1%。

德国的工业主要是靠汽车和机械制造，但目前在人工智能和电动汽车方面已落后中国和美国（像特斯拉汽车在美销量已经超过 BBA，而且还在中国上海进行建厂投产），加之现在世界贸易摩擦不断和德国人口老龄化及难民等问题，都使得未来德国经济发展压力较大。

4. 法国

图 4-62 是法国 CAC40 指数的年 K 线图，和德国的发展趋势一样，行情处于上升阶段，但上涨的幅度不及德国，不过指数的趋势较英国明朗。法国是综合实力很强的一个国家，也是联合国五常之一，但法国的发展势头不如德国，民生条件、社会治安和基础设施等都稍逊一等。

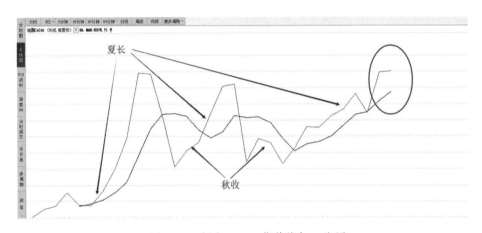

▲ 图 4-62 法国 CAC40 指数的年 K 线图

5. 意大利

图 4-63 是富时意大利 MIB 指数的年 K 线图，在 2012 年后没能和德法英等国一样走出上行趋势，虽是欧洲排名第四的老牌工业国家，却显示了其相当低迷的经济发展态势。

就图 4-63 分析而言：底部盘整，观望为主。

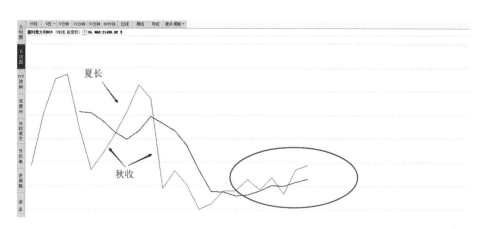

▲图 4-63　富时意大利 MIB 指数的年 K 线图

6. 西班牙

图 4-64 是西班牙 IBEX35 指数的年 K 线图，西班牙在欧债危机后已有复苏迹象，如进口和出口都有所上升，但家庭消费增长有限，而西班牙年轻人口数量下降的趋势也影响着经济发展。还有巴塞罗那 2019 年 10 月爆发的大规模加泰罗尼亚人的独立游行，人数超过 52 万人，这些都不利于西班牙的经济发展。这几年西班牙的旅游业比较火，很多地方的房价也被炒高，但旅游业拉动经济的效果是有限的。现在，很多像西班牙这样的欧洲国家都有买房移民的政策，其实也是弥补其经济发展活力不足的一种手段。

这里要提醒一下：**我们的分析只针对该国的股市，但投资也和国家经济、政治、法律、税收、人文、环境、治安和排外情绪等有关，所以在实践中，还应综合考虑。另外，如能亲自走入到这些国家中去实地了解，也是非常好的投资方法之一。**

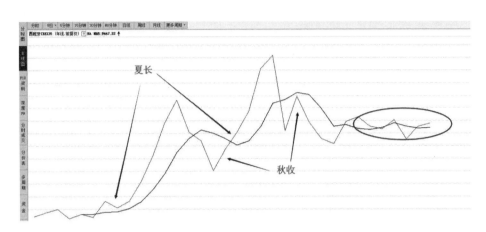

▲ 图 4-64　西班牙 IBEX35 指数的年 K 线图

7. 葡萄牙

图 4-65 是葡萄牙 PS120 指数的年 K 线图，指数走势较弱于西班牙。葡萄牙和西班牙、意大利、爱尔兰及希腊曾被称为"欧猪五国"，因欧债危机始发于希腊，后波及其他四国，最终导致欧元区成员国主权债务危机愈演愈烈。

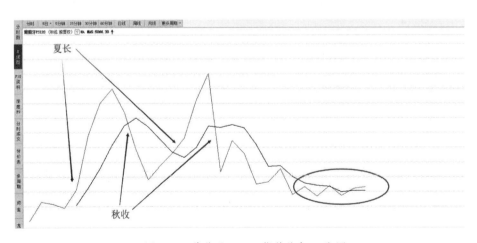

▲ 图 4-65　葡萄牙 PS120 指数的年 K 线图

据 2019 年《欧洲时报》报道，欧盟民意调查"欧洲晴雨表"（Euroba-
rometer）数据显示：61% 的葡萄牙人持悲观态度，认为国家经济状况不佳，
其中健康、社会保障和生活成本是他们最关注和担心的问题。

8. 希腊

图 4-66 是希腊雅典 ASE 指数的年 K 线图，走势低迷，刚有复苏的迹象。

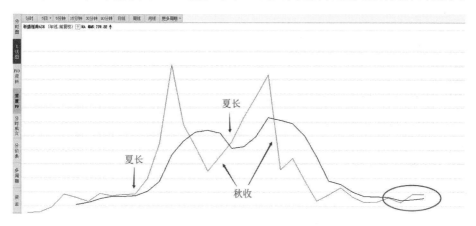

▲ 图 4-66　希腊雅典 ASE 指数的年 K 线图

在 2019 年的第 21 届希腊投资论坛上，希腊财政部长表示说希腊经济已
经恢复正常状态。这几年大批的中国企业进驻希腊，中国远洋运输（集团）
公司买下了希腊的比雷埃夫斯港，成为欧洲第七大港和地中海第一大港，习
近平总书记在访问希腊期间还专程前往参观；中国复星集团买下希腊机场，
拟建欧洲最大的海滨度假胜地；阿里巴巴网络技术有限公司斥资 9000 万欧
元收购希腊的"数据工匠"公司；国家电网有限公司投资 3.2 亿欧元收购希
腊电力公司 24% 的股份；还有中国工商银行、中国银行也相继在希腊开设
分行及代表处。

希腊是文明古国，也是中国"一带一路"倡议的受益者，中资公司对希腊的投资也带动了各国对希腊的投资热潮，同时也带来了很多个人投资者，使得希腊的"黄金签证"成为了 2019 年最火的投资移民买房项目之一。

9. 荷兰

图 4-67 是荷兰 AEX 指数的年 K 线图，指数走势较好。

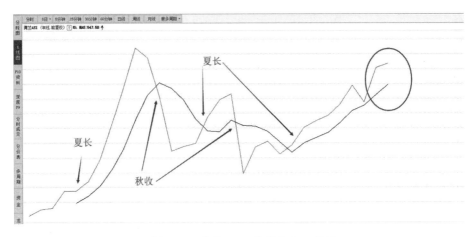

▲ 图 4-67　荷兰 AEX 指数的年 K 线图

荷兰在 2018 年全球创新指数中排名第二，也是 2018 年全球幸福指数中的第六名。荷兰经济在 2019 年世界排名第 17 位，人均 GDP 为 5.6326 万美元，是世界上收入较高的国家之一，经济发展势头良好，福利较高。

荷兰不光风景优美，有郁金香和风车，开放程度也是全球最高的。荷兰人口不足 2000 万人，面积 4.15 万平方千米，却拥有 13 家世界 500 强企业，其中的飞利浦和 ASML（阿斯麦）是全球最顶尖的高科技公司之一，后者的高端光刻机几乎垄断了全球市场。

10. 比利时

图 4-68 是比利时 BFX 指数的年 K 线图，发展基本向好，行情在 2012 年后一路上涨，在 2018 年短暂的"秋收"后继续"夏长"，但可惜未创新高。比利时是欧盟和北约等国家组织的总部所在地，但其自然资源较为缺乏，依靠进口原料为主，其工业制成品大部分也是出口，贸易对象为周边的德国、法国和荷兰等欧盟成员国，占到贸易总额的 80% 以上，所以后期发展也受制于这些国家的经济发展水平。

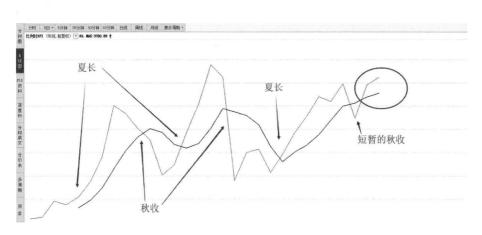

▲ 图 4-68　比利时 BFX 指数的年 K 线图

11. 奥地利

图 4-69 是奥地利 ATX 指数的年 K 线图。奥地利人均 GDP 居欧洲前列，2018 年实际 GDP 增长为 2.7%，富裕程度高而经济增长稳健。奥地利首都维也纳是闻名遐迩的音乐之乡，连续多年被评为最宜人类居住的城市。奥地利是永久中立国、非移民国家和欧洲花园式国家，社会治安良好，自然风光优

美，社会福利较高，旅游和汽车工业都相当发达，是欧洲德语区的三强之一，其他还有德国和瑞士。但其对外部环境依赖较大，容易受德国和中东欧国家的经济发展影响。

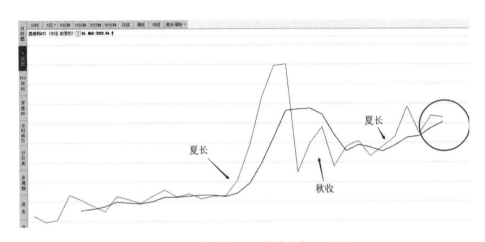

▲ 图 4-69　奥地利 ATX 指数的年 K 线图

图 4-69 分析：目前指数未创新高，建议观望为主。

12. 瑞士

图 4-70 是瑞士 SMI 指数的年 K 线图，指数走势特点是震荡向上。

有"世界公园"美誉之称的瑞士也是一个永久中立国，它是世界上公认的最具竞争力的国家之一，当然因为中立，它至今还没有加入欧盟。瑞士 GDP 总量几十年来长期增长，经济发展较为稳定，2019 年 GDP 为 7075.7 亿美元，世界排名 19 位，人均 GDP 为 82358 美元，位居世界第四名。由于瑞士拥有全球最为安全的金融体系，最严格的银行保密制度，和发达国家中较低的税率，所以瑞士也成为避税投资者的安全避风港。

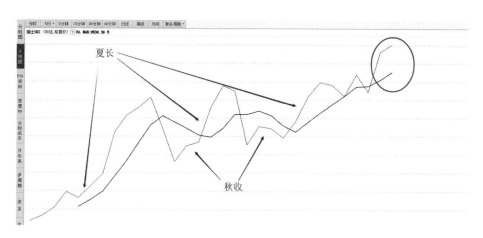

▲ 图 4-70　瑞士 SMI 指数的年 K 线图

瑞士是一个高度发达的工业国家，金融服务业、制造业和旅游业都非常发达。像瑞银集团，在 2018 年世界 500 强榜单中位居第 306 名；瑞士再保险公司是瑞士最大的专业再保险公司，也是仅次于慕尼黑再保险公司的第二大国际再保险公司；瑞士的苏黎世是仅次于伦敦的世界第二大黄金交易所。瑞士不仅是很多跨国公司的总部和全球会议的所在地，还是"钟表王国"，产品畅销全世界，很多瑞士的名贵手表都是尊贵身份的象征，但也遇到一些挑战，如智能手表的流行。

瑞士有着丰富的旅游资源，极其注重环保。在 2017 年的全球最宜居国家排行榜中，无论从文化影响和历史遗产，还是生活质量等多方面综合考虑，瑞士都排名第一，后面依次是加拿大、瑞典、澳大利亚和德国。

13.瑞典

图 4-71 是瑞典 OMXSPI 指数的年 K 线图，走势强劲。瑞典是北欧第一大国，也是诺贝尔的故乡，虽然人口仅 900 万人，但在科技、军工、经济、

文化和娱乐等方面都较为发达，更有一批像宜家、沃尔沃、爱立信、ABB、伊莱克斯等优秀企业。目前瑞典进入了平稳发展阶段，2019 年年底瑞典央行宣布加息 25 个基点至 0%，成为全球首个结束负利率的国家。需要注意的是，前几年执行的负利率让银行的蓄水池里的水流向了房产和股市，但消费和投资并未增长。

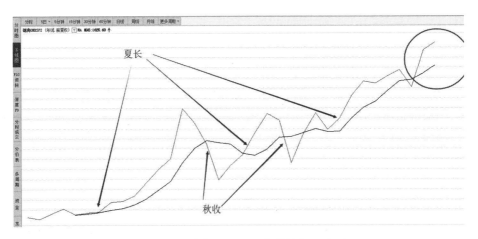

▲ 图 4-71　瑞典 OMXSPI 指数的年 K 线图

14. 丹麦

图 4-72 是丹麦 OMX 哥本哈根 20 指数的年 K 线图，走势强劲。

"童话王国"丹麦是安徒生的故乡，拥有极高的社会福利和完善的企业扶持计划，商业投资环境极佳。但近几年丹麦的经济也受全球经济放缓和贸易摩擦的影响，失业率上升而房价下滑。丹麦也是全球金融行业首个推行负利率贴息房贷的国家，即买房人可以向银行申请利息为负 0.5 的十年期购房贷款，还有利息为零的 20 年期和利息为 0.5% 的 30 年期贷款。

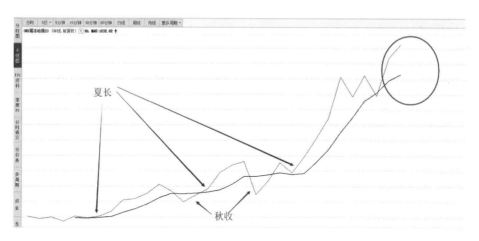

▲ 图 4-72 丹麦 OMX 指数的年 K 线图

买房不光不用付利息，贷的钱还能打九五折，说明国家扶持房地产业的决心和推动经济发展的信心。但从另一方面来说，也说明丹麦经济有下行的压力，在投资上要多加关注。

15. 芬兰

图 4-73 是芬兰赫尔辛基 25 指数的年 K 线图，走势良好。

芬兰是圣诞老人的故乡，也是诺基亚的所在国，更有梦幻的北极光、世界上回头率最高的图书馆和遍布城市的桑拿房。在 2018 年和 2019 年全球最幸福国度中，连续排名第一，有极高的社会福利，但也有很高的税收。

像美国、法国、加拿大和瑞典等国家征收资本利得税一样，芬兰也同样征收，因各国政策都有所不同，所以**实际投资时要研究并计算税费部分的差异才行。**

学会理财赚大钱

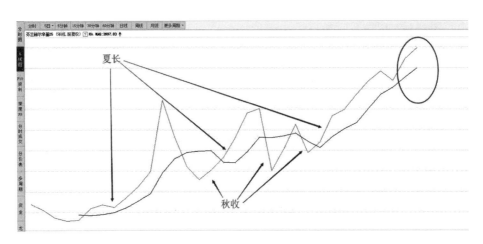

▲ 图 4-73　芬兰赫尔辛基 25 指数的年 K 线图

16. 挪威

图 4-74 是挪威 OSEBX 指数的年 K 线图，走势强势。

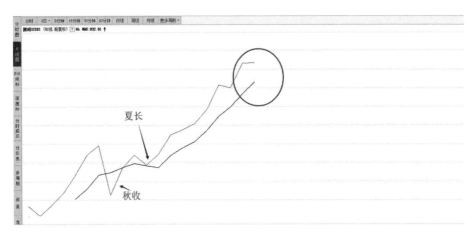

▲ 图 4-74　挪威 OSEBX 指数的年 K 线图

挪威曾被联合国评为最幸福的国家。当年的小渔村，在 20 世纪 70 年代由于丰富的石油资源而富裕起来。但富裕起来的挪威人非常低调，没有炫耀自己的财富，而是提倡节俭并开始大力投资（典型的富人思维）。

1990 年挪威成立了世界上最大的主权财富基金"石油养老基金"，其投资品种中 60% 为股票，余下主要为债券和少量的房地产，投资范围遍布世界各地。对于一个人口只有 500 多万人的国家来说，上万亿美元的养老储备，的确配得上最幸福国度的这一称号。

17. 冰岛

图 4-75 是冰岛 ICEX 指数的年 K 线图，走势低迷。北欧五国中冰岛的实力最弱，人口也少，约 30 多万人，总面积约 10 万平方千米，但冰岛并不穷，2019 年人均 GDP 高达 8.9388 万美元，世界排名第三位，仅次于卢森堡和中国澳门。冰岛还连续多年获得世界男女最平等国家称号，是世界排名第一的最安全的国家。

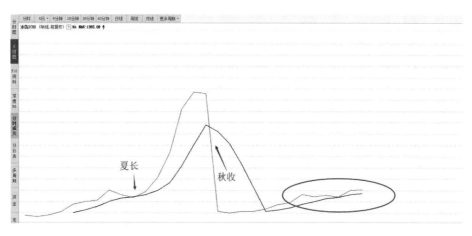

▲ 图 4-75 冰岛 ICEX 指数的年 K 线图

冰岛本来以渔业为主，但却学美国做起了金融，导致在后来严重的金融危机中整个国家都差点"破产"，接着又经历了几年的资本管制，这几年才逐渐放开恢复过来。

18. 俄罗斯

图 4-76 是俄罗斯 RTS 指数的年 K 线图，还处于盘整期，有上涨的苗头。

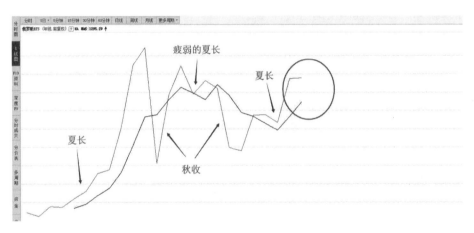

▲ 图 4-76　俄罗斯 RTS 指数的年 K 线图

"战斗民族"俄罗斯的强项是军事力量，但在经济发展上，却显疲弱。例如过分依赖重工业和石油天然气（但无定价权），轻工业和科技发展落后，尤其还受到美国和欧盟的经济制裁和限制，人口也呈下降趋势，所以经济发展后续乏力。

19. 加拿大

图 4-77 是加拿大 S&P/TSX 指数的年 K 线图，指数走势良好。

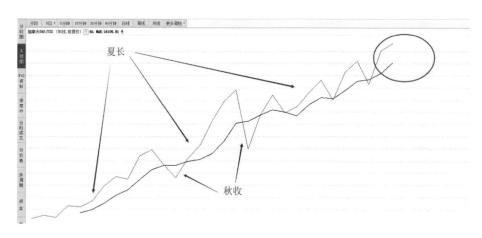

▲ 图 4-77　加拿大 S&P/TSX 指数的年 K 线图

加拿大奉行移民推动经济的这一战略，包容性强，社会福利好，人口素质高，而大量人口的增长带来了消费的提升和房价的上涨，整体来看发展良好。但加拿大的经济受美国影响较大，如石油工业，虽然排名世界第二位，但绝大部分是出口美国，所以走势一波三折。

不过，加拿大的科技发展水平却很高，在航空航天、高铁、人工智能、无人机、机器人、生物技术和汽车制造方面，都居世界前列。

20. 巴西

图 4-78 是巴西 BOVESPA 指数的年 K 线图，走势良好。

巴西是南美面积最大、人口最多的国家，人口总数超过 2 亿人，也是金砖五国之一。世界上人口超过 2 亿人的国家有中国、印度、美国、印度尼西亚和巴西，其中巴西的人均 GDP 是除了美国之外最高的，2019 年为10913.42 美元，排名第 68 位，中国是 10121.3 美元，排名第 72 位。不过巴西这几年政局不稳，经济增长乏力，而且贫富差距较大，投资仍需谨慎。

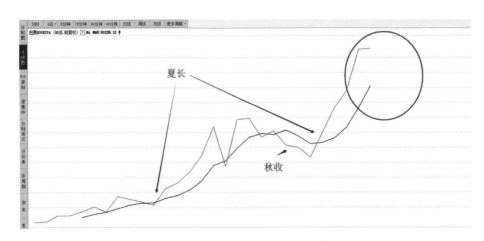

▲ 图 4-78　巴西 BOVESPA 指数的年 K 线图

21. 日本

图 4-79 是日经 225 指数的年 K 线图。

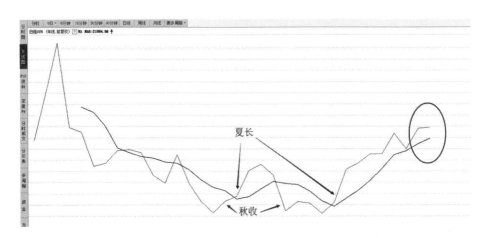

▲ 图 4-79　日径 225 指数的年 K 线图

20 世纪 80 年代，日本是美国最大债权国，经济发展突飞猛进，而美国则发展缓慢。于是，美国利用"广场协议"迫使日元升值，使得日本企业出口受阻，国内经济下滑，同时股市和楼市泡沫严重，又通过"金融核弹"股指期货远程打击日本股市，最终导致了日本经济长期的一蹶不振。日经指数从 1990 年开始下跌了 20 多年，跌幅 80% 以上，到 2012 年才开始缓慢复苏，目前已恢复到暴跌前一半的位置。用日本官方的话讲，日本正在温和复苏中。

日经指数代表的是日本国内经济整体走势，但日本的很多财团资本早已国际化，资本雄厚，而且日本在世界顶尖科技领域也是实力最强的，像半导体、精密仪器、超高精度机床、工程机械和工业机器人等方面，都是世界一流的水平。所以，日本的经济实力不容轻视。当然，全球化的经济放缓和贸易摩擦，以及日本国内的低利率、低通胀和低增长的经济现状，还有日本日益严重的老龄化等问题都是日本未来经济发展的阻力。

22. 韩国

图 4-80 是韩国 KOSPI 指数的年 K 线图，多年来一直保持上涨走势，目前指数上涨乏力，值得关注。韩国在只有 10 万平方千米的国土上创造了当年"亚洲四小龙"的经济奇迹，在半导体、电子、汽车等领域都处在世界领先的地位。韩国非常注重培养人才，有 5 所大学进入全球前 100 名。韩国政府在很多历史机遇面前都能很好把握，如前几年的影视文化战略。

韩国因地域狭小而资源匮乏，其国内消费和投资早已饱和，经济的增长主要靠进出口，所以全球贸易的走势对其影响很大。过去美日对韩国的帮助也是非常大的，但美国的"美国优先"国家战略，使得贸易摩擦不断，这些都给韩国的经济发展增添了许多不确定性因素。

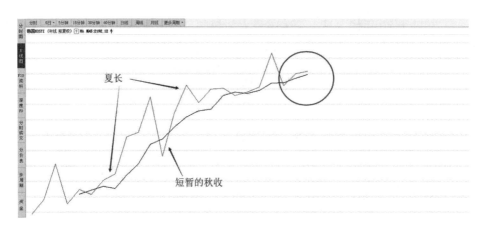

▲ 图 4-80　韩国 KOSPI 指数的年 K 线图

23. 新加坡

图 4-81 是富时新加坡海峡时报指数的年 K 线图，图表显示其指数上涨受阻，属于观望期。

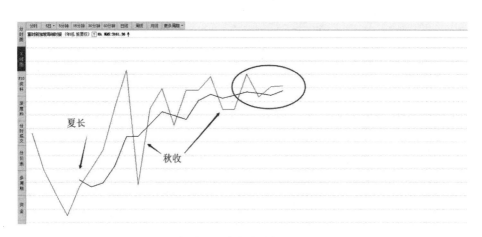

▲ 图 4-81　富时新加坡海峡时报指数的年 K 线图

同为"亚洲四小龙"的新加坡自建国以来，一直保持了几十年的高速增长，是亚洲人均GDP最高的国家。新加坡是继纽约、伦敦、香港之后的第四大国际金融中心，也是亚洲重要的航运中心之一，同时还是亚洲著名的花园城市，但其国土面积却很小，只有720多平方千米，资源也相对贫乏，人口560多万人，一定程度上也制约了新加坡的发展。

新加坡的经济同样也主要是要依靠外贸，世界贸易战和全球经济放缓，都对其经济有一定影响。

24. 马来西亚

图4-82是富时马来西亚KLCI指数的年K线图，图表显示，有下跌风险。马来西亚多年来一直保持较好的发展，人均GDP收入超过一万美元，政府力争未来几年达到世界高收入国家。但马来西亚长期实行的"马来人优先"政策，也使得华人投资望而却步。要知道新加坡当年就是因为华人太多而被马来西亚"抛弃"的，只是没想到新加坡反而因祸得福，成了亚洲经济强国。

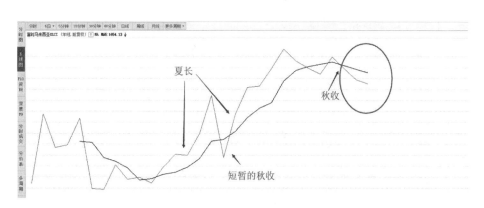

▲ 图4-82 富时马来西亚KLCI指数的年K线图

25. 印度

图 4-83 是印度孟买 SENSEX 指数的年 K 线图，是金砖五国中股市最好的一个。

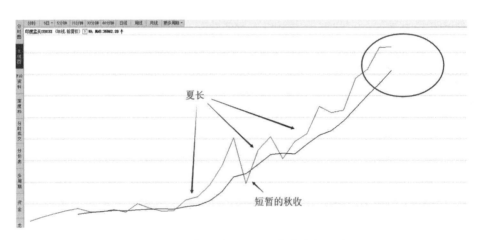

▲ 图 4-83　印度孟买 SENSEX 指数的年 K 线图

印度多年来一直保持了较高水平的增长，在科技和生物制药方面发展领先。但印度国情复杂，基础建设缺乏，贫富差距较大，2019 年经济增长明显下滑，年底时印度央行将 2020 年该国 GDP 增长预期下调至 5%。

国际上也爆出"印度的数据可能在造假"的说法，哈佛大学国际发展中心主任认为，印度在 2012 年至 2017 年的 GDP 数据至少夸大了两个百分点。环球投资家罗杰斯也表示他在 2014 年 5 月撤出之后就没有在印度投资。

26. 泰国

图 4-84 是泰国 SET 指数的年 K 线图，指数从图中最低点 1998 年的亚

洲金融危机一路走出来，但目前经济可能放缓，指数如果形成"秋收"形态，则有回调趋势。当年，泰国的经济是"亚洲四小虎"之一，但在亚洲金融风暴后一直没有更好的表现。

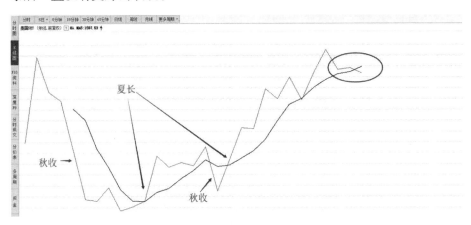

▲ 图 4-84　泰国 SET 指数的年 K 线图

　　泰国的经济主要靠三大支柱：第一是工业出口，像汽车和电子产品，但产品比较单一，贸易战对其影响不小；第二是农业，泰国是世界第一大米出口国，但泰铢升值使得价格竞争力有所减弱；第三是旅游，2010 年大批中国人开始到泰国旅游，使得旅游对该国的 GDP 贡献极大，但 2020 年受新型冠状病毒肺炎疫情的影响，经济发展不容乐观。

　　泰国在投资方面最大的问题其实是政局不稳，自实行君主立宪制以来，大大小小的军事政变有 19 次之多，像泰国前总理他信（泰国华裔）和妹妹英拉（泰国首位女总理）至今仍流亡海外。

27. 澳大利亚

　　图 4-85 是澳大利亚普通股指数的年 K 线图，就指数走势来看相当良好。

澳大利亚农牧业发达，矿产资源极其丰富，是世界上的产金大国。房地产、金融保险、商业服务和旅游等服务业高度发达，社会福利完善，单位时间收入远高于美国。而且澳大利亚是移民国家，多元化的文化也推动着经济的长期发展。

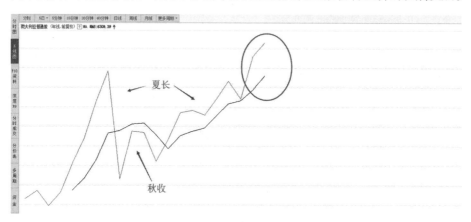

▲ 图 4-85　澳大利亚普通股指数的年 K 线图

2019 年，澳大利亚连续几个月的山火，导致其支柱产业之一的旅游业受损严重，很多游客放弃了近期旅游的计划。同时，2019 年圣诞和新年购物季成为澳大利亚 11 年来表现最差的购物季，连续 28 年增长的澳大利亚经济出现疲软迹象。

现在说经济大幅衰退还有点早，但在贸易摩擦的世界经济背景下，疲软是已成事实。澳大利亚的经济能否继续保持稳定增长，关键就要看其政府的相关经济举措是否得当和有力了。

28. 新西兰

图 4-86 是新西兰 50 指数的年 K 线图，走势强劲，一览无余。

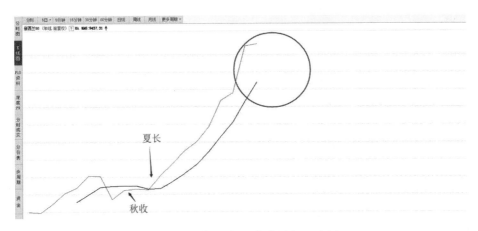

▲ 图 4-86 新西兰 50 指数的年 K 线图

同邻国澳大利亚相比，新西兰是个地广人稀的小国家，但经济却常年保持着稳定增长，而且在全球权威机构英国智库加顿研究所发布的全球繁荣指数报告中被评为经济质量全球第一。该报告对全球 149 个国家进行全方位的考察评分，排名第一的就是新西兰，并获得全球最好国家荣誉称号。

排名前十位依次为：新西兰、挪威、芬兰、瑞士、加拿大、澳大利亚、荷兰、瑞典、丹麦、英国。其他我们熟悉的国家还有：德国（第 11 名）、美国（第 17 名）、新加坡（第 19 名）、日本（第 22 名）、韩国（第 35 名）和中国（第 90 名）等，为读者投资提供一定参考。

当然，任何投资都是有风险的。新西兰财政部就表示，预计未来几年新西兰经济增速将放缓，值得投资者关注。

29. 中国

图 4-87 是中国上证指数的年 K 线图，走势平缓向上，但没有走出真正的大牛市行情。

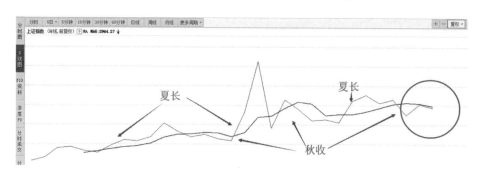

▲ 图 4-87　中国上证指数的年 K 线图

中国 2019 年 GDP 超百亿人民币，人均 GDP 过一万美元，经济总量稳居全球第二，仅次于美国，这是一个人口 14 亿且农业人口占比 40% 的大国创造出来的成绩。中国属于全球的新兴市场，股市波动相对剧烈，这也是很多成熟国家股市过去走过的路程，如 1637 年荷兰的郁金香事件、1720 年英国的南海泡沫事件、1929 年美国股市大崩盘等。等进入市场成熟期后，股市的红利期才会逐渐到来，人们可以通过长期投资股市而分享企业创造的经济财富。前文讲过了，**中国的历史周期是中国发展的一大良机，但应注意的一点是，到时我们将给世界展示一个什么样的中国。这也是现在我们每一个中国人应该思考的问题和努力的方向。**

综合来看，欧洲发展已进入暮年，经济发展乏力又有人口下降和难民等问题，目前很难再有大的起色，像北欧四国和瑞士等经济发达但都规模较小；而美国也高速发展了上百年，经济循环的规律是物极必反、盛衰循环，所以美国国家的发展是到了一个阶段的高点，如果美国经济下滑，很多依赖美国经济支撑的国家必然也会出现相应的经济下滑；非洲的经济发展相对落后，即使像金砖五国之一的南非，也是排在五国的末位，所以经济发展尚需时日；大洋洲的澳大利亚与新西兰，因地理位置的特殊性，应该是未来西方国家中发展不错的区域；亚洲将成为世界经济发展的新动力，尤其是中国的发展。投资家罗杰斯很多年前就多次讲过"未来的发展在中国"，他还忍痛卖掉了纽约文物级的超级豪宅来到中国。只是因为当时中国的雾霾天气太严重，他才搬到了离中国较近的新加坡，他的两个女儿都在选修中文课。我曾有幸与他一起参与过一个金融会议，他还向我们展示了他的两个女儿熟练背诵唐诗宋词的小视频，足可见他对投资中国的信心和期盼有多大。

最后想补充一点的是，在本书快完稿时，新型冠状病毒肺炎疫情已经在全球传播开来，看到每日增加的患者人数和死亡病例，我的心情感到十分沉重，这是大自然对人类的一次考验和教育。美国股市也因此引发了一轮史诗级的暴跌，全球大部分国家的股市都是应声而落。因暴跌的原因并非来自其经济的动摇，所以很快美国股市就恢复到下跌前的水平（美国的道琼斯、纳斯达克和标准普尔指数的月 K 线均下跌至 60 线附近，止跌企稳，详见图 4-88、图 4-89），但很多本来经济就发展乏力的国家，恐怕其股市就很难恢复了。中国股市虽还未真正走入牛市，但也表现抢眼，走出阶段的独立行情。**在西方文明推动了人类社会几百年后，东方古老的文明正在复兴。其实，不管是东方还是西方的文明，都是人类的文明，而大自然的规律就是"十年河东，十年河西，此消彼长、融会贯通"，目的都是推动全人类的进步与发展。**

所以，也到了我们该重新思考国民素质和国家价值的时候了，为给世界带来一个更好、更文明的中国而努力。

▲ 图 4-88   道琼斯、纳斯达克、标准普尔指数的月 K 线图

以上数据是截至 2020 年 8 月 14 日的数据（见图 4-88）。纳斯达克指数是最后触及 60 线的指数，当时的道琼斯指数和标准普尔指数已经击穿 60 线，但最终月 K 线的实体还是坐在了 60 线上，而现在均已收复失地，可见 60 线即生命线的重要性。如用收盘价线观看，则效果更佳。如图 4-89 所示。

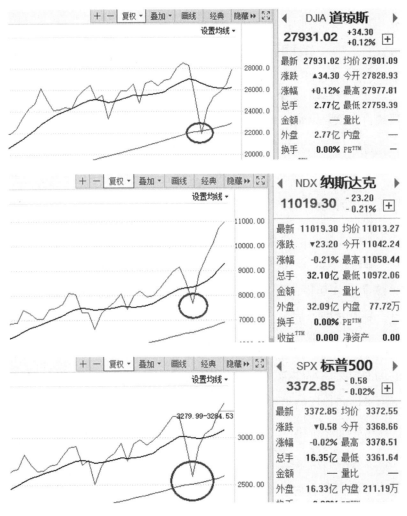

▲ 图 4-89　道琼斯、纳斯达克、标准普尔指数的收盘价线图

收盘价线规避了很多即时波动，体现了价格的真实波动。根据"回调越浅，股性越强"的原则，不难看出，纳斯达克指数最强，标准普尔指数第二，道琼斯指数第三。**如能在接近 60 线处去投资 QDII 美国基金，则 5 个月获利可达 50% 以上，并可继续持有至 2021 年"秋收"时。**

第五节 黄金投资的奥秘

黄金自古就是财富的象征。这种金灿灿的金属，一经发现，就被人们所喜爱。在过去只有皇家贵族才能拥有和使用的黄金，现在普通老百姓都可以拥有。从古至今，大约有 19 万吨的黄金被挖掘提炼并保存下来，据说这些黄金用一艘大游轮就可以全部装下。目前探明未开采的储量不到 6 万吨，仅可供开采约二十几年。因为黄金的密度较高、质量较重，所以大部分黄金（约 95%）在地核深处，随着开采深度的增加，黄金的开采成本也会不断上升。

2013 年，"中国大妈"上演了疯狂购买黄金的一幕，当时正赶上华尔街的金融大鳄们在做空黄金，却被一股神秘的力量打得节节败退，那股神秘的力量就是来自中国大妈的疯狂购买。曾把金店的黄金全部买空，几千人排队购金的场面更是盛况空前，后来市场上就有了中国大妈大战华尔街的故事。当然，事后证明规律的力量还是巨大的，大妈们的那次投资被套了有五六年之久，以至于如今价格已经涨过了当年的买点，但金店的销售却再未现当年的盛况，大妈们的投资也变得谨慎起来。

据当年中国黄金协会统计的数据显示，中国黄金消费量首次突破 1000 吨，达到 1176.4 吨，同比增加 41.36%，同时 2013 年中国黄金产量也达到

428.463 吨，同比增长 6%，这两个数据都位居世界第一名。其中，首饰用金 716.5 吨，金条用金 375.73 吨，金币用金 25.03 吨，工业用金 48.74 吨，其他用金 10.4 吨。

2013 年首饰金占比达到了 60.9%，而投资性的金条和金币占比为 34%。那我们来分析下，大妈们能不能赚到钱呢？

首先，如果购买的是首饰金，那就不一定能赚到钱。 因为首饰金买的时候就比黄金的克重价格要高很多，叫作工艺金价格，而你想变现的话，金店会认为是二手首饰，所以当年的那些成百上千元的工艺费就没有了，而且金店还会计算黄金首饰的损耗克数，或者按比例进行回购。如果你拿去典当，事实上价格也非常低，有的还有手续费，因为要支付房租和人工等成本，所以首饰金的投资性并不好。

其次，要想投资黄金获利，最好还是买入投资金条和金币。 建议选择国有银行进行购买与回购，信誉度比较好。大妈们当年买的投资类金条，按照本书完稿时的价格，升值在 30% 以上。

最后，也可以间接买入黄金产品，如纸黄金、黄金类股票和黄金类基金等， 这些在券商、银行，甚至支付宝和微信里都有相关的产品。当然**要注意不要贸然买入任何带杠杆的黄金类产品，因其风险相对较高，仅适合经验非常丰富的投资者。**

国外很多理财大师都有购买金条或金币的习惯。黄金也是每个家庭分散风险、存放资金的地方。国际上传统的观念是，黄金是避免通货膨胀最好的投资品种之一。但其实黄金对严重的恶性通胀的抵御性较强，而对普通的通胀预期效果一般。**黄金对长期（100 年以上）的通胀才具有保值功能，那种投资黄金来抵御短期通胀的想法是不可取的。** 例如 20 世纪 80 年代初，美国的通胀率高达 15%，金价也经过十年的上涨翻了近 15 倍，而当 80 年代后期美国通胀再度上升时，同期的金价却是下跌走势。

"盛世古董，乱世黄金"，说白了黄金就是"避险品"。当恶性通胀，尤其是美国的恶性通胀成了一种对经济的威胁，黄金就会得到追捧，还有像战争、灾害等天灾人祸，甚至还有股市的崩盘等。而在其他时间，它就是一种贵金属，有周期性的变化，并受到资金和供需的影响。要说为什么黄金和美国的通胀关联度较高，只需要看一下黄金的定价机制就会明白，过去中国虽然是世界上最大的黄金消费国和产金国，但却一直没有黄金的定价权。黄金的定价主要看伦敦黄金现货交易所每天的报价，而这个报价是由美国、英国、法国、加拿大的银行来电话协商的。这种机制一直饱受争议，因为存在人为操纵的嫌疑很大。在 2015 年 6 月 16 日，伦敦金银市场协会（LBMA）同意了中国银行成为首家参与黄金定价的中资银行。从此，中国首次拥有了国际黄金定价权，而国际定价权全世界仅八个席位。其他七个分别是：美国摩根大通银行、美国高盛银行、加拿大丰业银行、英国巴克莱银行、英国汇丰银行、法国兴业银行和瑞银。

事实上，黄金作为一种避险的投资工具，其本身的投资获利性并不强。如有人在 1936 年时花 55 两黄金买下一个北京二环内的四合院，从 2007 年至 2015 年的 8 年里共接待 13 万游客，按照每人 20 元的门票，就是 260 万元人民币，还不算最近这几年的收入，更没算现在北京四合院的房价。而 55 两黄金目前的价格也不会超过 120 万元人民币，可见在保值增值和避免通胀方面，黄金不一定是最好的品种。

那黄金投资的奥秘究竟是什么呢？答案有两个：一个就是刚才讲的"避险"功能，也叫家庭资产的保险，古今中外，凡碰到兵荒马乱的年代，富人们都是带着金银细软出逃的，尤其是黄金，体积小而价值高，全球通行；另一个就是平衡相关资产时的"对冲"功能。

一、先说"避险"功能

虽然黄金已退出货币流通领域，但各国仍在积极储备。为什么？因为黄金与纸币不同，是这个世界上唯一的非信用货币，本身具有较高的价值。马克思曾说过**"金银天然不是货币，但货币天然是金银"**。现在的纸币正因货币的不断超发而逐渐贬值，超发的源头是来自美国的所谓量化宽松政策，也就是间接地增印钞票。如表4-6所示。

表4-6　2019年7月全球官方黄金储备前10名

序列	国家、组织	数量（吨）	黄金占外汇储备
1	美国	8133.5	74.5%
2	德国	3367.9	70%
3	国际货币基金组织	2814	—
4	意大利	2451.8	65.4%
5	法国	2436	59.9%
6	俄罗斯	2190.1	18.4%
7	中国	1916.3	2.5%
8	瑞士	1040	5.4%
9	日本	765.2	2.4%
10	印度	612.5	6.1%

从表4-6中不难看出，美国拥有全球最高的黄金储量和外汇占比，也就是说美国手里拿着的都是高质量的"硬通货"，但它却向全世界兜售纸币（美

元），其实还是想巩固美元的霸权地位。这也是黄金为什么很难有真正大牛市的一个原因，因为美元要强大，就必须削弱黄金在人们心中的地位。

图 4-90 是黄金 / 美元 XAU 的年线收盘价图。

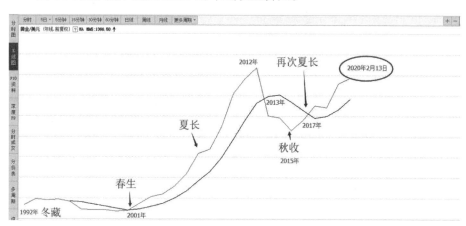

▲ 图 4-90　黄金 / 美元 XAU 的年收盘价线图

图 4-90 中的"冬藏"期间，是从 1988 年黄金第一次见顶之后，下跌约 13 年，在 2001 年开始"春生"，2012 年达到历史高点，2013 年开始了"秋收"下跌行情（"春生"到"秋收"的时间跨度同样是 13 年）。"中国大妈"们正是在"秋收"处开始扫货的，她们认为是黄金多年上涨后的一次"优惠打折"，但华尔街的金融大鳄们可不这样认为，他们打压黄金的一个主要目的就是想美元升值。

图 4-91 是美元指数 UDI 的年收盘价线图，**可以明显看出和黄金的走势呈负相关**。2002—2012 年美元相对贬值，期间还发生了次贷危机，为了重振美元信誉，2012 年后美国决定操纵美元升值，这样大量的外国资本将流入美国，所以才有了华尔街打压金价的需要。2001 年开始上涨的金价走势也是从 2012 年开始反转下跌的。

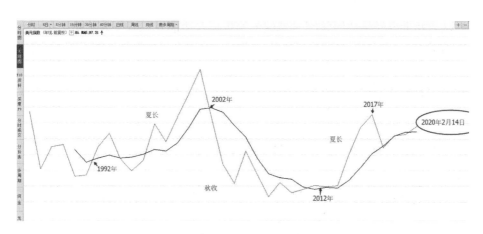

▲ 图 4-91　美元指数 UDI 的年收盘价线图

对于美国来说，美元既是最好的商品，又是最好的武器，当然也是最好的货币。从 20 世纪 70 年代美元和黄金脱钩后，美元便可大量印刷了，又与原油挂钩成为了全世界通用的交易货币。如果当年美国仅为取得低价原油的份额支配权的话，现在美国早已超过俄罗斯和沙特阿拉伯成为世界上最大的产油国，其页岩油的技术已经非常成熟。但美国仍然要石油交易以美元支付，其目的很简单，就是必须使用美元，以维持美元的霸权地位。因为只有这个特权，才能让美国可以撸世界人民的羊毛，才能让美国称霸全球，这也才能让美国拥有更多的资产和最多的黄金储备。

了解了这些规律，就会对家庭资产在黄金领域的规划清晰许多。**黄金就是我们规避风险的一种资金存储方式，它的目的并不简单是为了"赚钱"，而是为了应对风险。**如股市下跌的风险。因黄金和经济的走势基本是相反的，所以股市下跌就意味着黄金会上升。2019 年，我看到了"中国央行上半年狂买黄金超 200 亿人民币"的新闻，同时美股也连创新高，考虑美股存在下跌的隐患及世界经济放缓等因素，便开始告诉身边朋友可以介入买黄金了。当然图表也可以看得更清楚一些，黄金收盘价年 K 线图早在 2017 年就给出了"再次夏长"的入场信号。

二、平衡相关资产时的"对冲"功能

1. 对冲美元类资产贬值风险

如果你有以美元标价的各类资产，一旦美元贬值，你的资产就要遭受美元汇率降低的风险。所以，购买黄金就可以对冲掉一些这方面的损失，因为黄金价格和美元成负相关。当然如果美元升值，则应卖出黄金。具体操作可用本书介绍的图表分析辅助方法（即农时四法）。

2. 对冲人民币资产贬值风险

图 4-92 是美元离岸人民币的月 K 线图，价格上升意味着美元升值而人民币贬值。不难看出，自 2014 年 2 月起，人民币就结束了升值通道而相对美元开始贬值。2020 年 2 月 14 日，人民币相对美元贬值 14% 左右。国内经济结构转型，企业经营压力较大，国外贸易摩擦不断，加之 2020 年春节爆发的疫情，都让人民币承压而有贬值的可能。

对冲人民币资产贬值的一个方法就是全球化的资产配置，或者买入美元，但中国有每人每年 5 万美元的外汇管制。其实，买入国有银行销售的投资类金条也是一个不错的选择，因国内的黄金价格实际上是跟随国际黄金价格走势的，同时也不用兑换成外汇，更不用资金"出海"。**假设在国际金价不变的情况下，人民币相对美元贬值，则金价就能及时弥补其汇率损失。**

▲ 图 4-92　美元离岸人民币的月 K 线图

当然，人民币相对美元贬值并不意味着美元真正升值。美元升值要参考美元指数图表的变化，如果碰到美元相对升值的情况时，理论上应该卖出手中的黄金。

3. 对冲贷款资金的贬值风险

世界上，富人们储存黄金的目的，不仅仅是为了避险，更是为了对冲他们从银行里借出来的钱，这些钱他们大多都去购买了相应的实物资产，比如房屋。因为纸币长期来看是注定贬值的，而黄金长期来看则会逐渐增值，所以买入黄金就可以对冲掉贷款资金的贬值损失。

这样，在目前的信用体制下，富人们就可以获得**三种收入：一种**是纸币的贬值让他们借出来的钱变少了，也就是说他们实际上还的钱变少了；**另一种**收入是他们通过购买黄金进行的保值收入，使他们借出来的钱不会因纸币贬值而缩水，或减少幅度有限；**最后一种**收入就是，纸币贬值实际上会导致他们所购资产的价格（标价）上涨，即会带来资本利得及现金流的收入，这

229

也是富人们投资黄金最大的奥秘这一。

经常说**银行是穷人存钱的地方，也是富人借钱的地方，其实还是富人买入黄金保值的地方。**

图 4-93 是黄金 / 美元 XAU 的月 K 线图。

▲ 图 4-93　黄金 / 美元 XAU 的月 K 线图

如果你学习过本章第一小节介绍的"农时四法"，那对你的黄金投资将大有帮助。"春生"是关注并逐渐开始少量介入，在"夏长"时逐渐加仓并坚定持有，遇到"秋收"可减仓出货，进入"冬藏"则退出市场，只等"来年春来到"。如果当年"中国大妈"能看到这幅图，就不会贸然在"秋收"处购买了。**因为买入的好机会其实并不多，一般有两个，一个是试探买点（春生），一个才是主要买点（夏长），涨上去就没有太好的买点了，这点必须要注意。**

总之，黄金投资是利国利民的，通过"藏金于民"可以增大国家的黄金储备总量，国家抵御各种风险的能力就会加强，而家庭财富也会更安全。理财的一个观点是，"不要把所有的鸡蛋都放在一个篮子里"，所以黄金投资就成为一个分散风险和对冲风险的必备投资渠道。

第六节 保险该怎么买才划算

现代生活中，保险已经是理财必备品了。但面对五花八门、形式各异的保险产品我们究竟该如何选择呢？我想这也是困扰很多家庭的一个理财难题。如果选择不当，不光保险的保障价值不能充分体现，更是对资金的一种浪费。

从理财上讲，想获得财务自由就一定要成为理财高手，但对于购买保险来说，不一定要成为一个保险高手，只要能找到几个优秀的保险顾问就行了。但你要明白的一点是，你买保险的目的究竟是什么。我从事保险行业 13 年，从业务员做到总经理。我发现即使在保险公司工作多年的高管对保险本身的认识也是有偏差的，更不要说普通的投保人了。其实，**保险的功用和意义就是"保障风险"**。

荆烧在《小成本 PK 大损失——和"我"一起买保险》一书中曾写道："投资的目的是为了'赚'。人生不得不面对两个阶段——平安阶段和风险阶段。平安阶段，只有资本增加才是'赚'，各种投资套用的全部是'本金＋利息'的公式，体现的是自助行为。而风险阶段，资本不减少就是'赚'。解决'不赔'的问题，只有参加保险。只有保险可以通过互助行为实现确定性小成本与未来大损失的对等转换。"

现在，人们对保险的认识相比多年前可谓翻天覆地了，记得我当时给客户讲的大多还是保险最基础的知识，而现在很多年轻人则开始在网上自行投保。但摆在很多人面前的问题是：**该如何理性地购买保险产品，同时又不用花大量时间去学习枯燥的保险知识；面对保险公司及代理人的各类业务推广，**

我们是应该欣然接受，还是部分采纳；具体的产品组合依据又是什么？

我们知道保险主要是对风险的保障，那究竟人一生有什么样的风险呢？这就需要做一个详细的分析。

首先，月有阴晴圆缺，人有生老病死，这都是客观规律。但**如何应对人生中的各种风险，却体现了一个人的理财智慧和爱心责任**。众所周知，人生的三大风险是"意外、疾病和养老"。人生再没有比"意外身故、因病返贫、晚景凄凉"再让人痛苦万分的了，但在人们遭受这些痛苦伤害之后，往往还要遭受"二次伤害"，即家里老人、孩子及爱人马上要面临的经济伤害。

其次，人们对风险的管理方式分为四种。第一种是自留风险，即自己承担风险的损失；第二种是转移风险，即**通过购买保险将风险转移给保险公司**；第三种是预防风险，即通过具体的一些措施来减少风险的发生，例如通过锻炼身体来让自己更加健康，避免生病；第四种是控制风险，例如在发生疫情时，对潜在感染者的隔离等。

最后，对应人生的三大风险，运用理财的观念，最佳的"保障计划"就是：小的风险可以自己来自留承担，如一些小病小伤的门诊医疗；大的风险必须转移给保险公司，如购买大病保险和意外保险等，因这些风险一旦发生，普通家庭一般很难应对，甚至对某些家庭来说就是灭顶之灾；在预防生病方面，可以通过养生、保健和锻炼来提高自身免疫力，让自己健康常在；而在预防养老金不足的方面，可以通过学习理财，让自己的未来财富无忧；同时，控制自己尽量不去高风险的地方游玩，并加强各类活动的安全防护意识，以避免意外的发生。

为了让大家对保险功能有更直观的了解，我们将采取图表的形式来逐一举例说明。

用向上的现金流（箭头）来代表家庭每年的收入，如图 4-94 所示。

▲ 图 4-94　家庭每年的收入图

用向下的现金流（箭头）来代表家庭每年的支出，如图 4-95 所示。

▲ 图 4-95　家庭每年的收入与支出图

则每年该家庭的结余为正向 4000 元，如图 4-96 所示。

▲ 图 4-96　家庭每年的结余图

为了分析方便，我们不考虑收入的变化和受通货膨胀的影响，那人一生的现金流模型如图 4-97 所示。

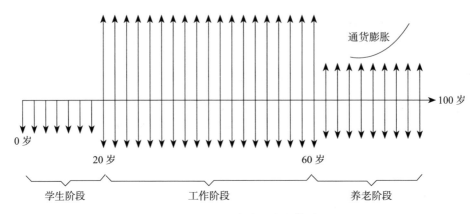

▲ 图 4-97　人一生的现金流模型图

注：图中假设人的寿命为 100 岁，20 岁开始工作，60 岁退休。

　　0~20 岁期间大部分时间是在上学，没有收入，消费的支出主要靠父母的收入，这时候父母就是孩子的"保险"；20~60 岁期间开始工作了，各项消费支出主要靠自己的工资收入，如果收入好还会有结余；60 岁以后退休养老，这时收入为社保养老金，一般比工资低不少。如果想要退休后的养老生活水平不降低，就需补充每年的正向现金流收入，这就需要在年轻有收入时做好理财规划了。

　　读者可以自行绘制自己的家庭现金流模型，为了更直观明了，我们将上图简化为曲线图，如图 4-98 所示。

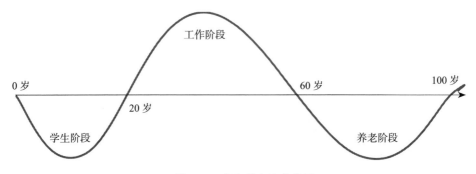

▲ 图 4-98　家庭现金流曲线图

从图 4-98 中不难看出，**在工作期间有收入结余的时候，不要随意挥霍浪费，应该积极理财来保证自己 60 岁以后的老年生活品质不降低**。为了保证自己有这种持续赚钱的能力，还应当购买保险来进行有效保护，如大病和意外险等，这就是保险的价值。当然，你也可以在工作时间段里想办法增加自己的收入，通过购买能产生正向现金流的资产来弥补未来家庭消费的支出和养老的需求，这些内容在本书的前几章都有所介绍。这里，我们仅以普通工薪族最基本的保障来进行分析。

图 4-98 也可以叫一个人或一个家庭的"人生曲线"图。现实的情况是，随着人类寿命的不断延长，很多家庭已经不是仅仅考虑自家就可以的了。像年轻的"90 后"都已经开始步入 30 岁的而立之年，很多家庭正面临着"上有老，下有小"的生存压力，所以保险的规划不应该是一代人的规划，而应该是至少三代人的规划。

因为国内保险业曾中断过 20 多年，所以很多年纪较大的父母是没有保险意识的。而超过 50 岁再购买很多保险已经变得不是很划算，同时年纪大了也不容易顺利投保，使得很多家庭处在父母一代无大病保险的风险阶段。风险一旦发生，后果不堪设想。

为了**扭转这种局面，让每一代人都能轻松面对自己的人生，家族保险的规划就显得至关重要**，如图 4-99 所示。

图 4-99 中，假设一个人在 20 岁开始工作，30 岁结婚生子，60 岁退休，直至百年。我们以中间曲线即自己的家庭"人生曲线"为基准，并结合父母和孩子的家庭"人生曲线"，将我们自己的人生细分为 5 个阶段。

（1）A 阶段：我们在 0~20 岁时经历了婴儿期、幼儿期、少年期和青年期几个阶段。这一阶段我们没有收入，我们的各项花费都来自父母。那都有那些费用呢？我们来仔细算一下。

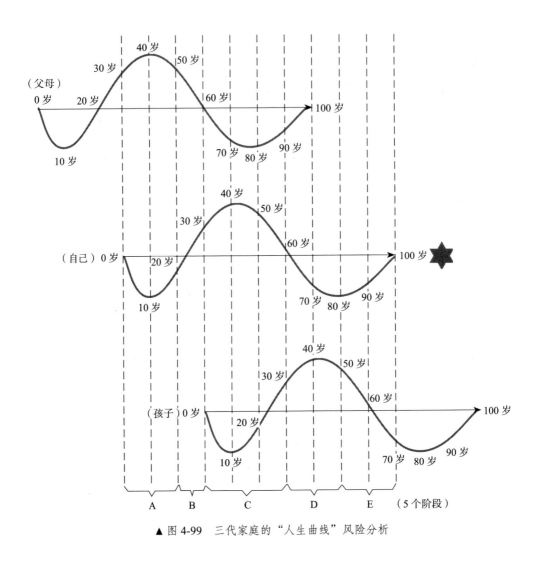

▲ 图 4-99 三代家庭的"人生曲线"风险分析

① 我们的 0 岁时花费：还在妈妈肚子里的时候，就已经开始消费了，如妈妈吃的营养品，听的胎教音乐，还有定期的孕前检查等。在出生时还要花费医院住院费、接生费、检查费和护理费等费用，如果难产则费用还要翻倍。出生后，照顾孩子的月嫂价格也不便宜。

② 婴儿期（0~2 岁）花费：奶粉钱（平均每罐 400 元且每月 5 罐）、托管费、疫苗费、医疗费，其他如服装、纸尿裤、爽身粉、玩具、摇篮式小床等费用。

③ 幼儿期（3~5 岁）花费：各类兴趣班学费、幼儿园学费、生活用品、医疗保健等。这个阶段的费用跨度比较大，像幼儿园费用，有每月一两千元的，也有每月一两万元的。而且如果孩子选择学习钢琴，好的钢琴就价值好几万元，同时学琴练琴费用也是很高的。

④ 少年期（6~17 岁）花费：这期间，我们开始上学，从小学到高中，期间如果是选择私立学校，则还有高昂的择校费和学费等大额支出。

现在很多家长都是望子成龙或望女成凤，给孩子们报了太多的学习班，几年算下来费用可能上万元。随着孩子们的年级不断升高，原来大量的业余时间慢慢被大量的补课时间所代替，所以兴趣爱好费用呈先高后低的走势。但从初中开始，补习班的费用慢慢增加了起来，现在很多"一对一"的补课费高达每小时 500 元，甚至更高。这项费用已经成为这个年龄阶段父母的一大主要支出，对于有的家庭来说这项支出比例甚至在月收入的一半以上，很多家庭苦不堪言，但又无奈。社会上的一句话是这么说的，"再苦不能苦孩子，再穷不能穷教育"，所以很多家长继续咬牙坚持让孩子补课。**好在国家也通过各种政令来缓解这一现象的存在，但教育费仍是此阶段家庭支出的大头。**

为了培养孩子的国际视野并且丰富阅历，每年一两次的国内外旅游和各类夏令营同样需要花费一笔不菲的费用。

孩子在 3 岁前经常容易生病，过了 3 岁会好一些，但仍然会有感冒发烧等小病困扰，如果去儿童医院，一般的疗程最少也得 7 天以上。直到 6 岁以后，免疫系统才会完善，体质才会真正好起来，医疗保健的费用才会逐渐降低。但孩子们活泼好动，意外受伤的风险又在增加。

这个阶段的生活费用开支也不少，如服装鞋子，现在很多家长给孩子买的都是品牌，一双鞋子上千元已经不算什么。一身品牌服装的价格也不低，关键是孩子们其实穿不了多久就长高了，这又形成多次购买的费用支出。其他还有玩具花费、生日聚会、书籍购买和通信费用等。

⑤青年期（18~20岁）花费：这个阶段大部分人开始了大学生涯。一流大学学费每年5000元左右，其他院校则一般每年在1万元以上，甚至有的私立院校每年学费要好几万元，这还不包括住宿费、书本费和卧具费等；每月的生活费包括餐费、电话费等平均在1500~2000元左右，且不包括购买的服装、手机和电脑等费用；如果组织假期旅游，还要支付一笔旅游费用；如果想要深造学习，如考研、考证等，还要支付相关学习费用；大学自由时间较为充足，如果想学习原来中断了的兴趣爱好，或选择新的兴趣爱好，则也需准备一笔相关学习费用；如果要继续深造去海外留学，那需要准备的费用将会更高，每年30万到50万元不等；很多大学生并不是在本地上学，一年两个假期的交通费需要提前准备。**"养儿方知父母恩"，不算不知道，一算吓一跳，很多人都不清楚自己在这个阶段，父母的付出有多少。不光是金钱的付出，还有精力的付出。**

这一阶段，主要的风险有两种：一种是以上各项费用准备不充分的风险，即**"没钱"**；另一种是孩子发生意外和疾病，尤其是重大疾病造成的额外经济损失的风险，即**"没保险"**。

这两种风险主要针对的是上一代人，即父母面临的风险，孩子属于无收入阶段，完全依赖父母的经济支持。

（2）B阶段：即20~30岁期间，我们已经开始工作，并通过努力让自己的收入开始逐步增长起来，具备了成家立业、结婚生子的基本物质基础。对应我们的父母年龄阶段是 50~60 岁，父母虽已过了收入的最高峰（40 岁），但一般收入趋于平稳，在 60 岁退休之前，可以支持孩子成立家庭以享天伦之乐，如操办婚事及购买婚房的首付等。当然，这里不是叫你要去啃老，因为你未来也要面临自己孩子的同样情况，财富和爱需要代代相传。还有，**每个人的发展情况不一样，每个家庭的理念也不一样，我们要根据自身和家庭的实际情况来定。**

如果自身发展顺利、少年得志，那不依靠父母的帮助是最好的；但如果自身发展一般，又到了适婚年龄，那父母的好意，也可欣然接受。毕竟如果错过 30 岁，到了 40 岁才结婚生子的话，虽然你自己到了收入的高峰期，但父母则退休到了 70 岁，那父母的养老和生病的压力又会压在你的身上，同时你还要抚养自己的孩子，除非你已经积累了足够财富，否则情况就会变得很棘手。当然，如果是收入虽然一般，但仍相信爱情愿意裸婚成家，那除非做丁克家庭，否则既要自己负责买房还贷等生活支出，还要负责孩子的成长教育支出，生活会有很大压力，孩子也得不到最好的教育。等到了自己 40 岁，父母 70 岁时，如果父母也有养老或生病的经济压力，则整个家族都将受到影响。你也可能选择暂时不生孩子，如到了自己快 40 岁时，收入尚可，迟些生养自己的孩子，但同样有来自 70 岁父母的压力。更关键的是，如果孩子也在 B 阶段需要你来支持的话，你却已经退休，自己的收入已经下降，同时还要保证自己未来的健康养老需要，则整个家族的安排就会显得很不科学合理。

这一阶段，主要的风险同样有两种：**一种是父母和自己家庭对下一代结婚成家费用准备不充分的风险；另一种是父母和自己的家庭中经济支柱发生意外和疾病，尤其是重大疾病造成的额外经济损失的风险。**

这两种风险主要针对的是两代人，需要父母双方和孩子双方都要积极准备，这点也体现了理财的重要性和保险的必要性。

（3）C阶段：这个阶段是人生主要的收入期，随着技能和经验的积累，大部分人已经开始逐步进入工作的骨干岗位，收入自然是水涨船高。工资收入的鼎盛期大约是35~40岁之间，随后收入转入稳定期。

这期间对两个刚做父母的年轻人来说，人生的体验将是极其丰富的，同时也是极具挑战的。因为这意味着在结束自己无忧无虑的单身生活后，马上要面对全新的家庭生活。你的自由时间将被大量占用，你也不得不为孩子做好一切必要的准备。这个阶段，你不光要面对经济上的压力，还要面对精神上的压力。我们儿时经历的一切，都将在自己孩子身上重演。尤其是如果你有生二胎的计划，那费用将至少翻一倍以上。

当孩子10岁时，我们已经40岁，正处于事业高峰期。但我们的父母年龄已经是70岁了，父母的赡养和健康对这时的你来说很重要。如果父母不幸罹患重大疾病而又无保险保障的话，那你就得动用你抚养孩子的费用，有的人可能还得卖车、卖房，或四处借款才能渡过难关。网络上曾有人调侃说，"中年危机就像西游记，有悟空的压力、八戒的身材、沙僧的发型和唐僧的唠叨，关键还是离西天也越来越近"。其实，**中年的危机不光是自己工作职位遇到瓶颈的问题，也不光是要储备孩子抚养金的问题，更多的压力其实是来自自己的父母。**据统计，60岁后疾病的发生率是大为上升。这里不是简单的花钱的问题，还有焦虑的情绪折磨。所谓的中年危机也不是简单的"上有老"和"下有小"的危机，**孩子的费心只能称得上是一种烦恼，而父母的身体健康才是真正的压力。**

当我们的孩子在20~30岁这个初入社会的阶段，我们正处于工作期间的最后10年，即50~60岁，60岁后我们也将退休。这期间，我们的父母进入

80~90岁，不管是身体健康还是已经患病的情况，现在都进入一种稳定期，并不需要我们很多的费用支持。我们要做的是利用多年来的理财积累，积极支持孩子这个最重要的人生阶段，帮助他们建立新的小家庭，减轻他们抚养孩子的各种压力，让他们在迈向事业和收入的双高峰时能轻装上阵。

这个阶段是人生风险最高的阶段，也是责任最重的阶段。 因为不能有任何意外的发生。保险业最爱讲的一句话是，"风险无处不在"。所以你必须做好这个阶段的各种保护，保护好自己，才能去应对父母的赡养、健康压力和孩子的抚养压力，孩子的抚养包括从出生到大学毕业，还有成家立业等。

（4）D阶段：60岁到80岁，也称为年轻的老人期。刚结束了近40年的工作生涯，应该给自己放个假。这个阶段，旅游的费用将会增加，有的人还有出国旅游的计划。衣食住行的生活费用将会有所下降，但体检费、医药费、医疗费、营养品和保健品的费用将会上升。这个年龄阶段的人因为年龄的原因，衰老使得对死亡的恐惧更加强烈，**所以公园里你会看到晨练的老年人居多，他们也是各种保健品公司的主要目标客户。**

这个阶段的风险主要是，家庭的支出比退休前只是略有减少，甚至是保持不变，只是结构性变化，但收入却大幅降低。同时，父母的健康和意外等风险，也会影响到下一代的正常生活。所以增加大病和意外的保障就显得尤为重要，这也是一个人责任心的体现。

（5）E阶段：80岁到100岁，真正进入了养老阶段，是年老的老人期。这个阶段的生活将趋于平静，父母大多已经百年，孩子也50岁以上，孩子也有了自己的孩子。此时甚至是四世同堂，其乐融融。这时旅游已经不是这个年龄的主要话题。大部分人还要和身体的各种状况或疾病进行抗争，有的人则需要别人的护理。因孩子也有自己的工作和孩子要照顾，并不是都能时刻待在父母身边。这期间的医疗和营养品也是必须花费的项目，甚至远高于吃饭穿衣的费用。

这个阶段的风险同样有两个，**一个是自己养老金的储备不足问题，还有一个就是意外医疗和重大疾病保障不足的风险。**

通过上述三代人的人生风险分析，不难看出，**人生面临的风险主要有两种**：一种是阶段性的，如 C 阶段的中年危机时期的收入保障，如果收入因重大疾病或意外导致收入曲线的"坍塌"，那将导致自己家庭的日常开支、父母的赡养医疗和孩子的培养费用受到极大影响；另一种是伴随终生的，一旦发生将会导致额外的费用支出，像意外事故和罹患重大疾病。

针对以上情况，我制作了**"人生最简保障计划"**，如表 4-7 所示。

表 4-7　人生最简保障计划表

阶段	A	B	C	D	E
年龄	0-20 岁	20~30 岁	30~60 岁	60~80 岁	80~100 岁
重大疾病保障	0 岁保到 60 岁，保额 50 万				
			30 岁保终生，保额 50 万		
百万医疗		大额医疗 200 万			
				防癌医疗 200 万	
意外保障			保额 100 万起	保额 50 万	
身故保障			定期寿险保额 300 万起		
社会保险保障	少儿医保		职工医保或居民医保		
				社保养老金领取	
		生育保险			

解释说明：

（1）小病可以通过社保进行一定比例的报销，其余自留。

（2）重大疾病保险，一经确诊，会立刻按保额支付。由于保险是越早购买，价格就越便宜，所以**父母可以给孩子从 0 岁购买，保至 60 岁，保额 50 万元**（一般大病的治疗费用为 12 万~50 万元，治愈率在 80% 以上），**作为送给孩子来到世间的第一份礼物**。

（3）当孩子长大后，自己能够有能力购买保险时，**给自己购买保额同样为 50 万的终生大病保障**。根据自身的经济情况，也可调整至 80 岁。

（4）在 30~60 岁的 C 阶段，因为是家中的经济支柱，两次购买的重大疾病保险保额叠加至 100 万元。考虑大病的治疗费用是 50 万元，还有大病修养期预计为 5 年，期间可能没有收入，所以收入保障增加 50 万元。

（5）目前流行的百万医疗险，一年一买，可以报销大病所实际产生的各种医疗费用。从 20 岁上班开始，自己就可以给自己购买，保额最低 200 万元。考虑到大部分百万医疗的投保年龄都限定在 60 岁左右，稳妥起见，60 岁后如不能续保或费用较高，也可每年购买**防癌医疗险**，同样是保额 200 万元起。

（6）意外保障在 C 阶段 100 万元起，60 岁后保额 50 万元，一年一买。其中老年人一定要购买意外保险，因发生的风险几率较年轻人大，还有就是社保意外医疗报销比例较退休前降低不少。

（7）同时针对 C 阶段的高风险期，家庭的经济支柱必须加强保障，一旦因疾病或意外不幸身故，则会留下一笔老人的赡养费、孩子的抚养费和爱人的生活费。最佳方案就是从 **30 岁购买，保到 60 岁的定期寿险**，性价比最佳。

（8）定期寿险的保额计算应包括：5~10 年的家庭支出和父母赡养费；培养孩子的费用至少 100 万元，若留学预计 200 万元；孩子结婚买房的首付100万元；家里的房贷和车贷的贷款余额合计。保守估计，最少300万元起，读者可以根据自身情况进行测算。期间如发生意外身故，则理赔金额是意外险保额与定期寿险保额之和。另外，**保额主要是保障家庭经济支柱的，具体保夫妻双方的哪一位或均保，可按收入比例来进行投保。**

（9）**社保是国家给百姓的一大福利，所以必须要交。**孩子一出生就应该买少儿医保，工作后必须要交社保。社保分职工社保和居民社保，建议交前者，因保障力度和养老金待遇相对较好。其中的生育保险还可报销生产的各种检查和医疗费用，并可领取相应津贴，可以减轻经济压力。

（10）针对孩子的教育金和退休以后的养老金补充规划问题，因保险的理财功能相对较弱，建议通过其他专业理财的方式来进行，如投资债券基金、指数基金和股票基金或房产等。

读者如果读到这里，那基本对保险有个大概认识了。我们只是以一个最理想化的情况来设计了保险的相关规划，你可以根据自身的年龄和经济情况，进行相应的调整。可能你现在就想拿着这张图表去找保险业务员了吧？但**先不要急，还有几个基础的问题需要你去了解。**

（1）**购买顺序。**当你20~30岁时，是自己为自己进行保险规划的重要时期，也是可以考虑给自己孩子购买大病保险的黄金时期。但是如果资金有限，该给谁先购买呢？答案是"**先大人、后孩子**"。因为一旦家庭的支柱出现了任何风险，那孩子保险费的缴纳就会出现困难。要记住：**20岁前孩子最大的保险其实就是孩子的父母。**

（2）**购买次数。**这里是以普通工薪家庭进行的最低标准保险配置，但如果你仍感觉保险缴费有压力，也可以通过多次购买来逐渐达成保障的最低需求。要记住：**保险是一个多次叠加的保障计划，**因为每个家庭的情况都会随着时间而发生变化，但保险的原理是不变的，要灵活应用。

（3）**购买比例**。一般男性多是家庭的主要经济支柱，且男性的寿命较女性短一些（大概少7~8年），同时男性的癌症死亡率也高于女性，所以**以应侧重健康方面的保障**；女性则应**侧重养老方面的保障**，当然大病保险是人人都需要的。对于身故风险来说，应该按照收入及承担家庭贷款比例的多少来进行划分，目的是要保证即使人不在了，家里的老人、孩子和爱人都能有稳定的生活。要记住：**保险的理赔金是不受个人债务影响的，一旦发生风险事故，保险公司都会把这笔钱交到受益人的手中。**

（4）**公司大小**。现在你完全不必考虑保险公司的大小问题，国家对保险公司是有《中华人民共和国保险法》进行管理的。首先，保险公司的成立条件是非常高的，需要大量的资本投入，同时为了保证偿付能力，还要提取各项责任准备金；其次，如果保险公司真要倒闭了，国家也会指定更有实力的保险公司来接收该公司的保险业务。大公司有很高的品牌度，但也有历史的包袱，小公司虽然年轻，但为了市场份额的竞争，也会在产品服务等方面有所创新。要记住：**买保险买的是产品和服务，而不是公司大小，更不是熟人的面子，在保险理赔时也只认保险合同内约定的书面内容。**

（5）**产品分类**。保险产品大致分为三类：**一类是费用型保险，也叫消费型保险；一类是收益类保险，也叫理财险；还有一类是返本型保险。**那究竟该选哪一类呢？其实：返本型保险是拿所交保费做了长期投资，其部分收益用来支付保障费用；收益型保险同样是拿所交保费做了长期投资，将收益用来支付保障费用，还将长期获得的部分收益按照一定比例给客户分红。所以，这两款的保费是较第一款要高出许多，这也是很多投保人缴费很高却保额偏低的原因，无法满足保障的真正需求。收益型保险还有很多名字，如分红险、万能险和投资连结等，但道理都一样，它们也是保险公司赚钱的主要产品。要记住：**任何保障都是有成本的，天下没有免费的午餐，保险公司并不是慈善机构。如果想买保险的钱花得更值，那一定要选消费型保险。因为保险的主要作用就是保障，而理财的事儿，还得用理财的专业工具（基金）来解决才好。**例如保险产品里经常说的教育金、婚嫁金、养老金、祝寿金和年金等，都可通过配置基金来储备。

（6）**产品选择**。如果你选择了费用型保险，在实际投保时，仍有很多选项要注意筛选，尤其是现在热销的大病类保险。重大疾病保险中会有中症、轻症、保费豁免、保终身、多次理赔和身故返保费等选项；而百万医疗险在续保条件、医保覆盖、提前给付等方面也不同。这里你要根据自己的费用情况来做增项，因为每一项增加的项目后面都有成本的支出，但关键的是要有最基本的保障，那才是保险最大的意义。要记住：**保险没有好坏之分，只有适合与否。**而保险产品也像汽车有标配、中配和高配一样，产品也会有更多的服务和保障内容。但我觉得，标配才是最主要的，不必纠结于增加的那些内容，有些只是锦上添花，太关注反而本末倒置，而且费用增加，导致性价比不高。

（7）**富人保险**。富人其实对保险的保障需求并不大，但对财富传承则较为重视。中国还没有开征遗产税，但国际上已经实行了多年，所以未来如果开征，那富人则可通过购买大额的终身寿险来完成财富转移，达到合理避税的目的，同时也支持了民族保险业的发展。要记住：**通过保险你可以让自己的孩子在现实中得到一笔财富来代代相传，以保证后代子孙的生活无忧。**

（8）**全保概念**。为了有效抵御我们在日常生活中的各种风险，我们应当建立全保的观念，即"社会保险＋商业人身保险＋商业财产保险＝全保"。

如家里有"熊孩子"的可以投保监护人责任保险，由保险公司承担因孩子导致的第三者人身伤亡或财产损失；现在是移动支付的时代，刷脸即可支付，但也给了骗子很多机会，所以投保网银账户和个人手机银行账户盗窃保险不失为一个很好的选择，另外像微信钱包和支付宝内的钱，也可以通过其软件上提供的相关保险进行保护；如果你有去国外旅游的计划，那境外旅游责任保险就是必备的保险产品，因为国内投保的意外险通常是国外的汽车飞机等交通工具的意外保障，但国外的医疗费用就无法报销；现在很多人不光自己有住房，还有房屋出租的情况，那租客如果在房屋内发生如电击致死的情况怎么办？那就需要投保租客相应的家庭保险，对其财物和人身都有一定保障；房东自己也应酌情对自己的房屋进行投保，如对房屋和屋内的财物及人身（如家政人员责任保险）等进行保障；还可附加室内外盗抢险、管道爆裂综合险、家用电器安全险、高空坠物责任险和宠物责任险等。现在养宠物的年轻人越来越多，很多宠物的饲养不光花费较高，而且一旦出现宠物生病或受伤需要治疗的情况，治疗费用也是相当高的，而附加宠物意外医疗险（宠物社保）就是很好的方法。

现在大部分家庭都是有车一族，有的家庭汽车数量还不止一辆，而汽车也是需要参加保险的，分别是国家强制购买的交强险，第三者责任险（建议保额200万元起）和车损险。

现在，你可以打电话去找业务员进行了解了，保险涉及服务的地方非常多，需要对业务员的专业素养和个人素质做一个大概的了解，以便将来日常保单维护和理赔时能得到最好的服务。如果是在网上投保，也可以通过拨打公司的服务电话进行咨询。

总之，现在保险公司是比服务的年代，你可以得到耐心细致的讲解，同时也不用担心理赔的时效，因"理赔迅速"也是保险公司之间竞争的主要服务项目之一。为了能买到性价比高的产品，应货比三家，买保险不是着急的事，要留有自己思考的时间。不要简单听信保险业务人员的劝说，不要因产品即将停售和物品奖励等就急于购买。更不要听信"人生最简保障计划"的四个产品（重大疾病、百万医疗、意外保险、定期寿险）中的某个产品必须和某险种进行附加或捆绑销售的说法，因为它们全部都可以单独购买。

保险的道理并不深奥，但保险的知识却相当广泛。一般需要重点了解的地方包括：保障范围、保障时间、缴费期限、缴费金额、缴费日期、如实告知、犹豫期、宽限期、中止期、现金价值、保额、受益人及理赔流程等。我的经验是，请业务人员用"白话文"的形式写下主要的保障内容和公司的服务电话，以备不时之需。同时，**保险合同一定要放到家人都知道的地方妥善保存**，以便在发生风险时能及时报险，因为保险公司不会主动去联系你的。

最后要记住的是：**保险是每个家庭的必备品，但过多的保险并不意味着你的保险意识就强，科学合理而又经济实惠地投保才是明智之举。**

第五章 科学化管钱是 家庭理财的核心

第一节 账户管理

有了理财的观念，也知道了财富的来龙去脉，还掌握了一定的理财技巧后，接下来最重要的事情就莫过于对钱的管理了。如果说赚钱是一种能力的话，那管钱就绝对是一门艺术。所谓"创业难，守业更难"说的就是这个道理。我们都知道，不要做金钱的奴隶而要做金钱的主人，不要为了金钱去工作而要让金钱为我们工作。但要做到这一点，就离不开对赚钱、花钱和存钱等环节的管理，也叫钱的账户管理。

家庭账户管理最好的方法就是引入企业的财务管理。当然，这里我们仅借鉴其最基本的一点原理。我们知道一个企业的盈利公式是"收入－支出＝

利润"，而一个家庭的攒钱公式是"收入－消费＝储蓄＝实际收入＝财产"。也就是说每个月赚的钱减去所有开销后才是真实收入，是属于你的财产。在收入不变的情况下，减少消费以控制支出，你的实际收入、财产就会增加。其中，财产一般包括资金、物资、不动产和知识产权等。用这些每月积累的财产再创造价值就是创造财富的过程，所以"财产＋未来收益＝资产＝财富"。投入创富过程的财产也可以叫资本，而收益则有两种形式：一种是到期收益，叫资本利得；另一种是每阶段的周期收益，叫现金流收益。我们整理一下公式变为**"收入－消费＝储蓄＝实际收入＝财产（资本）＋资本利得＋现金流收益＝资产＝财富"。**

　　在企业营销管理中有一个概念，消费者的收入分为"货币收入"和"实际收入"两种，如果商品价格普遍上涨则实际收入会降低，反之则升高。其中，消费者个人收入又分为"个人可支配收入"（每月工资减去各种税费，如五险一金和个税）和"个人可任意支配收入"（前者再减去各类生活必需品后的收入，如柴米油盐酱醋茶等）。一个企业应该琢磨怎么让自己的产品在个人可任意支配收入里的份额更高，而企业营销的极致就是"打造时尚，引领潮流"。反过来，作为我们个人就是要和这些企业产品的营销去博弈，以捍卫我们的财富成果，这也是一对矛盾，是对立统一的关系。**必需品是必须消费的，而可选择品则是可以选择的，如果一味追求短期的可选择品，你的财务状况将不会改观，这也是一个普通人能否成为富人的关键一步。**

　　再次强调下，这里的富人并不是指现在有钱的人，而是指未来有钱的人；这里的穷人也不是指现在收入低的人，而是指没有做好资金管理而使得未来财富储备不足的人。账户管理看似简单，但原理却很深奥。对于不是经济专业的小白读者来说，本节可能会感觉理解费力，但没关系，就像肌肉可以通过锻炼强化一样，思维也是同样的道理。

小时候我们都学过"蚂蚁和蝈蝈"的故事，故事中的蚂蚁在冬天来临之前就一直在忙碌地准备冬粮，而蝈蝈却笑话蚂蚁说："冬天还早呢，为什么每天劳动，不如快乐歌唱。"故事的结尾我们都知道，蝈蝈在一场大雪后又冷又饿地去向蚂蚁求助。虽然故事里的蚂蚁借给了蝈蝈一袋口粮，帮它度过了那个艰难的冬天，但现实中恐怕就没有那么美好了。**今天，不是每个人都可以从一个巅峰跨向另一个巅峰，也不是每个人都能凭借独创的商业模式而斩获大笔财富，大部分的人都是像蚂蚁一样艰难求生，但我们可以选择做蚂蚁型的富人。**

蚂蚁型富人通过"积谷防饥"的原理，逐渐使得自己的家庭最终成为富裕的家庭。而蝈蝈型穷人则由于对财富积累的漫不经心使得自己未来生活拮据。蝈蝈当时的收入其实是比蚂蚁高的，因为蚂蚁在辛苦劳动时，它还穿着燕尾服在树荫下唱歌跳舞，甚至还拉起了小提琴，但最后却一无所有。所以蝈蝈型穷人不是穷在钱，而是穷在对未来的财富积累。

人生也是一样的，是做默默无闻的蚂蚁富人，还是做歌舞升平的蝈蝈穷人，都在于你的选择。要知道，你的财富并不完全是由你的能力来决定的，有时选择是大于努力的。人生的机遇不就是一连串的选择题吗？显然，最终的分数也是由你的选择来决定的。选择什么样的大学学习，选择和什么样的人结婚，选择在什么城市的什么行业及公司里工作，选择什么样的创业时机，选择买哪套房，选择买哪部车，选择和什么人合伙开公司，选择买入什么样的产品或投资等，都将有可能改变你的一生。

这里，**我强烈建议平凡的你来选择蚂蚁型富人的生活，而不是蝈蝈型穷人**

的生活。蚂蚁不光会储存食物，它们还会"饲养"蚜虫来获取糖类食物，而蝈蝈则会挥霍一空。钱不会自己生钱，但放对了地方就可以。就像种子，只要有合适的温度、空气、阳光、水分和土壤，再小的种子也可以长成参天大树。

在对钱进行账户管理之前，首先要做的就是重新认识钱，尤其是当你觉得所有的钱都是一样的时候。富兰克林·霍布斯在《财富是一种心态》一书中曾指出收入有 4 种：**"轻松得来的钱""设法挣来的钱""辛苦赚来的钱"**和**"积存起来的钱"**。"轻松得来的钱"可能是彩票大奖、遗产继承、拆迁费或别人给的钱，没有任何的辛苦努力付出，当然来得快去得也快；"设法挣来的钱"可能是你通过研究政策或金融操作赚来的钱，没有特别辛苦的付出，但是是你开动脑筋赚来的钱，其离开你的速度仅次于上一种；"辛苦赚来的钱"是你通过辛苦劳动获得的收入，不管是工作还是经营生意，因为每一分都是辛苦所得，所以即使你收入很高也绝不舍得随意花去；"积存起来的钱"是你经过长期的节俭而省下的钱，它们将在未来为你效力。最后这笔钱也是这四种钱中最重要的，如果再给它做一个长期的理财计划，则这笔钱在将来就是一大笔钱，也就是我们所说的财富。如图 5-1 所示。

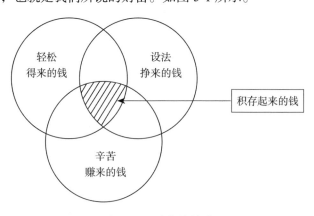

▲ 图 5-1 四种钱的关系图

同样，我认为支出的钱也分为4种不同的钱：**"必须花的钱""应该花的钱""想要花的钱"和"不该花的钱"**。"必须花的钱"是指为了自己和家人的生存而必须花的钱，如日常的吃饭穿衣、医疗和养老钱；"应该花的钱"是指为了保证和提高家庭生活水平的必要花费，如房产、汽车、高档服装、电器、娱乐、旅游、乐器等非必需品，还有参加婚宴的礼钱和看望病人的营养费等；"想要花的钱"是准备为梦想之物所花的钱，如高端手机、豪华汽车、高档别墅或钻石珠宝等；"不该花的钱"是指因为炫耀、攀比、冲动、贪婪或因别人的劝说而买了一些日后无用的商品，或是和自己身份职业及资产不匹配的东西所花的钱。

就账户管理的重要性而言，对支出的管理占了绝大部分，可以说管好了支出，家庭财富管理就成功了一大半。**富人和穷人最大的区别就是他们支出项目的不同，你可以通过看一个人的支出项目来判断他会是哪一种人，以及他的未来会如何。**一个把钱花费在饮食上的人和一个把钱花费在学习上的人，未来的差距可不仅仅是体重的那点区别。

为了加强对家庭账户的有效管理，这里一共设定了**10个功能子账户**。

（1）日常消费支出账户。这是满足一个家庭日常生活费的账户，如吃喝玩乐、衣食住行的费用。

（2）保险账户。购买保险的专用资金账户。其中，保险分为社会保险和商业保险，主要是为了应对意外、疾病和养老的需求。

（3）养老补充账户。是指为了弥补自己及父母养老的储备账户，具体可以是基金、现金和其他收入。

（4）孩子教育抚养账户。为孩子的出生、上学、留学深造、成家立业等所准备的费用账户。

（5）理财账户。用于进行各类投资理财的专业账户，包括股票、债券、基金和黄金等。

（6）准备金账户。也叫风险应急账户，即应对各种突发情况的预留费用，如在职的进修费、孩子的择校费、各种礼金、保修期外的汽车零件更换、无保险父母的医疗费等。

（7）被动收入账户。10个账户中唯一一个收入管理账户，可以看出它的重要性，是有效弥补其他各个支出账户的利器，包括房屋租金、企业红利、版税和专利特许权等。

（8）奖励账户。也叫"梦想"账户，即自己给自己制订的奖励计划。例如完成理财账户5万元，奖励自己和家人一顿大餐；完成理财账户30万元，奖励自己和家人一次海外游等，这些梦想的奖品可以小到录音笔，大到汽车、洋房等。

（9）慈善账户。用于进行慈善捐赠的账户，当财富增长到一定程度时，用捐赠的方式回馈社会就是一种很好的慈善行为。

（10）孩子的投资账户。这是留给下一代最好的礼物，与其花钱买大量的玩具或给孩子大额的压岁钱，不如给孩子开一个理财账户，教孩子学会和金钱打交道的方法，将来在孩子长大时也有可能会是一笔不小的财富。

很多人在晚年陷入贫穷就是因为他们从来都没有好好思考一下自己未来的花费问题。或是麻木不仁，或是漫不经心，或是过于自信，而错失了大好时机。要想让自己生活得悠闲自在、幸福长久，就需要在这10个账户管理方面暗下功夫才行。

下面我们来逐一分析说明。

第一，对消费支出账户的管理是人生理财要面对的首要问题。如果不能合理科学地管好自己的支出，就不能攒到理财的钱，更别提如何去理财了。理财看的是**"投资收益率"**，指一笔钱买入某物后赚了多少；而花钱看的是**"消费损失率"**，指一笔钱买入某物后亏了多少。**如何让投资收益率更高，是理财的智慧；而如何让消费损失率更低，即在买入某物后相对"亏钱"最少，则是花钱的智慧。**

曾有一个因花钱大手大脚导致生活拮据的人问我："有什么可以稳定提高收益的办法吗？"我告诉他，把花 100 元买的东西换成 50 元的同样功能的商品，那节省的 50 元就是稳定的收益。相当于花 50 元"隐形"赚了 50 元，收益率高达 100%，同时也将消费损失率从 100% 降至了 50%。如何科学合理地花钱是一门绝妙的艺术，我们将在本章的第三节重点阐述。

一位哲人曾说过："**最有效的致富方法就是只用生活费用的 90% 来生活，把省下的 10% 进行投资理财。**"他还说，"其实 90% 与 100% 的生活费用带给人的生活影响并不大，但那 10% 的差额带来的生活改变却是巨大的。"节俭并不是贫穷的表现，而是走向富裕的象征。人喜欢习惯性地做事，当你把节俭当作一种习惯的话，那你不管有没有钱都会是一个富足的人；而当你把浪费当作一种习惯的话，即使很有钱也终将难逃贫乏的命运。要知道，节省 100 元和浪费 100 元的差距并不是 100 元，而是 200 元。节俭不等于贫穷，而浪费却等于犯罪。

第二，保险账户可能是你除了生活账户外必须支付的另一个账户，一般占家庭收入的 10% 左右。第一个要交的就是社保，即使工作中断，也需要自行购买，它是国家的一项福利；第二个就是商业人身保险，尤其是大病和身价保险，都需要进行配置；第三个是商业财产保险，如汽车保险和家庭财产险等。但保险是一个分层次累进式购买的产品组合，你没有必要为了买保险而买保险，以至于一次性全购买。**开始配置必要的基础保险，将结余下来的钱进行专业理财，用理财的收入再进行二次购买，就不失为一个明智的选择。**所谓"家有三件事，先从紧处来"，说的也是这个道理。

第三，养老补充账户是很重要的一个账户，却最容易被忽视。中国人一直有个传统观念"养儿防老"，但现实的问题是孩子越成功就离父母越远，有的孩子学习工作在一线城市，有的甚至远渡重洋、留学海外。再加上现在很多"4-2-1家庭"的孩子都是独生子，需要赡养的老人数量远超其能力范围，况且自己也有孩子需要照料。所以养儿防老是靠不住的，所谓"靠山山倒，靠人人跑，还是靠自己最好"。

还有的人认为："我有社保，将来养老生活也不会像现在这样费钱，所以保障还是足够的。"岂不知，社保只是最低保障，生活费下降，但医疗费和护理费等却上升不少，要想养老无忧，必须考虑养老补充账户。这个账户可以是一笔充足的现金，一个股票基金账户，或是一套可以租售的房产。**总之，在年轻时就应该规划好自己的财富，制订具体的理财计划，定期检查并改进自己的理财行为，以保证该账户的顺利运行。**

第四，孩子的花费是一个人进入到人生稳定期后必须支付的一笔钱，其他还有生活费和保险费。其中，**孩子的教育金是储备的重点，可以通过投资基金或股票来完成。**当你有一笔收入进账时，首先就要考虑以上这些账户的储备情况再进行消费。为孩子储备好教育资金，帮助孩子实现个人成长，是每个家长应尽的责任，同时也避免了孩子因起步低而将来不得已"啃老"，那样两代人的生活都将受到影响。

第五，**理财账户的优劣是能否变得更富有的关键。**从收入中先预留10%

或以上到理财账户，对很多人来说并不容易，因为每月各种花费就占了工资的绝大部分，有的甚至还不够花，怎么能拿出一笔钱去理财呢？但是，富有的人生也是"搏"来的，这一切都需要你下定决心改变才行。

先将最低 10% 的收入存入理财账户，然后考虑其他的各项消费，这种行为在理财界被称为"**先支付自己**"。办法总比困难多，很多时候钱就是这样"挤"出来的。你也许会变得更节俭，花钱更谨慎；也许会推迟一些梦想品的购买计划；或许是和贷款人商量借款延期的事项，尽管这并不容易；更或许是你开启了自己的副业之道，变压力为动力，变坏事为好事，变劣势为优势。总之，你的人生是积极的，你的未来就是可控的。

一个认定自己一定会富有的人和一个认定自己一定不会富有的人，他们的人生是完全不同的。**你的人生完全取决于你的选择**。古人云"相由心生、境随心转"，言外之意就是告诉我们内心对外部世界的影响有多大。培根也说过，一个人的命运是由他自己的双手铸造而成的。

当收入增加时，则应拿出更多的比例放在理财账户，像富人其实应拿出收入的 80%~90% 进行理财，因其生活开支相对其收入来说越来越小。为了保持节俭、防止浪费，同时保证资产的再扩大，积极理财就尤为重要。

第六，准备金账户是应对不时之需的灵活账户。因这笔资金主要是应急所用，所以不能随意花掉，但不必独立存放，可以并入理财账户进行投资和管理，在需要时再提取，投资对象最好是基金类产品，因其安全且存取灵活。

第七，被动收入账户是关系到能否尽早实现财务自由的一个账户。**当你的这项收入达到或超过同期的家庭各项开支总和后，你就实现了财务自由，即可以躺着赚钱了**。考虑这项收入的重要性，应重点管理，包括房产租金、企业红利、书籍版税、自媒体课程等。该收入可用于支付生活费、养老费、教育费和梦想金等。

第八，奖励账户（即梦想账户）是对自己账户管理成绩的一种肯定。如果一味理财赚钱而不花掉一分钱，就成了"葛朗台"；而如果一味花钱却忽视理财，则恐怕难逃如"蝈蝈"先生般的命运。所以，科学地理财，合理地消费，才是人生的正道，也是人生的乐趣所在。但梦想经常和欲望是一对双胞胎，很难辨别它们的区别。当梦想沦为欲望的借口时，那梦想就会变得很可怕，所谓欲壑难填；而当梦想在克服了欲望的蠢蠢欲动之后时，才变得更有价值。欲望大多是自私的，而梦想则多是无私的。**所以，有"节制"的梦想才是你该奖励给自己的正确奖品。**

当想给自己买一个心仪的商品时，如果能再放一段时间，就会发现，当时满心欢喜想买的物品，其实并不一定是你的最佳选择。这就有了犹太人的**"延迟享受"**的说法，前面我们已有论述。从机会成本上来说，如果你买了一件心爱的商品，而买这个商品的钱其实可以用来理财赚钱去买更大更多的心爱商品，你会如何选择呢？你可能会说，当然是选后者了，否则我们将会得到很多价值较低的小件梦想品，如手机和平板电脑等，而有可能失去很多大件的梦想品，如房子和汽车等。但现实的情况却是，一般人都很难做到，他们往往选的是前者，这也是现实社会中富人比例较低的一个主要原因。

人一辈子都要和自己的欲望做斗争，因为打败自己的不是别人，正是自己。所以，制定一个家庭账户的管理制度就很有必要了。前期，可以通过理财账户余额的增长幅度来设定小型的奖励；中期，在理财余额足够进行一些小型的投资时，开始设定和理财账户增长率有关的奖励；后期，在账户金额绝对值已经很大时，开始设定被动收入方面的奖励，并逐步放大对自己的奖励额度。

第九，慈善账户是一个人必须设立的一个账户。一个人应经常感谢自己已得到的，而不是天天盯着自己没得到的东西。

钱少的人就做小的慈善，钱多了就去做大的慈善，帮助更多需要帮助的人。当你的一点努力就可以改变很多穷苦地区孩子的上学问题时，你的社会财富就在积累，社会各界对你的善意和信任就会变多。很多富人很节俭，但在慈善方面却非常大方的一个原因不仅在于能减税，更在于他们**享受这种慈善带来的心灵满足感，大于买入同样金额商品的满足感**。他们在享受人生、体验生命的价值，这是很多"蝈蝈型"的穷人所不理解的。

当然，慈善之举在于心而非金额的多少，**千万不要为了虚名或为了慈善而慈善，否则就失去了慈善本身的意义**。

第十，**孩子的投资账户是送给孩子最好的礼物**。父母们都想培养孩子成为祖国的栋梁之材，拥有美满幸福的人生。但如果不能培养孩子从小就有节俭的生活习惯，导致孩子缺乏对金钱的正确认识，就不免有所遗憾了。不敢想象一个在吃饭时，一盘菜只吃一口就能扔掉的孩子长大后会成为什么样的栋梁之材；更不敢想象一个对金钱一无所知的孩子将来会怎样去面对复杂的经济社会。

父母们总认为上大学是为了找到好工作，而考研深造是为了找到更好的工作，更好的工作意味着更高的工资收入。既然目标终点是工作和与金钱有关的事情，为什么不从孩子小的时候就开始教育呢？像犹太人为了教育孩子爱读书，就会给婴儿期的孩子涂了蜜的书籍。前几年，有记者做过一个对孩子的采访，在问到"你认为钱是怎么来的"时，很多孩子回答是"钱是爸爸的钱包里来的"，或"钱是妈妈的衣柜抽屉里来的"。现在，作为孩子父母的我们应该认真想想了，我们在孩子教育方面缺少了些什么。孩子们学了太多的兴趣爱好和书本知识，而对未来离不了的金钱教育却相对缺乏。

把每年给孩子的零花钱和压岁钱都积攒起来，把买玩具的钱也省一些下来，给孩子设立一个理财账户吧。告诉孩子这个账户只能存不能取，是一个长期账户，主要用于买基金或股票，并由父母来操作和监管，直到父母认为可以交给孩子为止。虽然由父母操作，但账户的管理和投资的建议则来自孩子，可以给孩子买相应的理财书籍。围绕这个账户的存钱、省钱、赚钱、花钱、管钱和理财等方面，逐步教育自己的孩子明白金钱的规律与价值。

通过这10个功能账户的管理，我们将逐步理清现代家庭理财的脉络，强化对收支的管理，以使其更有效率。之所以称为功能账户，是和实际的物理账户有所区别的。例如你家庭的钱可能存放在不同的银行卡里，或者在基金账户和股票账户里，还有可能在房地产上面，不管在哪里，这都是物理账户的不同。而功能账户是虚拟的，它可能存在于以上一个或几个之间。10个功能账户之间也是有交叉的，例如应急账户可以放在理财账户里，等需要使用时才会启用，但对应的应急资金不能挪作他用。

总之，这10个账户按照**"分类集中制"**的管理模式运行，并遵循**"统一管理、相互调剂、及时补充"**的原则。为了让读者能更加详细了解账户管理的诸多细节，我将在下节以故事的形式来详细说明。

第二节　夫妻搭档

这里给大家讲一个"企鹅先生"和"鼹鼠小姐"的故事。"企鹅先生"是一位略显愚钝的谦谦绅士，"鼹鼠小姐"则是一位满脑灵光的小姑娘。一个偶然的机会，它们相识了，两个看起来是不同世界的人，却恰恰走到了一起。当然也经过了各种努力，毕竟它们看起来有点不"门当户对"。

它们把家建在离两个家族距离几乎相等的中间地带，方便日后照顾双方的长辈，但这里对它们来说也是一块全新的领地，它们准备开始新的生活。在组建完新的家庭之后，它们便对家里的财务问题进行了分工。企鹅先生负责外出捕鱼赚钱，鼹鼠小姐则负责家务的打理和账务的管理。一个人是不完美的，但两个不完美的人却可以组成一个完美的家庭。它们明白其中的道理，所以也进行了多年的磨合，甚至还产生过矛盾，但好在最后都冰释前嫌。**统一思想后的一致行动，让这个小家庭战胜了重重风浪，日子越过越红火。**

企鹅先生因没有了家族的帮助，且刚开始工作的收入也不高，两个人的生活过得很拮据，口袋里经常都只有很少的钱。企鹅先生从不舍得给自己买东西，却经常给鼹鼠小姐带回它爱吃的各种零食。企鹅先生把赚到的每一分钱都交给妻子，同事们都嘲笑它是个"妻管严"，但它从来不以为意，只是傻傻地微笑。

鼹鼠小姐看在眼里，疼在心上，说："亲爱的，为什么不给自己留些钱花呢？不要老给我买零食了，你都什么也不给自己买，它们还老取笑你，我听了心里特别难受。"

企鹅先生笑着说："没关系，亲爱的。你知道吗？我很高兴它们这么说。"

鼹鼠小姐不解地问："为什么？"

企鹅先生说："其实大家工资都不高，而我认为每月 1 号或 15 号领的钱并不是我自己真正要赚的钱，只是我们的家用钱。它们说我，说明它们认同现在的生活，而我则恰恰相反，我具备了它们不可能拥有的未来。再说，降低自己的欲望和需求，把这些仅有的钱用在自己心爱的人身上，有什么不值得高兴呢？其实最让我最痛心的是，我现在的能力还有限，只能给你买些花费不高的零食，但我会努力改变，给你更好的，因为你快乐才是我的快乐啊！"

鼹鼠小姐眼里泛着泪光轻声说道："放心吧，我会把我们的家管理得很好，家里的财务问题你永远也不用担心。"

说完它们幸福地拥抱在一起。但事实上它们的经济状况并不理想，经常可以用"弹尽粮绝"来形容。**为了解决它们面临的难题，鼹鼠小姐制订了严格的消费支出管理计划。**

第一步，它们将日常的生活开支压到最低，买东西都是精挑细选、货比三家。缺乏生活经验的企鹅先生开始还对这点不以为然，觉得东西都长得一样，而且每次买都不问价格，也不挑选买的东西，回来才发现有的已经坏掉。因为这个和鼹鼠小姐争吵了好几次，最后的决定是：大件商品由鼹鼠小姐来负责购买，小件的则由企鹅先生负责，同时企鹅先生也开始学习购物技巧。

第二步，鼹鼠小姐开始学习烹饪技术，争取能在家里做饭，因外面的饭又贵又不卫生。经过不断的努力，它们终于可以在家里吃上可口的香喷喷的饭菜了。这些都使得它们的家庭开支大幅降低，但生活品质反而大为提高。

第三步，随着企鹅先生的收入逐步提高，并坚持了几年的节俭计划后，开始有一些家庭结余。鼹鼠小姐开始设立了一个理财账户，并规定这里边的钱不到万不得已时，不得使用。同时力争每月有收入时就将收入的一部分先存入这个账户。企鹅先生则认为很多费用应该先支付后再存入理财账户，它们展开了激烈的争论。

企鹅先生说："每个月的花销都是固定的，花完就几乎没有什么钱了，而且要交水电燃气费什么的，还有一个朋友买房要借钱，我都答应了，我可是个诚实守信的人。"

鼹鼠小姐说："我们已经度过了最艰难的生活阶段，那时我们根本就身无分文，现在我们的生活逐步在好转，但要想真正改变现在捉襟见肘的生活，就得改变原来的存钱方式。如果我们先支付了这些看起来必须支付的费用和花销，那留给我们翻身的钱就很少了。你不说是你不想赚工作的钱吗？但要自己开个渔场，不需要一点本金吗？什么时候才会有呢？何况，你为了面子还要借钱给朋友，你好好想想吧！"

企鹅先生惭愧地说："昨天涨工资了，朋友们要我请客，我喝多了些，一个朋友当时问我借钱，我也没多想就答应他了。放心，我明白了，我会处理好的。"

企鹅先生是个绝对的好人，它很善良想帮助所有人。同时，身为金牛座的它也是个理财高手，它对小钱的花费极其仔细，但在对大钱的花销上面却出奇地大方。它经常开玩笑地说自己是个金钱的魔术师，因为它不光可以把钱神奇地变出来，也可以令人惊讶地把钱全部花光。

从企鹅先生的内心世界来看，它珍惜小钱的原因是想不浪费每一分钱，从而将来能做自己喜欢的事情，但对大钱的慷慨则是想让人们看到它对钱无瘾，想给人"豪爽"的感觉。鼹鼠小姐很了解自己的丈夫，所以在花钱方面，都会和它协商，听取它的意见，但支付一定要让自己来。

企鹅先生也明白自己的这个弱点，它很珍惜和鼹鼠小姐的这种家庭组合，要知道过去它常常因为这些事情而后悔不已，现在有了爱人的帮助，虽然花钱不那么痛快，但也避免了很多不必要的损失。

鼹鼠小姐按照从理财书籍里学到的，先拿10%的收入放入理财账户，然后用90%的收入生活。但实践中，做起来并不那么容易。企鹅先生为此又和鼹鼠小姐发生了多次激烈的争论。

企鹅先生说："现在咱们收入并不高，拿出那一点钱去投资根本就没什么价值，也赚不了什么钱。而我从小就喜欢音乐，一直想买把电吉他，像这么存钱的话，什么时候才能买到啊？"

鼹鼠小姐看着丈夫说："我理解。现在让你放弃自己想要的东西，我也很难受。但现在我们的任务是快速积累家庭财富，如果都买了自己想要的东西，那就没有拿来赚钱的钱啦。当然如果你一定要买，我真的同意，亲爱的。"

企鹅先生看着眼圈湿润的爱人，它知道鼹鼠小姐不是不想给它买，而是心疼它。企鹅先生在一番心理挣扎之后，决定不买了。它发现鼹鼠小姐是对的，自己对音乐只是一种爱好，但绝达不到毕生追求的程度。它也没有想通过音乐来实现自己的人生价值，或通过弹电吉他来赚钱养家糊口。一直到后来，企鹅先生也没有买那把昂贵的电吉他，它有一把普通的木吉他，在日落后，它经常弹上几曲，一家人过得非常快乐。后来，它们的孩子说"准备长大后给爸爸买一把电吉他"时，企鹅先生却说："孩子，爸爸年轻时确实非常渴望买一把摇滚电吉他，甚至想了很多年，但现在爸爸的梦想却不是它了。"

"那是什么？"孩子不解地问道。

"爸爸现在最大的梦想是，想让我的孩子和家人在它们想买任何自己的梦想品时，都有购买的能力。"企鹅先生动情地说。

当时的家庭开支不足以支撑企鹅先生去业余学习电吉他，因为后续费用还有很多，如调音器、效果器、专业音响等配套设备，还有学习费用，另外还需要大量的练习时间。对一个肩负养家使命而又费用拮据的一家之主来说，实在没有太多的业余时间，就是有也应该先放在解决燃眉之急的事情上。

因为鼹鼠小姐告诉企鹅先生，节俭不光是要节省金钱，也要节省时间，更要节省精力。

后来，企鹅先生也发现人最幸福的时刻其实是那些知道自己马上要得到的时刻，但如果得到了，这种幸福感就消失了，甚至还可能发现其中的许多不美好，让人难免有点"怀疑人生"。

把自己毕生的精力集中在自己的事业上是企鹅先生的一大特点，它对捕鱼很有天赋。为了在事业上有个好的前程，它准备参加一个学习班，学习班的费用不低。企鹅先生知道，如果它不能交钱去学习，有可能失去一个提升自己的绝佳机会，但这笔钱对它们这个刚成立不久的家庭来说可是一笔大数字，企鹅先生为此天天愁眉不展。鼹鼠小姐发现了丈夫的心事，它安慰地说家里都准备好了，还说一切包在它身上。企鹅先生如愿以偿地去参加学习，因为有经济的压力，它比任何人都要努力，获得了培训班的第一名，受到了渔场领导的赏识和提拔。多年后，当它们再谈起这件事时，才知道家里根本就没有钱，鼹鼠小姐当时是顶着极大的压力到处借钱，还偷偷向父母求助，才凑足了学费。尤其是还要先存钱再想办法还债，鼹鼠小姐当时还给附近的邻居们做起了蛋糕来弥补资金缺口。

后来，企鹅先生问它："亲爱的，为什么不先把钱还了再去存钱，也不用那么累地去做蛋糕了，我一直都以为你是爱吃才做的。"

鼹鼠小姐却说："我是爱吃蛋糕，但你的学习更重要，不想让你分心。理财是越早越好，要是先还了钱就没有逼自己一把的动力了。你看，我的蛋糕不是销售情况都很好吗？"

鼹鼠小姐的话是没错的，它做的蛋糕在附近很有市场，销量相当不错。企鹅先生虽然不知借钱的情况，但它也知道家里的经济情况不太好，它每天除了白天在渔场做捕鱼工作，夜晚还写文章来弥补家用。

就这样它们过了很多年，企鹅先生的工作越来越顺利，收入也是节节高，更可喜的是它们的宝宝即将来到这个世界。孩子的出生，带来了希望，原来它们还担心孩子的花销大，但老天好像都安排好了一切。企鹅先生在孩子出生那一年，担任了渔场的领班，收入又涨了一大截。面对多年劳动获得的成果，企鹅鼹鼠夫妇准备买入它们人生中的第二套房，第一套房是结婚时父母送给它们的。企鹅先生对买房是有所顾虑的，一是它们的钱并不够，二是原来的旧房仍可居住。鼹鼠小姐却说："我们必须把钱存在一套房上，就像是理财的第二个账户，否则钱都不知怎么花掉的。我们贷款买一套房，把原来的房子租出去，用租金来还贷。"

鼹鼠小姐还说："我们收入比过去好了些，但我们未来的收入没有保障，我们还应该买点保险。趁孩子还小，保险费也少，也算送给孩子的一个礼物吧。"

企鹅先生听着鼹鼠小姐的述说，感觉自己爱人的理财"小算盘"比自己打得好，反正自己也不想那么费心地去分那么多账户管理钱。企鹅先生的任务只有一个，就是全心全意做好自己的事业，保障家庭有财可理。

又过了几年，企鹅先生突然有了创业的想法，它申请了一个专利，还做了一个网站，但都因为各种原因失败了，还花了不少钱。它决定还是在自己喜欢和擅长的捕鱼专业上进行创业，但自己的小金库已经没钱了，只好向鼹鼠小姐如实交代。

鼹鼠小姐说："我早知道了，但不想打击你的积极性。赔钱不要紧，就当交学费了。我们家的准备金账户有笔钱，就是为你创业用的。"

企鹅先生感动地说："亏了很多钱，我也怕你伤心，你平时都省吃俭用的。准备金账户是什么，我以前没听你说过啊！"

鼹鼠小姐说："就是应急用的，平时都在理财大账户里赚利息，没事是不会花的，只等应急用呢。我把理财账户的钱分为几部分，各有各的用途，哪个着急就先给哪个用，将来再慢慢补。"

企鹅先生说："这么复杂，我一直以为你就是买买基金、炒炒股，原来你这么用心。那还有什么账户呢？我也学习学习。"

鼹鼠小姐笑着说："你的工作已经够你忙了，还要用业余时间去创业，这些小事就交给我来吧。"

其实，鼹鼠小姐的账户主要是平时的消费账户，还有理财账户。这个理财账户里面还分为几个部分，如保险、养老储备、孩子教育金、准备金账户、梦想账户和慈善账户等。平时都以基金或股票的形式放在理财账户里，但如果需要哪一部分进行花销，则会进行应急处理。

鼹鼠小姐把各项支出通过不同的账户来管理，做到自己心中有数，保证了它们的小家庭顺利前行。企鹅先生则每次创业都只拿最少的钱去做，用它的话讲是给自己点压力。何况它是不想因自己的创业影响家人的正常生活，而创业首先就是为了更好的生活，这件事本身也是一个"以小博大"的过程，所以这相当于它给家庭资产划了一个"安全圈"。

由于这次的创业是自己熟悉的捕鱼专业，所以大获成功。它们家庭每月有了很多的收入，鼹鼠小姐把这些收入的绝大部分都注入到自己的理财大账户里，让钱去生钱。它们仍然保持着当年俭朴的生活作风，衣柜里衣服都是网络上淘来的，家里的家具都是简单实用的，但它们在慈善方面却毫不吝啬，经常捐助附近需要帮助的家庭和孩子。

鼹鼠小姐说："我们都是从艰难的环境里走出来的，看到还有人在受苦，就忍不住想要帮一把。"

鼹鼠小姐设立一个慈善账户，每次理财盈利的5%，它都会另外开一个理财账号。如果看到有需要帮助的人，它就会取出来捐赠，或在满一年时把它捐给当地的贫困家庭及慈善机构。

它们又这样平静地生活了很多年。企鹅先生的企业却因气候的改变和当地居民的流失而发生问题，它们不得不改变这种平静的生活。企鹅先生和鼹鼠小姐说了自己的困境，并说为了防止影响到家庭，现在必须关闭经营的渔场，还说准备再去找工作来支付家庭的日常开销。

鼹鼠小姐安慰了丈夫，告诉它："我早从你每天回家的脸色上看出来了，你能这么想，也说明你能屈能伸，是个大丈夫。不过也不必担心，这几年来我一直都在节省开支进行理财，现在你都不知道我们有多少钱。你也不用去找工作，我们有足够的生活费用。"

企鹅先生吃惊地说："怎么可能？这几年渔场是赚了些钱，但也花了不少，另外孩子也花了不少，还有每月生活花销都很高，我都觉得没什么钱了，你哪来的钱啊？"

鼹鼠小姐神秘地笑道："你一直觉得花钱是个小事，但其实和你赚钱一样难，甚至更不容易。人如果因为钱就去工作，那你就是给钱打工，现在我在理财，我是让钱在给我们打工。"

企鹅先生想起来了，自己生活的地方资源丰富，只要会捕鱼，海里有取之不尽的食物，所以自己天生就是乐天派，认为资源不会缺乏，这种性格的优点是敢于去闯未知的世界，且一旦成功带给家庭的财富就很多。但缺点是碰到不利的情况时，往往是最惨的一个，因为它们几乎没有什么储备。而鼹鼠家族生活的地方则充满了竞争和风险，它们已经习惯于和恶劣的自然环境作斗争，并有建造家园、储存食物的习惯。企鹅先生庆幸自己是和鼹鼠小姐在一起，如果也是位和它一样的企鹅女士，那后果真不敢想象。

在随后的一段岁月里，企鹅先生反思了自己的人生，总结了自己创业的得与失。得的方面是：丰富了自己的创业经验并知人善任，尤其明智的是它将家庭的收入交由更善理财的鼹鼠小姐去打理，否则就不会有后来的平静生活了。失的方面是：自己的魄力还不足，没有适时开展远洋渔业的业务。

过了些时日，企鹅先生还是准备去打工了，它想到远洋渔场去工作，一方面去赚钱补贴家用，另一方面是熟悉业务，准备东山再起。鼹鼠小姐知道爱人打工是为了以后的创业，所以并未阻拦。而企鹅先生看到妻子这些年对家庭做了这么多的事情，决定不再沉默，它准备向上次的失败发起挑战。

故事的结局是：多年后，企鹅先生的事业再创辉煌，它成功开展了远洋渔业的业务，并形成了一个全球连锁的大型集团公司，它还高薪聘请了更为年轻的从家乡来的"帝企鹅职业经理人"团队代为打理企业。鼹鼠小姐则通过理财赚到的钱贷款买下一栋小楼，靠出租给房客来还贷款。因为鼹鼠小姐精于家庭装修和装饰，并经常给租客赠送各种蛋糕食品等，所以大受租客欢迎。企鹅先生后来还给这个出租的小楼起了个名字叫"企鹅爱鼹鼠"，并申请了商标注册。现在，"企鹅爱鼹鼠"也成为一个连锁的爱情假日旅馆，在鼹鼠小姐用心的经营下，在全国各地又开了很多的分店，当年的贷款早已还清，现在每月的现金流非常高，即使它们不去工作，它们的生活也绝对无忧无虑。

鼹鼠小姐称这种不用工作就能有的收入为被动收入，它发现只要这个账户的钱可以支付每月的开支，它们就不需要工作了。所以当企鹅先生当年说要辞掉工作去创业时，它马上就赞同，而且还资助丈夫进行创业。其中的一大原因就是那时它们的被动收入可以支撑家庭的最低开销，不会因为丈夫的收入中断而让家庭受损。鼹鼠小姐每月除了丈夫给的钱，还有这个账户的收入，所以后来它才敢大胆贷款。

它们的家也从低矮破旧的旧居搬到了海边的别墅，还买了红色的跑车和黑色的越野车，家具也是原木制品，还有一间为企鹅先生准备的隔音很好的音乐房，里边放着一把蓝色的摇滚电吉他。这些后来买的东西，都是它们梦想账户里的清单，鼹鼠小姐通过理财目标的逐渐达成，按照从小到大的梦想排列，逐步实现着它们早年的梦想。而为这些，它们准备了很多年。

企鹅先生还说："幸亏听了鼹鼠小姐的话，没有提前买那把电吉他，否则后面更好的东西就不会出现了。"

企鹅先生还有一个梦想就是"环游世界"，它认为它的一生就是一次旅程，它要带着鼹鼠小姐走遍全球。鼹鼠小姐原本没有这样的想法，它只想在一个地方一直到老，但和企鹅先生一起旅行后，发现了世界的奇妙，它很感激自己的丈夫，因为认识了它，而让自己的世界变得丰富多彩。它们去希腊看爱琴海，在太平洋的斐济度假、看巴哈马粉色的沙滩和游泳的小猪，企鹅先生还带鼹鼠小姐到自己出生的地方，看美丽的极光，一起数天上的星星。

可能读者朋友会问，怎么好像没说它们的孩子的故事呢？事实上它们非常重视对孩子的培养，企鹅先生给它讲企业和投资的知识，鼹鼠小姐则直接给孩子开了一个投资理财的账户，把平时的零花钱和准备买玩具的钱全存进这个账户里，买了股市的指数基金和一些优质的股票。经过长期的坚持理财，这个账户的钱变成了一笔"巨款"，在孩子长大后交由孩子自行管理。它们还告诉孩子：**"一生中，婚姻是最大的投资，夫妻是最好的搭档，而离婚则是最大的破产。"**它们的孩子长大后也像爸爸妈妈一样节俭，善于理财，并开创了自己的事业，但那就是另外一个故事了。

企鹅先生和鼹鼠小姐的故事讲完了，但鼹鼠小姐却还说："其实还有很多细节没有讲，像怎么去花钱来减少开支，但又能保证生活的质量，这可是一个三天也说不完的故事啊。**如果你想了解其中的奥秘，就要去读下面的'学会花钱'篇。读完你就什么都明白了，希望能对大家有用！**"

第三节　学会花钱

可能你会说："花钱谁不会，这有什么难？"但你知道吗，如何花钱可是一门智慧很高的学问，而成为富人的第一个秘诀就是你的消费习惯。**金钱的价值是背后的机会成本，并不是金钱本身。**日本的生活家有川真由美就倡导极简的生活美学，她认为真正的理性消费只有一条标准，即依照生活所需进行消费决策。在购买一件东西时要先问问自己："该物品是否为生活必备？如不是，是不是自己非常喜欢？喜欢时间估计有多长，会超过一个月吗？如果要搬家，会带走吗？"如果都确定了，才最终决定购买。用真由美的话说，**"真正精彩的生活，靠的不是堆满房间的东西，也不是用之不尽的金钱，而是我将要度过怎样的时光"**。

按照商品的分类，可以分为**必需品、可选择品和奢侈品**三类。其中的**必需品**是为了满足人们日常生活而必须购买的商品，如柴米油盐酱醋茶和一般日常生活用品等；**可选择品**是为了提高人们的生活水平，在收入提升后可以选择性购买的商品，如汽车、住房、品牌服装、电子设备、钢琴乐器、健身器材、电影、旅游、游戏和KTV等；**奢侈品**是较以上两者费用偏高但实用性并不强的商品，只为满足某种心理需求。在日常生活中，我们购买的商品价格其实包含了**基础价格、广告营销费用和品牌虚增费用**。其中**基础价格**是指该商品的成本和必要的管理费用；**广告营销费用**是指在推广该商品时所产生的营销费用、广告代言费用、宣传活动费用和代理商提成等；**品牌虚增费用**是指由品牌所产生的相关费用。

整理一下，则"商品价格＝基础价格＋广告营销费用＋品牌虚增费用"。如果你能经常买到以基础价格为主的商品，则你的支出将会大为降低，而反之你的财富必将逐步减少。可能有人会说，"价更高的就是好商品，因为一分钱一分货，什么时候都没错"。但我要说的是，如果你也有这样的想法，那一定要具备识别商品性能的鉴别能力。美国一位教授曾研究过这个课题，他发现美国的工程师消费者群体是购物鉴别能力最强的一个群体，他们大多注重从商品的性能方面考虑购买某种商品。

在罗伯特·西奥迪尼撰写的《影响力》一书中，他指出相信"价格贵就等于东西好"是一种源于人类心理的自动播放模式，像被提前录入的磁带一样，只要按下播放键，人们就会莫名其妙地去播放执行。一般情况下，要是对物质的品质拿不准，就会经常使用这一模式。书中还讲了作者的一位女性朋友，在美国亚利桑那州开了一家珠宝店，她将店里许久卖不出去的绿宝石的价格误写成了应标价的 2 倍，结果却被客户一抢而空的故事。有人曾做过实验，把进价完全相同的一批商品分成三个价格去销售，卖得最快的往往是那个价格最高的，其次是价格居中的，最后还有很多因价格低而卖不掉的，但调高价格后就又迅速卖出了。现在给朋友送礼，同样的礼品，朋友一般会更喜欢从实体店里购买的，因为价格贵。**人们对商品的购买只看价格，而不看性能，导致了一些人在消费上的无知与浪费。商家正是通过灌输这些理念来进行商品销售的，如超市里"先提价、再打折"的促销商品。**

　　还有的人可能会说，他们买的低价商品质量的确是有问题。但我们这里做的是同等质量的商品价格比较，而不是指基础价格低的商品。如果买到了一些购买价格大幅低于基础价格的商品，那质量肯定好不到哪去。其实，**真正的"一分钱一分货"针对的就是基础价格**，而不是附加了很多钱的最终购买价格。

　　对于前面说的三种商品（必需品、可选择品和奢侈品）。基础价格占比最高的是必需品，然后是可选择品，最后是奢侈品。**对于大部分普通人来说，花钱的智慧主要集中在可选择品部分，而买奢侈品对你的财务伤害是最大的。**从理财的角度讲，一个人在买入任何一件商品时，除了要想想买入这个商品带给你的幸福感受，还要再想一下财富流失的那种感受，要问问自己谁才是这个商品的真正受益者，然后再决定购买。商家喜欢愚蠢的买家，但却尊敬那些精明的买家。

　　鼹鼠小姐曾说："奢侈品是理财的'毒品'，会让人上瘾，让人起攀比心，最终的结果是一颗'苦果'。"它还说，"人生有两个口袋，一个是魔鬼口袋，一个是天使口袋。魔鬼口袋里装着妒忌和奢侈品，天使口袋里装着爱心和慈善。"另外，从奢侈两个字的构造来说，**"奢＝大＋者，侈＝人＋多"**。企鹅先生曾一直认为是前者，就是价钱高的东西，结果它一见价格低的商品就会大量购买，尤其是在商品打折时，为此它给家里买了很多一生都没用上的东西；而鼹鼠小姐则认为是后者，即对人来说是多余的东西，即使价格很低，但只要没什么用，它就绝不会购买。这里很多读者朋友可能会说，现在中国可是世界奢侈品的消费大国，为什么会有那么多国人去买呢？其实应该反问的是，为什么欧洲的人对自己生产的奢侈品并不那么狂热？答案其实很简单。欧洲比我们富裕得要早，且欧洲人大多低调，认为炫富是低俗与粗鲁的行为，很多欧洲的富人对做慈善的兴趣明显要比买奢侈品浓厚，他们更多追求心灵的财富。我们则刚从过去物资缺乏的年代走到物资丰富的年代，所以很多先富裕起来的人，就把儿时家中的物资匮乏变为今天的奢侈品泛滥，甚至很多收入不高的年轻人也以能买得起奢侈品为荣而相互攀比。对于真富人来说，奢侈品并不奢侈，而对于假富人来说，奢侈品就是奢侈。**我们在财富上的成熟度还有很大的提升空间，如果一味追求虚荣，不注重产品的性能，只会让我们陷入"品牌圈套""广告陷阱"和"奢侈品的迷雾"中，让你理财的步伐愈加艰难，财富自然也会离你越来越远。**

企鹅先生对方向的准确把握让它的创业与投资每次都很成功；而鼹鼠小姐的理财智慧也让它们获得的财富成果得以完整保存，并不断放大。一次，企鹅先生无意中翻出**鼹鼠小姐的理财日记**，让它非常惊讶的是，原来自己的妻子默默地做了那么多，而其中很多内容都是自己所不了解的。这一次，企鹅先生亲自做了美味的晚餐，并打开了家里唯一的一瓶红酒（企鹅先生平日里不沾烟酒），向鼹鼠小姐表达了自己的谢意。

企鹅先生说："亲爱的，原来我以为管钱很简单。没想到你那么费心，既要每天做账，还要列那么多的计划。辛苦你啦！"

鼹鼠小姐红着脸说："其实没什么，你也很辛苦！我记账是要让我心里有数，还要堵住咱们家庭财务的漏洞。"

那晚，鼹鼠小姐把它的思路及做法与平时只关注自己事业的丈夫做了一次很好的交流。

首先，它买东西的顺序一定是按照必需品、可选择品和奢侈品的顺序来进行购买的，而且非常自律。在必需品方面，因为是日常必备的商品，是一定要买的，它会先做好家庭日常各种食材和物品的储备清单，然后在一年中它们最便宜的时候进行选购。买水果蔬菜类最好是买应季的，因此时产量大，所以价格相对优惠，像夏季的西瓜、西红柿和黄瓜等。在大型超市里销售的水果蔬菜经常会进行优惠活动，一般都是鼹鼠小姐的购物首选。它说这些食品打折并不是因为质量问题，而是商场的促销手段，这也让它不必为每日去想做什么饭而苦恼费心了，只要跟着超市活动就好。超市的"特价菜"活动越多，鼹鼠小姐家餐桌上的菜肴就越丰富。有时候，鼹鼠小姐和企鹅先生也会一起开车去附近的大型集贸市场或农民销售点去集中采购，价格也更便宜公道。

现在很多水果蔬菜米面油等也都可以网上购买，网站为了吸引人气，有的秒杀价格极低，但需要搭配别的商品一起销售。因为鼹鼠小姐早有计划，它会将家中储备不足的食材和这些价格极低的商品一并购买。不过它提醒说，不要因为价格极低而随意搭配一些自家无用或暂时无用的商品，因此类商品都有保质期，过期浪费就不好了。通常，鼹鼠小姐在下单购买完这些低价的组合商品后，还会向商家申请免费搭配一些用量不大的东西，如一小把香菜、一个胡萝卜或一个夹盘器等。

因为鼹鼠小姐将是这家商家的老客户，而且会去向朋友宣传，商家也自然很喜欢这样的忠实客户，所以优惠也是常事。鼹鼠小姐关注了这样的商家，对它们销售的产品价格和质量规格都相当了解，所以它会在商品促销活动时有计划地进行购买。

鼹鼠小姐在购买商品时，通常**最注重的就是该商品的性价比**。在同样的商品性能上，它选择的一般都是**大众口碑较好的大众品牌**。在它收藏的这些商品的网上店铺里，有产品的产地介绍，来自原产地的商品就是一个很好的选择标准，因为这意味着更低的价格和更好的质量。鼹鼠小姐会将一款产品的三个店铺产品价格进行对比，并考虑客户的相关评价后，选择中间价格的产品，这样它就会买到最合适的商品了。

其次，鼹鼠小姐对可选品的态度比较谨慎。 它说，可选品是有钱后为提升生活品质而选择的商品，如果提升的生活品质并不高，则失去了购买这类商品的意义，而如果提升的生活品质过高，则会透支家庭财富而得不偿失。在所有可选品中，一类是普通商品，另一类则是它们的梦想品，都会提升家庭的生活品质。如果是第一类商品，则应按照"性价比"原则择机购入；如果是第二类商品，鼹鼠小姐一般会仔细鉴别这些理想品和生活实际的关系，按照其两者关系紧密程度的顺序，标好梦想品的数字序列，作为自己将来购买的顺序。而购买的条件就是理财账户中的资金增长，每达到一个级别，它们就去用赚来的钱去购买一件梦想品。它们家里的真皮沙发、欧式家具、超大屏网络电视、蓝色摇滚电吉他、白色三角钢琴、黑色越野车、海滨别墅和超级红牛跑车等，都是按照这样的条件和顺序来购买的。它们家庭的生活档次是在逐步上升，但它们家庭的财富资产也在同步增长，并没有像很多普通家庭那样因超额购买而使资产缩水。

鼹鼠小姐说："其实，很多人无法真正省钱的原因就是看得太多，每天盯着网上的促销活动和商场的打折信息，而不是盯着自己的计划，所以很容易买到多余的商品。从字形结构看，'省 = 少 + 目'，其实就是'少看即省'的意思，只是人们没有注意罢了。"

说完，鼹鼠小姐合上了自己的理财日记本。企鹅先生则端起了酒杯，向鼹鼠小姐表达了深深的爱意和谢意。**它们的故事讲完了，但理财的故事还将继续。**

第六章　赚钱先防骗

第一节　大学生"套路贷"的债务警示

几天前，无意中看到一篇报道，是说某大学的一名学生由于贷款问题被逼自杀的消息。随手到网上一搜吓了一跳，居然有这么多的案例，在"校园贷""裸条贷""套路贷""杀猪盘"等关键词后面，发生了许多恶性的案件。

国家对借贷是有明文规定的："**借款利息超过基准利率四倍的，即为高利贷，超出四倍的部分，国家不予保护**"。目前，国家也修改了民间借贷利率的司法保护上限，以每月 20 日发布的一年期贷款市场报价利率（LPR）的 4 倍为标准。例如以 2020 年 7 月 20 日的一年期 LPR3.85% 的 4 倍计算，民间借贷利率的司法保护上限为 15.4%，较过去规定里"二线三区"的 24% 和 36% 均大幅下降。

很多大学生不懂有关金融和法律的知识，更不懂得如何保护自己，完全不明白这种借贷行为的危害性有多大。父母们辛辛苦苦地把孩子培养到大学，本以为已经完成了任务，觉得孩子以后的路都是一帆风顺，岂不知就在大学这个阶段还存在一个教育"缺档"，就是对即将进入社会的大学生们做财商教育，学习和金钱打交道的本领。**大学时期是一段承前启后的重要时间，将面临社会大学的重重考验。**这段时间无疑是每一个学生学习理财和财商知识的宝贵时间，很多大学院校在多年前就有这方面的计划，但由于种种原因，真正开展的并不多，大学生的财商教育迫在眉睫。

2016 年，由清华大学媒介调查实验室、蚂蚁金服商学院和清研智库三方合作发布的《中国青年财商认知与行为调查报告》显示，约六成的"90 后"在校大学生有强烈的理财愿望，约四成人炒过股，超三成人买过基金，但半数的学生财商不足，超七成学生想学却无处可学。现阶段，大学生应该如何通过自学来提高自身的理财智慧呢？我认为主要有下面三个方面。

（1）理念先行，合理消费。

虽然国家已经开始严厉打击针对大学生的各种违法违规贷款行为，并建立了校园网贷监督机制，但披着各种马甲外衣的违规贷款业务仍潜伏在学生周围，随时准备骗取学生们的钱。有些躲在暗处的骗子，利用很多女生涉世不深、贪慕虚荣和想尽快结婚成家的心理特点，把自己包装成"高富帅"般的"白马王子"。又利用感情骗取她们的信任，并通过赌博或虚假投资来骗取受害者钱财，使很多受害者不光失去了金钱，更失去了对人生的希望与信任。更可恨的是，这些骗子还将受害人称为"猪"，他们通过培养感情（养猪）来骗取财富（杀猪），这也是骗局"杀猪盘"名字的由来。

很多骗子虽然针对的是在校学生，但目标其实是他们的父母，利用给亲朋好友打骚扰电话、语言谩骂、门口喷漆等卑鄙手段威胁。很多父母因为面子，被迫还了这些打着"借款"旗号的高利贷。而有些学生因为不堪其扰，又怕给父母丢人，也没有和父母讲，在巨大的心理压力下，就发生了悲剧。

为什么大学生会犯这么低级的错误呢？我想是两方面的原因：**一是对消费理念的认识误区，不明白延迟享受的道理，透支了自己的未来；二是不懂理财的重要性和相关的法律知识，学生们本可以拿起法律的武器来保护自己，但由于不懂法，草率地签了合同，导致自己处于被动的局面。**

今后如何防范这类事情的发生呢？国家对校园贷的治理是一方面，而加强学生的金钱教育则是更重要的另一方面。人一生的教育分为三部分：家庭教育、学校教育、社会教育。很多父母本身对财富的概念并不清楚，也不明白理财的规律，无法给孩子一个正确的理财教育；学校的教育大多是以专业分数高低为标准的，并没有讲如何与金钱打交道，因此很多学生没有理财的观念，不懂得金钱和债务的关系；社会教育又分为入职前的职业教育和工作后的"人生"教育，前者仍是对专业学科的继续加强，而后者则更多以结果为核心。

（2）谨慎借贷，保护征信。

现在已经进入了全民信息时代，每个人的征信都非常重要，而保持良好的个人征信也是现代经济生活的必要前提。现在，很多年轻的大学生喜欢提前消费，信用卡、支付宝花呗和京东白条更是十分普及。许多同学还喜欢使用分期的业务购买产品或偿还贷款，这都无意中放大了消费的额度或增加了支付的利息。令人惊讶的是，很多年轻人对利息的高低并不敏感，只要能拿到钱，多高的利息都敢贷。正所谓"无知者无畏"，很多钱最后都落在了父母的身上。这些还款一旦出现逾期，就会在个人征信上保持至少5

年的时间，而当大学生毕业后准备贷款买房时，就很可能成为被拒贷的主要原因。

其实，国家是支持合理的校园金融贷款需求的，但要选对贷款的对象才行。**大学生第一个不宜选择的就是网贷，利息偏高，在注册过程中容易泄露信息，且每次都会查询征信；第二个不宜选择的是金融公司，因学生对相关业务不是很懂，很容易被骗；第三个不宜选择的是个人，因个人的诚信度不如单位。**

大学生要记住的是：借钱只选银行，消费最多选花呗和白条，不要轻易在任何合同上签字，不要随便借给别人自己的身份证，不要给任何人担保或抵押，也不要轻易给任何人借钱，同时必须远离黄赌毒。

在所有的借贷中，可以分为好的借贷和坏的借贷。**好的借贷就是借贷买入能生钱的资产，而坏的借贷则是买入花钱的负债。**财务上的无知会让人养成借贷消费的坏习惯，在进入社会工作后，将是个人财务上的一大隐患。所以，**要控制借贷消费的额度，少买分期类的产品，并保持良好的信用记录。**在将来需要贷款购房时，现在信用卡的还款记录便是非常好的贷款数据，所以一开始就得高度重视。

（3）制订计划，边学边做。

在校大学生可以通过打工来积累自己的储蓄，也可以通过创业来实现。凡事要从小做起，所有的这些努力，都将促进对社会和经济的深入了解，提升个人的工作能力，对毕业后的就业或创业有百利而无一害。

人生就是一种选择，成为富人还是穷人也是一种选择。如果你想要将来变得富有，就一定在年轻时定下一个计划，通过计划你可以计算自己的财富目标能否真正实现，从而做出必要的调整。**你的计划不应是那些靠借贷买来的一大堆消费品，而应该是如何尽早实现自己的财富目标。**不要小看自己定下的这些目标，下面这个故事展示了计划和目标的关系与力量。

　　1940 年的一个下雨天，一个 15 岁的男孩在厨房里写下了一生中要完成的 127 条目标，在之后的半个多世纪里，他几乎全部实现了。这个男孩就是被称为当代"印第安纳·琼斯"（电影《夺宝奇兵》里的男主角）的探险家约翰·戈达德。他的"生命清单"计划里，很多内容当时看起来是那么遥不可及，例如到尼罗河、亚马孙河和刚果河探险；登上珠穆朗玛峰、乞力马扎罗山和麦特荷恩山；骑大象、骆驼、鸵鸟和野马；探访马可波罗和亚历山大一世走过的路；主演一部像《人猿泰山》那样的电影；驾驶飞行器起飞降落；读完莎士比亚、柏拉图和亚里士多德的著作；谱一部乐谱；写一本书；游览全世界的每一个国家；参观月球……迄今，他已完成了 15 岁那年设立的 127 条目标中的 111 条，以及 15 岁之后设立的 500 多条目标。**设立目标，制订计划，你也可以成为自己财富世界的"约翰·戈达德"。**

　　大学四年，如白驹过隙，转瞬即逝。有的人在虚度时光，而有的人则收获颇丰。例如多年前的一位美女模特，在上海某大学上大一时就放弃了平时和同学"吃喝玩乐"的机会，每天在上海的弄堂里寻找老房子，买房装修后放到网上卖出。大四毕业时给家里拿回了近亿元的资金，而这一切都是在当初妈妈给的仅仅四万元的基础上创造的。所以，建议大学生可以边学边做，即一边学习理财的知识，一边开始理财实践。所有的成功都是实践来的，没有失败就不会有经验，大学时的各种挫折和教训，无疑是毕业后宝贵的财富。当你设定了这样一个人生目标的时候，你就开启了自己的财富之旅。鉴于还有那么多的大学生仍在犯着财智不足的低级错误，这里想说的是："**在财商时代，每一个大学生都不要错过你人生中最宝贵的一段时光，因为你的决定将会影响你的一生！**"

综上所述，带给我们的警示是：**在任何时候都千万不要让自己深陷债务危机之中**。有太多的人因为创业失败、投资失误、被人欺骗、错误借贷或参与赌博等让自己负债累累，在"债务大山"的重压下，人的情绪往往会失控，那种痛苦煎熬的心情是普通人所无法体会和想象的。压力不光会摧毁一个人的信念，还会让人的决策失误，甚至让人失去应有的尊严。又因怕看到别人异样的眼光，担心家人的伤心与指责，许多人就在这种复杂的情绪困扰下，一步一步地走向深渊。

第二节　理财需谨慎，浮财毁人生

凡是有过理财和创业经历的人，没有哪个是没"踩过坑"的，也没有哪个是不交学费就能成功的。**现实中的一个规则是，内行人赚外行人的钱。很多人在信心百倍地投入到一个项目中去后，可能没有输在自己的专业知识和技能上，也没有输在项目的选择上，但却输在了各种令他们"万万没想到"的欺骗上**。据统计，被骗是初次理财和创业失败的几大原因之一。所以，理财知识固然重要，但现实中防骗技巧同样重要。

曾几何时，身边总有朋友在问，"有什么好的理财项目吗""我该选哪个P2P平台好""艺术品拍卖翻几倍靠谱吗""区块链和比特币怎么样""私募股权和新三板能上主板吗"……我告诉他们："这些我都不做，你们如果这样理财，还不如把钱存银行。"他们表情都很诧异地说，"不会吧！存银行，那岂不是更不划算！"几年下来，当初问我这些问题的朋友再也没有提过相关的问题，甚至见面也避而不谈。其实我知道他们很多人都在不同的地方栽了跟头。他们中有的是在某专业领域很有建树的专家学者、技术人员、营销精英，有的甚至是企业主，他们在自己的事业上可谓如鱼得水，但在投资理财上却乏善可陈。

俗话说"理财需谨慎，浮财毁人生"。**这里的"浮财"就是那些可能会被别人轻易拿走的，本属于你的财富。**上面提到的那些朋友，他们很多人都以为自己是在投资，但其实得到的只是"浮财"罢了，结果自然可知。下面罗列了几种理财中常见的"浮财"骗局，望大家引以为戒。

一、让人又爱又恨的 P2P

P2P 是英文 person-to-person 的缩写，意即个人对个人，又称点对点网络借款，是一种将小额资金聚集起来借贷给有资金需求人群的一种民间小额借贷模式。说起 P2P 网贷的历史，就不能不提到一个人——2006 年诺贝尔和平奖获得者穆罕默德·尤努斯教授，他是孟加拉国的银行家，也是现代小额贷款和 P2P 的鼻祖。他创立的格莱珉银行，是一家专注于向最穷苦的孟加拉人提供小额贷款的金融机构。他的目标是帮助穷人实现个体创业，从而使他们永远地摆脱贫困生活。

国际上的 P2P 公司主要是个人对个人借款，平台只是中介方，不参与借款活动。而很多国内 P2P 网贷公司为了规避非法集资的法律风险，采用了债权的借贷模式，即客户把钱借给公司，公司再把这个债务分拆销售（转借）出去。小贷和 P2P 公司本是解决小微企业和大众灵活用钱需求的，属微利企业，像尤努斯的格莱珉银行贷款利率一直都没有超过 20%。而当时很多所谓的 P2P 公司为了吸引投资，却将利息不断抬高。

P2P 在英国、美国等国家发展较早，其实是个小众行业，且受到严格的金融监管，但在我国参与者众多，在愈演愈烈后乱象丛生。几年前给房地产借贷还是个暴利行业，但 2017 年开始调控之后，这个"香饽饽"似的业务趋于下行。同时，金融开始去杠杆，流动性收紧，银行对贷款都异常谨慎，导致到处都缺钱。尤其是从 2017 年年底开始，经济也有了下行的压力，中小企业贷款违约不断增加。从 2018 年开始，很多"百亿级"甚至"千亿级"的 P2P 平台开始纷纷爆雷，很多投资者在平台投的钱一夜归零，欲哭无泪。仅 2018 年 6 月 1 日至 7 月 12 日的 42 天内，全国就有 108 家 P2P 平台爆雷，相当于每天曝雷 2.6 家，涉及 7 万亿元资产及上千万的受害人。

《2019 胡润财富报告》显示："截至 2018 年 12 月 31 日，中国大陆拥有600 万元资产的'富裕家庭'数量已经达到 392 万户，比上年增加 5 万户；拥有千万元资产的'高净值家庭'数量达到 158 万户，比上年减少 3 万户；拥有亿元资产的'超高净值家庭'数量达到 10.5 万户，比上年减少 5640 户；拥有 3000 万美元的'国际超高净值家庭'数量达到 6.9 万户，比上年减少4425 户。"其中，令人"欣喜"的数据是，拥有 600 万元资产的富裕家庭数量比上年增加 5 万户，但这种欣喜的背后却可能藏着某种酸楚。就像网上一个段子讲的，一个人怀着羡慕的心情，问另一个自称"一年即成百万"的人，"您是怎么在一年里就成为百万富翁的呢？"而那人却告诉他，"其实，一年前我是个千万富翁"。

2018 年 6 月，在上海举行的陆家嘴论坛上，中国银保监会主席郭树清在演讲中多次告诫投资者注意风险，说**理财产品收益率超过 6% 就要打问号，超过 8% 就很危险，超过 10% 就要做好损失全部本金的准备**。2019 年，有行业"鼻祖"之称的 P2P 行业头部平台红岭创投宣告清盘，行业排行第一的上海陆家嘴国际金融资产交易市场股份有限公司（简称陆金所）也宣布退出，P2P 行业随即进入寒冬。现在，P2P 公司已从高峰时的五六千家大幅减少，清退为零。

作为投资者千万不要被高利益诱惑，要知道你看重的只是人家给你的利息，而人家看重的却是你的本金。

二、五花八门的庞氏骗局

"庞氏骗局"源自美国一名意大利移民查尔斯·庞兹，他曾在加拿大因伪造文书罪入狱，又在美国亚特兰大因人口贩卖而服刑。后来他发现最快速赚钱的方法是金融，于是从 1919 年起，阴谋设计了一个投资计划。他成立了一个空壳公司，骗人们向这个企业投资，许诺投资者将在三个月内得到 40% 的高额回报。然后，庞兹把新投资者的钱作为盈利付给最初投资的人，以诱使更多的人上当。在一年左右的时间里，差不多有 4 万名波士顿市民投资，其中大部分是怀抱发财梦想的穷人，庞兹共收到约 1500 万美元的"小额"投资，平均每人"投资"几百美元。在这场阴谋被戳穿后，庞兹被判处五年刑期。出狱后又开始金融诈骗，最终于 1934 年被遣送回意大利。1949 年，庞兹身无分文，在巴西的一个慈善堂去世，结束了骗子的生涯。

庞氏骗局的特点就两条：**一是高额回报，二是用后面的钱来付前面的利。原理虽然简单，但因人性的贪婪，历史总是一再重演。**

1. 披着外汇马甲的传销骗局

2017 年，一家仅仅进入中国半年时间就疯狂发展下线 40 多万人的外汇公司 IGOFX，于 2017 年 6 月 11 日凌晨跑路，诈骗约 40 多万人共计 50 多亿美元，约合人民币 300 亿元。公司宣称自己的平台有两种赚钱的途径：一种是寻找投资者进入平台以获取回报（称投资者只需把资金通过系统托管给操盘手，收益的 70% 属投资者，20% 属于操盘手，剩下的 10% 则付给四个级别的介绍人，级别越高，收益就越高），面对这种貌似稳赚不赔的生意，投资者热情高涨；另一种是直接投资，盈亏自负。其实，IGOFX 之所以发展得这么快，就是因为这种"人拉人、拿提成"的模式，而他们投资的钱根本没有参与到外汇交易市场。**所谓的盈利，其实是因为有源源不断新加入的"下线"，也就是拿新开户投资者的钱，付给最初开户的人作为盈利和佣金。**

据 IGOFX 外汇交易平台官网介绍，公司总部设于新西兰，是一家"一站式"的外汇交易平台，受到瓦努阿图共和国金融服务委员会监管。但其实瓦努阿图是南太平洋西部的一个岛国，陆地面积 1.2 万平方千米，其监管的最大特点是离岸监管、申请简单和相对宽松，只要给钱基本就会发牌照。这一金融诈骗组织在中国境内的总头目，竟是一位"90 后"高颜值美女。1991 年出生在江苏常州的张某是 IGOFX 在中国区的总代理，其配偶是 IGOFX 的大股东，居住在马来西亚。据说，她已潜逃至马来西亚，音信全无，只留下一地鸡毛，投资者维权无门。

我国有明确规定，**不允许网络平台参与外汇保证金交易，所有通过网络平台提供、参与外汇保证金交易均属非法，而且不管是哪个国家的外汇交易平台，在中国都是不受法律保护的。**目前，国内投资者可以放心交易的交易所只有八家：上海证券交易所、深圳证券交易所、中国金融期货交易所、上海期货交易所、郑州商品交易所、大连商品交易所、全国中小企业股份转让系统（新三板）和上海黄金交易所。这些机构都是合法合规的，而一些向大众私自提供期货、原油、外汇、贵金属和二元期权等高杠杆交易的其他机构都有可能是违法的，投资者绝对不要贸然参与，一定要擦亮眼睛，谨防被骗。

小白投资者们还要注意的一点是：**任何带杠杆的交易都不要轻易投资，包括期货、期权、融资融券等，因风险一旦发生根本无法控制**，像中行原油宝的"穿仓"事件等。

2. 披着区块链外衣的资金盘骗局

有媒体报道："2019年10月17日，多达百名中国人聚集在中国驻马来西亚大使馆前长跪不起，控诉马来西亚投资公司MBI诈骗千亿人民币。"

这家MBI公司的创办人叫张誉发，据说是马来西亚国父东姑阿都拉曼的堂弟，为马来西亚籍第三代华人，祖籍广东省。官网宣称MBI的常委顾问是马来西亚警察总署的署长，公司旗下有几十家产业，有房地产、影视公司、连锁超市、连锁公寓酒店、网上商城、绿色家居等。其实他和庞兹一样是个骗子，他早年是卖手机的，还做过红岛咖啡馆，当时宣传说只要投资就可以"边喝咖啡边赚钱"，可投资者一直都没有得到分红，他自己却圈了不少钱。后来计划破局，受害者3000多人，但张誉发只被马来西亚判刑坐牢1天，罚款了事。接着，他又去做卖床垫的传销，这个传销项目骗了60亿。张誉发的野心很大，他很快又创建了新型诈骗模式，即后来的MBI虚拟货币。

据部分示威者透露，MBI在中国尚有数以万计的受害者，估计被骗走的资金达5000亿元人民币。其中，很多参与者都是五六十岁的中老年人，他们亲切地称张誉发为"张爸爸"，很多M粉将一生的积蓄"倾囊相赠"，甚至面对家人的劝阻也无动于衷。然而 MBI 的本质是击鼓传花的庞氏骗局，故事的结局就可想而知了。尤其是现在张誉发跑到泰国落发为僧，因泰国是佛教国家，故又为维权增加了不少难度。

MBI 故意把投资计划设计得非常复杂，使人们难以搞懂其中奥妙。但就像所有的资金盘一样，都是用后来投资者的钱来支付前面投资者的利息，公司却没有任何的具体产品。**按照我国《禁止传销条例》规定，只要具备入门费、发展下线、层层返利这三个特征，就可以判断其涉嫌传销。**其实，很多投资者可能也明白这是个骗局，但贪婪的心迷失了他们的双眼，他们幻想着能成为前期"受益"的那群人，所以从某种意义上讲，他们也成了 MBI 在中国快速发展的"帮凶"。而当时本来身处瓶颈期的张誉发也绝没有想到，中国的"接盘侠"会有这么多。

如果一个人想要真正富有，就要付出自己的劳动，包括脑力和体力，来换取丰收的成果。而有些人则恰恰相反，不是想着不劳而获，就是想着一夜暴富，其实这都是穷人的典型思维，其结果往往就是人财两空的结局。

3. 打着消费返利的传销骗局

2020 年 1 月 20 日，浙江嘉兴市中级人民法院对涉案高达 100 多亿元的消费返利骗局大案作出一审判决，主犯汪某以集资诈骗罪被判处无期徒刑，剥夺政治权利终身，并没收个人全部财产；对其余 11 名被告人以集资诈骗罪等分别判处有期徒刑 3 年至 12 年不等，并处罚金；对查封、扣押、冻结的财物依法处置后，按比例返还集资参与人，不足部分责令各被告人继续退赔。

这家"中佳易购"电商平台从 2014 年开始，打着"大众创业、万众创新"的旗号，以"你消费，我买单"的消费返利陷阱为手段，共计向全国各地加盟商非法收取"商家保证金"117.03亿余元，最终造成数万加盟商损失63.59亿余元。

"中佳易购"在宣传广告中声称：消费者购买100元，就返100积分，积分可以消费；而商户只要将消费者消费金额的三分之一作为保证金押在平台，10个月后便可全部返还。同时，该公司采取推介会等多种方式进行宣传推广，并通过发展区域代理吸引商家加盟。

商业活动中的"消费返利"原本是一项常见的促销手段，商家设定一个消费梯度，满额有返利，常见的如商场或网上的打折秒杀活动等。但有些公司却将其包装出了众多诱人的"全新"概念：如"消费全返、消费赚钱和消费致富"等，民众很容易被误导和迷惑，进而踏入"高额返现"的陷阱。当时，很多平台甚至玩起来"拉人头"的游戏，返利比例高得离谱，完全违反常规理解。**究其本质，仍是一场庞氏骗局。**

消费者也好，投资者也罢，一定要牢记的就是"天上不会掉馅饼"。但很多人却被骗子给误导了，骗子告诉他们说："天上掉馅饼你也得用嘴接吧！梦想还是要有的，万一真的返利了呢！"于是，很多善良的人就这么傻傻地被骗了。现实中，骗子们无孔不入、无处不在，可谓防不胜防。

这些平台虽然在国家的管控下陆续倒下了，但各色的骗局还会长期存在，因为人们贪图小便宜的心理不会完全改变。它们可能披着资金盘、消费返利、金融理财、扶贫放款、慈善互助、多级分销、保健养生、游戏娱乐、虚拟货币、区块链等的外衣，但仍然都是庞氏骗局的变种。**贪和贫的差距就在"点撇"之间，没有价值产生的泡沫最终只会是一场空。**

另外，不要以为这些骗局都是大金额的案件，其实在我们身边也会有一些小型的骗局，因为金额不多所以不为人所在意。如充值的健身卡、美容卡、洗车卡和餐厅 VIP 卡等，你都要留意，要看清发行这些所谓会员卡的单位，是否有很好的信誉和实力。

三、形形色色的"大师"骗局

2019 年 12 月 7 日，有媒体报道：200 余名警力在深圳、佛山、贵州等地同时收网，将"某古烁今"有限公司的经理姚某等多名核心成员抓获，冻结涉案资金 1000 余万元。据悉，该公司成立于 2014 年，总部设在深圳龙岗。他们利用成功学演讲，采取拉人头听课的方式，以课程培训和企业营销为幌子，骗取中小企业主合约金和策划费，涉嫌从事诈骗和传销活动。

公司宣称，5 万元即可成为"合伙人"，再介绍一个"合伙人"就成为"天使人"，之后每介绍一个学员，将根据层级提成。公司包装的几位"大师"，虽冠名以集团董事长、集团总裁、投资家、战略家、企业家导师、皇牌导师和留洋管理学博士等，并声称"先后服务 200 家市值 100 亿元以上的公司，累计帮助知名企业创造营收超 500 亿元"，但真实情况却让人大跌眼镜，几位大师均为初高中毕业，有的是小型营销公司的业务员，有的是工厂工人，还有的开过小工厂或做过小生意，后因生意失败才加入"某古烁今"公司，被包装成给中小企业主讲课的"大师"。

很多中小企业主虽然在商场上久经磨炼，但到了这些"大师"面前，就只有乖乖交钱的份儿了。是什么让这些商业头脑远超普通民众的人做出如此愚蠢的事情呢？媒体评论人梁宏达曾说过，"这就像过去 90 年代的气功热"。记得当时"气功大师"都是警车开道，在大学或礼堂讲课。人们都争相去参加大师们的"带功报告"，并将装满水的各类器皿带入会场，以求大师发功来让水成为"圣水"，据说可以治疗各种疑难杂症。他还说，当时"带功报告"之所以这么热，是因为当时民众对科普知识的缺乏。如果现在再让大家去参加某大师的"带功报告"，恐怕就没有当年的热度了。其实，**现在很多中小企业主迷信所谓的"成功大师"，主要是因为信仰的缺失，而大众迷信"投资大师"，则是因为理财知识的缺乏。**

很多中小企业主攀比的是学费的高低和大师的知名度，而不是对自己事业的启发和探索，加之很多企业主学习的真正目的其实是去认识更多的人而不是学习本身，所以就给了这些"伪大师"们一个"机会"。这些"大师"们一般给成百上千的学员们同时上课，主要想利用各种会场造势来给学员压力。人在群体中的智慧往往是变小的，会受到周围人的影响，随大流而交费学习。还有，**很多人对这些大师说的话也是非常相信，从不考虑其内容的真伪，导致以高价学了一些在百度上就可以搜到或提炼的知识。**学习本身是对的，但要有自己的观点，学习的目的是启发和借鉴，而不是照搬和套用。要知道，知识是可以复制的，但成功却是不可以复制的，因每个人的情况都不尽相同，就像那句警世名言**"学莎士比亚的人，永远也成不了莎士比亚"**所讲的道理一样。

还有一类"大师"可能就在你的微信或 QQ 群里，他们扮演的一般是"投资大师"或"喊单老师"。前期通过免费的分析、推荐股票来获得群里人的信任，最后利用各种手段骗取普通投资者的钱财。例如有的诱导投资者去虚假平台交易，骗取投资者的本金；有的向投资者收取高额费用，提供所谓"专业辅导"，但其实本身并无资质或实战经验；有的向投资者索要盈利分成，开始还能有盈利，行情也如他们所述，但投资者一旦被套，就会被要求不断补仓，直至深套，其实这很可能是"大师"在帮助某游资机构出货。

有的投资者可能会问："群里的分析怎么会那么准确呢？连续一周天天都对！"其实道理很简单，这是一个**概率问题**。例如将忽悠来的5000人分为两个群，在一个群说涨，在另一个群就说跌，第二天解散说错的群。再将说对的群分为两个群，同样道理，一个说涨，另一个说跌，再留下说对的群，解散说错的群。如此循环，就会有一部分人始终会看到，这个"老师"的分析每次都是对的。如果你信任了这些"老师"，交了所谓的指导费、信息费或会员费后，你就一步步走入了他们为你设好的各种圈套。某地警方曾破获过这样的案例，发现某股票群的"投资大师"们其实都是没有交易过股票的普通打工仔，而他们工作的地方则在一个破旧的、拉着卷闸的车库里，他们的工作就是通过打电话来约客户进群体验，从而骗取客户的服务费。

四、针对特定人群的骗局

1. 老年人群体

针对老年人的骗局主要有3类：**健康、投资和养老**。

各类针对老年人的保健品骗局，在国家近年来对保健品行业的整顿下，逐渐退出历史舞台。但多年来其对老年人的健康、家庭和财富的影响，还让人们心有余悸。健康的理念来自正确的认知，而对健康的无知才是这一骗局的主因，骗子正是针对老年人的这一认知盲点而行骗的。其实，良好的心态、规律的生活和绿色天然的饮食就是人健康的保证。一位哲人曾说过，**对于健康而言，我们能控制的仅有睡眠、饮食和呼吸，其他的都是不可控的。**而"想睡就睡、想吃就吃"就是纯自然的生活方式，要吃纯天然的食品，喝纯净的水，呼吸新鲜的空气，减少对身体不必要的人为的干预，尤其是要少吃药和保健品。

除了保健品，老年人还是各种投资理财骗局的受害者。如 2018 年媒体报道了黑龙江老年人被骗的案件，据说有的老人还被骗了自己全部的养老金。当时某公司先以免费领取小纪念品为由，邀请他们参加公司会议，然后告诉他们投资艺术品如何升值，而且公司可以帮助客户进行全国拍卖以赚大钱。很多老人对此深信不疑，在业务人员的不断劝说下，他们一次又一次地买了各种艺术品，如古玩字画和纪念币等，并等待全国拍卖，但结果却是一拖再拖、不了了之。

"以房养老"本是国家的一项民生政策，意思是老年人可将房产抵押给银行或保险公司，由上述机构支付养老费用，以实现衣食无忧的晚年生活。但有些骗子公司却打着这一旗号并声称，"房本放家里也没有价值，但如果将手里的房子抵押借款给我们，就能获得每月 10% 到 15% 的高利息'养老金'，自己还可以在房子里居住生活，若干月后也可随时解押房产"。这样的"以房养老"项目让不少老人心动不已，但天上不会掉馅饼，任何的高利润都有不为人知的另一面。数月后，不仅承诺的高息没有兑现，老人的房子也被人以低价悄然过户。从 2015 年开始，北京有数十位老人陆续遭遇这样的骗局，他们有的失去了自己的房产，有的背上了巨额的债务。当时的一念之差，让多少老人倾家荡产、居无定所！

所以，在这里要**提醒所有的老年人，理财尽量只找银行或保险等国家的金融机构，尽量不和任何个人或私企有理财上的往来，还有就是一定和子女共同协商来办理，谨防被骗。**

2. 资金需求者

前几年，银行贷款审批严格，小贷和网贷额度有限且利息较高，所以很多背负资金压力的中小企业便把目光转向很多专业贷款公司。这些公司经常打着海外某大型金融集团的旗号，声称可动用上亿的资金进行具体项目的投资，而且利息也相对合理。但一般会要求你做一份项目的可行性分析报告，投资项目立项的费用一般为 3 万~5 万元不等，而且要负责报销他们项目考察人员的所有交通住宿和餐饮费用。

可是，当中小企业交了这些报告和费用后，就会被告知立项失败了，且费用不退——其实骗子公司本来赚的就是这些钱。

3. 商标或专利所有人

注册过商标或申请过专利的人都会有这样的经历：从开始申请到结果出炉，不断接到各种电话。有说商标被驳回的，有说可以帮助推广转化的，甚至还有说你获了某某不知名的大奖而通知领奖的，但这些都需要再给他们交钱，细查一下就会发现，其实这些大多都是骗子。

4. 收藏者

收藏品领域的水向来很深。网上曾爆料，有人拿着捡的石头去某拍卖公司咨询，被鉴定为某种名贵宝石，价值好几百万元。但要卖出，则需签订合同并缴纳一定的费用，有保证金、拍卖费、鉴定费和海外拍卖费等，可能高达好几万元。后据该市国检珠宝检测中心的工作人员介绍道，这并不是真正的宝石，也不值钱。很多不良拍卖公司其实就想赚那几万元的鉴定费用，所谓的"名贵收藏品"根本就卖不出去，全国多地都有收藏者受骗。工作人员还告诉记者，在正规的国检机构，这种初步检测费用在 100 元以内，如果对石头开窗内检并出具证书，费用在 200 元左右。

5. 购物者

现在网络购物的人越来越多，所以也吸引了很多骗子的目光。例如某些骗子通过你泄露的购物信息，伪装成"客服人员"给你打电话，说发给你的货可能是假货或有质量问题，准备给你退款，并准确说出了你的购物信息和你的电话及地址。你如果按照他们给你讲的退款流程进行操作，就很有可能被骗。现在很多人开始警觉起来，不会轻易点开骗子给的任何链接或二维码，但骗子们又想到了新的骗术，专骗购物的"好心人"。

同样是那些"客服人员"，还是说产品有质量问题，准备双倍退款，但需要手机验证码。这次，你很快就会获得退款，并且还发现对方多打了钱。对方"客服"将再次打电话给你，说财务人员是个新手，误多打了钱，希望你退回。其实这些钱都是骗子通过你的信息在网贷平台上的贷款，如果你还款给他们，就相当于把自己贷的款给骗子，而自己还得去还贷。某购物者就是这样被骗了几万元，直到他收到贷款平台的短信通知才恍然大悟，原来那些"多打的钱"其实都是自己的"贷款"。

6. 代理商

如果你选择创业致富，那开始时选择加盟代理是一个不错的方法，因为系统成熟、产品丰富，且有一定的品牌效应。但在实际选择时，也要擦亮眼睛，因为社会上存在着一些公司是专门以赚代理商的代理费为目的的，很多宣传和承诺将来都无法兑现。判断一家公司能否代理，最好的方法就是去其总部工作至少一个月的时间。

还有很多的形形色色的骗局，例如教你开网店的某些公司，承诺交费就可以让你的店铺销量达到几十万元，但没告诉你现在网店竞争已经进入红海阶段，网店的推广费用并不比线下低。而当你的网店刚开起来时，光顾你的客户也不少，但要警惕的是他们大多还是骗子。不是冒充客服给你发二维码骗钱的，就是给你提供虚假货源的，甚至还有拍了不付钱，等你误发货的（因为这是新手易犯的错误）。所以，竞争激烈的行业最好有熟人带，不要轻信一些公司和个人的承诺，如果他们对网络销售那么在行，早忙着自己开店直播卖货赚钱去了。还有，现在国内房地产调控严格，很多人便去国外买房，像很多人跑去泰国、柬埔寨等东南亚国家买房投资，而实际上卖给你房的可能也是中国人，而且没有经济和人口支撑的这些国外房产，到底能不能起到保值和增值的作用，还真是个未知数。

综上所述，不难看出，在所有的骗局中，都有以下三个特点。

1. 权利的转移

这里的权利指资金的管理权或使用权、资产的所有权及抵押权、理财的决策权和思考权等。一旦你将这些权利转移给任何公司或个人，都有可能会让你的财富缩水，严重的甚至可能损失本金。

2. 完美的包装和夸大的宣传

真正好的理财项目一般都不用宣传就已经被圈内人抢光了，而一个项目太注重包装宣传，反而要加倍小心、多方考察。

在任何不确定的机会面前，人们很容易被一个掷地有声的声音（如广告或公众人物等）所影响，但如果这个声音是在说谎或误导的话，那就很可能是一场骗局的序曲了。

3.诱人的高回报

凡是许诺"轻松赚钱，高额回报"的，像是高到离谱的投资品种或"躺赚"的创业良机等，一般都要慎重，避免上当。

所以，一个人想要在社会上"少踩坑"，就要想办法在理财上变得聪明起来。要抛弃那种"天上掉馅饼"的天真想法，只追求平均利润，不被高额回报所诱惑。同时应时刻牢记，自己才是自己资产的主人，不要轻易交出你的权利，不要轻易相信别人。那种把自己的理财轻易"托付他人"的做法，不能不说是糊涂与失策。因为，一个人财富成功的命脉，其实掌握在自己的手中。

第七章 今天，你必须要懂一点财商之道

　　现代生活中，理财已经是一个不能回避的话题，有很多时候需要理财的智慧，以避免各类骗局和陷阱。现实中还有一些做法看似无害，单独分析也都是正确的事情，但放在一起后却发生了潜移默化的变化，而有些变化的趋势对财富来说可能是不利的，就像民间流传的所谓食物"相生相克"原理。其实，人生就像一连串的"十字路口"，每一次的"直行或拐弯"都会影响或改变人生的轨迹。想要找到人生中的财富宝藏，就需要一份正确的藏宝地图，其中最关键的就是正确的行动路径。**在所有的正确行动路径中，最佳路径就只有一条，而找到它是极不容易的，需要一点智慧与灵感。**所以，今天在经济社会中打拼的我们必须要懂一点理财的智慧，也叫财商之道。

财富的成功是人生成功的一部分，财商之道也涵盖了生活中的很多方面。我认为，财商之道的内涵有以下 7 个方面。

一、经济之道

善待财富就是经济之道。如果一个想致富的人，对赚到的钱却极不珍惜，不光挥霍无度，还对买到的物品不加以爱护，使得本可以使用多年的物品使用寿命大为减少，如没有妥善保养的木地板、钢琴或汽车等，那这个人是不符合经济之道的。有资料显示，世界上的富人最喜欢的运动之一是高尔夫，不仅是因为会员费门槛较高，也不仅是因为在高尔夫球场上更适合谈生意，真正的原因是高尔夫是一项可以从小玩到老的运动，而很多运动项目是有年龄阶段的，如篮球和足球。富人们在培养孩子方面，也非常喜欢引导孩子去从事医生、律师、会计师或教师等职业，不仅因为这些职业的收入较高，更主要的原因是这些职业可以终身从业，即使经济不景气，他们也不会受到太大影响。

人们在谈论一件事情很"经济"时，一般是指这件事能否"一石二鸟"，甚至"一石三鸟"。而在**说某个物品很"经济"时，一般指的是其性价比较高**，性价比也被认为是衡量商品是否物美价廉的一项重要标准。人们一般认为，以低价买到的商品就是最"经济"的商品，但事实上也有可能买到"最不经济"的商品，因为**衡量一个商品是否"经济"的标准并不是价格，而是时间**。如果是长期使用的物品，购买高价高品质的商品，比低价购入较差品质商品后反复维修更换累加的价格要更经济，关键是还能得到更好的服务和商品体验。所以，真正的经济不是一味地少花钱，而是要综合考虑该商品在未来使用期间有可能发生的所有费用，这样的高性价比才能算是真的高。

坚持做高性价比的事情，就足以让你在一开始就成功了一半，你将变得更加"精明"。 这种原理还可以运用在人生的各个方面，包括学习、工作、创业、理财、购物、社交和生活等。当人生再次让你面临选择的时候，你就可以用这一原理来加以分析，做出自己最明智的判断。面对一项投资、生意、工作或者机会，是接受还是放弃，过去这些让你左右为难、犹豫不决的事情，都将变得明确。

另外，经济之道还体现在对比上，选择了接受某物，就存在不同选择之间的**机会成本问题**。举例说明，小 A 在某市新区工作，目前租房，在打拼几年后，有了些积蓄并准备买房。但到底是租房经济还是买房更经济？我从经济之道的角度给他做了些分析，以供他参考。

小 A 准备买入的房产为 120 平方米的三室二厅，每平方米 15000 元，总价 180 万元，贷款首付 30%，为 54 万元，贷款 70%，为 126 万元，贷 20 年月供为 8142.42 元，贷款利率 4.75%，利息共支付 69.42 万元，装修 20 万元，按 20 年折旧，每年摊销 1 万元。目前租房为 120 平方米的三室二厅，押金 2500 元，每月租金 2500 元。

首先，分析每年的房屋使用成本。

$$租房成本 = 押金 \times 存款利率 + 年租金$$
$$= 0.25 \times 1.50\% + 0.25 \times 12$$
$$= 3.00 \ 万元 / 年$$

买房成本 = 首付款 × 存款利率 + 贷款余额 × 贷款利率 + 装修折旧

= 54×1.50%+126×4.75%+1

= 7.80 万元 / 年

从每年的使用成本来看，租房要比买房低，但随着时间的增长，房租很可能会不断攀升，而贷款余额则会不断减少，且现在的利率也有可能降低，所以体现出**租房成本上升而买房成本下降的趋势。**

注：为了简化计算，买房的房屋维修基金、契税、物业费、采暖费等并未计入成本。

其次，分析两者的投资终值结果。

对一笔钱来说，**现在的价值叫现值，未来的价值叫终值，两者并不一样。**而通过对租房和买房的终值对比，就可以看出哪种方式更经济合算。

租房每年的成本约为 3 万元，如果 20 年期间房租平均增长率为 2%，则用复利计算器可算出 20 年来所交房租的终值约为 72.89 万元。同时，因为不用买房交首付 54 万元和装修费 20 万元，所以可以节省下共计 74 万元的资金，可以选择安全性较高的债券基金，年收益率在 4%~6% 之间，采取最低的 4% 来计算，则这笔钱在 20 年后的终值约为 162.14 万元。

买房的总成本（首付与装修款）的机会成本 162.14 万元和 20 年支付的贷款利息成本 195.42 万元（贷款额 126 万元 + 贷款利息 69.42 万元），共计 357.56 万元。所以，小 A 买房的财务结果为损失因付首付和装修款的机会收益 162.14 万元，支出贷款月供额合计 195.42 万元，但不用支付租房的机会成本 74.35 万元。

则两种投资的比较差额为 162.14+195.42–72.89=284.67 万元。也就是说小 A 如果选择买房，就要比租房多承担 284.67 万元的财务成本，但他获得了一套房产。**所以，要看这项投资是否经济合算，就要看 20 年后房屋的价值能否达到 284.67 万元。**因为房屋 20 年后会有折旧减值，假设减值比例为 25%，则房价实际需要达到 284.67÷（1–25%）=379.56 万元。**如果房产因增值达到或超过 379.56 万元，则买房更经济合算，如果房产因贬值未达，则租房更经济合算。**

最后，判断未来房价的变化情况。

目前房价为 180 万元的这套房产，经过 20 年要增长至 379.56 万元，相当于涨了一倍，每年平均的房价升幅约为 3.80%。

考虑小 A 所在的城市为强二线城市，新区发展的规划也刚刚开始，且处在我国房产红利期的末期。假设期间年通胀率为 3%，则基本满足房价的保值升幅，所以价格翻番可能性也很高，建议可以考虑买入。关于房价的走势分析，见本书的第三章内容。

但是考虑目前的国家调控政策，房价很难有过去 20 年那样的升幅，且呈分化之势。所以可以考虑寻找单价稍低一些的附近房源购买，如 12000 元/平方米。经计算，20 年后如保值需增长至 300.00 万元，较 379.56 万元少79.56 万元，价格较为稳妥。

小 A 决定再对房产进行进一步研究，并准备多走几家中介公司以寻到最优惠的价格。不过，他还提出另外一个问题：**如果以后想再投资买房并出租，是全款好还是贷款好？**

对于这个问题，我的分析如下：

从经济的角度来考虑，如果全款购买，要是每年的租金回报率较债券基金的回报率 4% 低，则不值得投资购买。除非，你分析出房价将来上涨的回

报率与租金回报率之和，远大于债券基金的 4% 回报率。

如果贷款购买，就要支付给银行利息。如果选取 20 年期的等额本息方式，每月还款额是固定的，但首月还款中给银行的利息占比高达 60% 以上。以后逐月降低，在 5 年后达到利息与本金持平，在还款期末的月供就主要是还本金了。从上面小 A 贷款购房的例子中，不难看出，银行利息平均约占到月供款的 35% 左右。

下面，我们分五种不同的情况来具体分析，为简化计算，以下房屋未算折旧。

第一种是**每月租金几乎可以完全覆盖月供**，则相当于用 30% 的资金拥有了 100% 的房产。如果房价稳定或跌幅不大，用到期卖出后的回报率与债券基金的 4% 相比，高则经济，低则不经济。若 30 万元买入 100 万元的房产，20 年后仍以 100 万元卖出，则年利率约为 6.20%，较 4% 高，所以值得投资。当然，要是 20 年后房价上涨至 200 万元，则年收益率达 9.95%，就更值得投资。

第二种是**每月租金不能完全覆盖月供，仅覆盖了月供中的利息部分**，即月供款的 35%。相当于小 A 不用向银行支付利息，但要分期存款到自己的房产中。此时，就对房价有了上涨的预期。否则，如果将来房价未涨，就仅是一个强制储蓄的定期存款账户了，关键是没有利息。尤其是，如果房价下跌，就会亏本。

小 A 说："钱不是有时间价值吗？贷款还的是本金，是不是相当于还的钱少了，只要房价不掉，还是值得的！"

我告诉他："因钱会贬值，的确是还得少了，但钱有机会成本，两者可以抵消这种影响，而房价不涨，其实就已经贬值了。"

这样投资是否经济的关键是：**20 年后房价的涨幅是否会大于债券每年 4% 的机会收益**。投资 100 万元的债券基金，平均每年 4% 的收益率，则 20 年后的本息之和是 219.11 万元。若投资 100 万的房产超过 219.11 万元时，则投资较为经济合算，否则就不值得投资，毕竟房产的资金变现能力也较差。

第三种是**每月租金不能完全覆盖月供，但覆盖了月供中的利息和部分本金**，即小 A 仍要存另外的部分本金到自己的房产。分析的原理同第二种方法，即**只要分析 20 年后房价的涨幅，是否会大于债券每年 4% 的机会收益与租金覆盖的那部分本金之差**。假设：房价 100 万元，租金覆盖 10 万元，则投资 100 万元的房产超过 209.11 万元时，投资较为经济合算。

第四种是**每月租金不能完全覆盖月供，且也不能完全覆盖利息**。相当于小 A 不仅要分期存款到自己的房产中，还需向银行支付部分利息。在一线城市或部分强二线城市中有很多这样的案例。分析的原理也同第二种的方法，**只要分析 20 年后房价的涨幅，是否会大于债券每年 4% 的机会收益与所支付的那部分利息之和**。假设：房价 100 万元，利息缺口 20 万元，则投资 100 万元的房产超过 239.11 万元时，投资较为经济合算。

第五种是**每月租金不仅能完全覆盖月供，还有多出部分**。这多出部分，称为被动收入。目前，能自动产生正向现金流的优质房产较为稀少。主要原因有：我国老百姓有热衷买房而不愿租房的传统思想；房价还处于房产红利期末端（2040 年）前的缓慢爬升期；现阶段百姓收入偏低，支付房租能力和意愿有限；而能支付高租金的，很多已开始准备买房。现在，即使有这样的房产，大多也是"不好"的房产，如三、四线城市的低价房和一、二线城市的商住房。除非你的购房资格已满，否则投资它们并不经济。

另外，我还提醒小 A，现在银行房贷按揭政策对二套的首付比例较高（45%~80%），而且各地政策也不同，所以投资时还需综合考虑。这里，只是做一个投资理财案例的经济分析，希望能起到抛砖引玉、举一反三的作用。

二、效率之道

一个人学会"经济"地做事，或叫聪明地做事，就算是一个精明的人了，但精明的人不一定都能成功。现实社会中，就有很多的精明人并未成功，他们在各个方面都很优秀，很多人也为他们的境遇鸣不平。其实，制约他们成功的恰恰就是这些所谓的"优秀"，要知道优秀的人太多，只有做到卓越才行，哪怕是只有一个方面的卓越，也足以让你脱颖而出。这就**像100壶99℃的水，也不如1壶100℃的水，因后者才是真正可以放心喝的开水。**

自然界有一个规律叫作聚焦原理。普通的阳光只会让人感到温暖，但用一个凸透镜把阳光聚集起来，就足以点燃一般可燃物。这样的原理同样可以运用到人生的各个方面。在人生中，一定要有个阶段能够聚焦在某个自己喜欢的事业或技能上，只要能静下心来并排除一切杂念与干扰，有朝一日，你就一定可以成为人们眼中某个领域的"明星"。当然，人们有能力分辨出坏的干扰，因为它和目标方向相反，而对好的干扰却很难辨别，因其虽和目标一致，但却会改变行动路径，让人无法真正聚焦。如果你是用一生的时间来聚焦在自己的事业上，你就可以成为真正的大家。做企业的可成为企业家，做投资的可成为投资家，做医生的可成为医学专家，做艺术的可成为艺术家，做慈善的则可成为慈善家等。用一句流行的话来说，**上帝给了每个人一生做好一件事情的机会，但却没给你做好很多事情的时间。**

从这个意义上来讲，频繁换行业的人，就不如在一个行业里默默耕耘、持续奋斗的人成功率要高，哪怕是从最不起眼的基层做起。同样，一个让消费者心动不已，让商家收获满满的成功的营销方案，一般都是运用了聚焦的原理。像每年"双11"的电商购物节，很多优惠都集中在零点下单付款的前几位，即折上折，自然吸引着大批消费者在网上连夜排队抢购，聚焦的优惠政策点燃了大众的购物热情。同理，**要想在理财上真正成功，就要聚焦在一个自己喜欢的领域，做自己擅长的事，通过聚焦原理来让自己成为这个领域的专家。**

聚焦原理的本质就是效率的提升，效率高的事情就是指在单位时间里创造的价值更高，而凸透镜之所以能点燃纸张，也是因为它使得单位面积的热能更高。历史上很多成功的人，都深谙这其中的道理。他们更专注于深挖一口井，而不会去浅挖一百个坑，虽然费的力量是一样的，但结果却完全不同。经济之道使人们避免了人生中那些不必要的浪费，而效率之道则让人生变得更有价值。

另外，**聚焦也要与时俱进。**在前文里讲到的"富人的致富格斗术"里，左拳为工作，右拳为事业，双脚为投机或投资。前期要聚焦在自己的左拳，通过工作来积累资本；中期要聚焦在自己的右拳，通过自己的事业来获得成功；后期要聚焦在自己的双脚，通过专业的理财来增长财富。其中，**聚焦自己的事业是一个重要环节，是成功的关键，其本身也是最经济、最有效率的事情。**例如北京一位姓殷的"85后"女孩，大学毕业后没有去工作，11年来就在家里做手工，每天工作12个小时，而且前三年里几乎零收入。你觉得她会成功吗？就是这个普通的女孩，却在2016年的日本东京举办首场中国羊毛纤维手作个展。在其后2018年和2019年的国内展出中，很多人都是提前两天甚至连夜排队，目的就是购买她的作品。10年只做一件事，女孩获得了成功，真正体现了聚焦与效率的道理。

其实，人类的发展就是效率提升的过程，从手工工具到大型机械，从手工操作到人工智能，从徒步迁移到高铁时代，从个人作坊到集团企业，从工业时代到信息时代等。**未来科技大发展将使得整个世界的效率都大为提升，将人类从各种固有制约中解放出来。**

三、统筹之道

学会经济地做事，懂得聚焦原理，接下来最重要的，就是要会选择最佳的聚焦时机，这就需要我们认真思考和合理规划。人成功的三要素是"天时、地利和人和"，世人都知道"天时"的重要，但其实最重要的却是"人和"。孟子也说过，"天时不如地利，地利不如人和"。"人和"在古时讲的是人心向背，现代则更注重个人的内心世界与外部世界是否和谐。简单来说，一个人的内心世界如果混沌，则外部世界必然坎坷；而一个人的内心世界如果清晰，则外部世界必然顺畅。要想内心世界保持清晰，就要想明白自己的人生目标是什么，并为此制订一个计划。

前面我们说过，**致富其实就是一个计划，而计划也分为三种：一种是工薪家庭的计划，一种是小康之家的计划，还有一种是富裕家庭的计划。**三个计划聚焦的内容和时机也不相同，工薪家庭的计划聚焦的是工作，小康之家的计划聚焦的是理财，富裕家庭的计划聚焦的是创业。而**为了将来能在合适的机会里聚焦自己的事业，就需要前期做好各种各样的准备，这就要有做计划的规划能力，即统筹之道。**

统筹之道追求的是**和谐美**，即个人成功要与时代和谐，与家族和谐，与内心和谐。与社会和谐就是要了解国家的发展和政策，根据自身的特点来选择发展方向。科教兴国是国家的战略，如果你也热衷于这方面，那你从上学到工作、投资到创业，都应该朝着这方面发展。与家族和谐是要根据你在家族里的身份来合理安排。如果你是家族里的青年人，就要发奋图强以打开全新的局面，创造更大的辉煌；如果你是家族里的长者，就要兼顾家族的责任，合理安排自己的人生。总之，要有家族的整体发展规划，让家族财富与爱心代代相传保证家族的繁荣昌盛。与内心和谐就是要真正了解自己的所想所求，并结合自己的能力和爱好来确定自己的人生目标，目标不一定要有多大，关键是要明确。

如图 7-1 所示，当你在选择做一件事情时，一定要问问自己，是不是自己想做的，是不是自己能做的，是不是自己该做的。例如小 A 准备选择做营销业务工作，从家庭来说要养家糊口，是该做的；从能力上讲，他业务能力很强，是能做的；但从内心来说，他并不喜欢，则他的目标选择就是有遗憾的。即使能做好也不会卓越，无法让他真正成功。只有图 7-1 中的"三元合一"，一个人的才华和智慧才能得到最有效率的体现。正如一句话所说的，**幸福的事情有两个，一个是爱情与婚姻相一致，另一个是工作与兴趣相一致。**

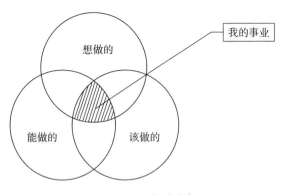

▲ 图 7-1　理想的选择

统筹之道运用在理财上，每一分钱都是一个会战斗的士兵，你就是指挥战斗的将军。首先，你要爱护士兵，不要浪费一分钱；其次，要训练士兵，学会各种理财的工具；最后，要懂得兵法，排兵布阵制订计划。网络上经常有报道，说某人因投资或创业失败导致经济破产，还发生了许多不该发生的人间悲剧。究其原因，就是没有统筹之道的意识，或一意孤行、或一厢情愿，完全不理会经济发展的客观变化，甚至不惜押上全部身家，其实就是做了一场"豪赌"。

若能统筹全局，绝不会简单粗暴地孤注一掷，而是会明白"胜败乃兵家常事"和"留得青山在，不怕没柴烧"的道理；若能统筹全局，就会给自己和家人留有余地，不至于让风险跑到"安全圈"内。有人说最成功的企业家就是敢把全部身家都押上的"拼命三郎"，但那是种奋斗的精神，绝不是最明智的做法。要知道，有些事情是只能说却不能做的，当然有些正好相反。

其实，不管是理财还是创业都是为了更好的生活，如果脱离了这个终极目标，就会变成一种偏执。真正的奋斗人生一定是令人内心愉悦和振奋的，如果让人倍感痛苦和煎熬，就失去了成功的意义。**所以，从某种意义上来说，统筹之道也可以叫人生幸福之道或理想成功之道。**

四、时间之道

⊙ 什么是时间？

高尔基说："世界上最快而又最慢，最长而又最短，最平凡而又最珍贵，最易被忽视而又最令人后悔的就是时间。"

巴尔扎克说："人的全部本领无非是耐心和时间的混合物。"

莎士比亚说："抛弃时间的人，时间也会抛弃他。"

马克思说："一切节省，归根到底都归结为时间的节省。"

恩格斯说："利用时间是一个极其高级的规律。"

陶渊明说："盛年不重来，一日难再晨。及时当勉励，岁月不待人。"

岳飞说："莫等闲，白了少年头，空悲切。"

鲁迅说："时间就像海绵里的水一样，只要你愿意挤，总还是有的。"

…………

⊙ 人一生到底有多少工作时间？

一个 100 岁的人，20 岁之前不工作，60 岁以后退休也不工作，在岗位工作 40 年。一天 24 小时要保证睡眠 8 小时，即 1/3 在睡觉。每天工作 8 小时，还有 8 小时要吃饭、运动、聚会、娱乐、生活和学习等。一年有 52 周，每周工作 5 天，即 260 天，再减去全年节假日的 29 天，则每年实际工作日为 231 天。因每天只有 1/3 时间在工作，相当于 231/3=77 天，即每年有 77 天在全天工作。40 年就是 3080 天，相当于 8.43 年，也就是说一个普通人一生工作 7~8 年的时间。因每日工作的 8 小时（如无加班情况），还应减去倒水、看手机、去厕所、请假外出甚至打盹愣神的时间，尤其是朝九晚五的工作，还应减去午餐和休息的 1 个小时，一生的工作时间就更少了。

所以，一个懂得时间的价值，并了解它的珍贵的人，必然是一个深谙时间之道的人。所谓的时间之道，其实就是让创富的时间更有效率，并兼顾经济与统筹之道。

⊙ 时间之道无处不在。

　　世界是不公平的，如人出生的不同，天赋及运气的不同；但这个世界又是公平的，即每人每天都只有 24 小时。一个人要想成为某个领域卓越的人，就看他是如何对待这 24 小时的。格拉德威尔在《异类》一书中提出了促使人卓越的"一万小时定律"。书中指出，人们眼中的天才之所以卓越非凡，并非天资超人一等，而是付出了持续不断的努力，一万小时的锤炼也是一个人从平凡变成世界级大师的必要条件之一。按我们上面分析的工作时间来看，成为一个领域的专家至少需要五年左右的时间。当然，很多人也对这个理论提出了质疑，他们指出很多勤奋时间超过一万小时的人，并没有成为真正的天才。其实，**成功也是有等级的，以 0 到 100 来表示；而失败亦然，以 0 到 −100 来表示**，如图 7-2 所示。

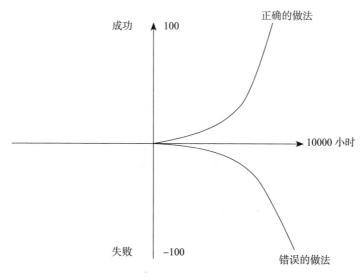

▲ 图 7-2　成功与失败的等级示意图

从图7-2中不难看出，**只有正确的做法达到1万小时，才能让人真正卓越**。何谓正确的做法，其实就是将"道法术"相结合的做法，而不是三者孤立。一个天天练习弹琴却还是普普通通的人，就要注意与弹琴技巧对应的"术"，是否与"法"相符，而这就需要其"寻名师访高友"，否则闭门造车，终难成大器；还要看其"法"，是否是基于"道"，即要与自然及内心相合，有"道"的人被称为有天赋或有灵感的人。想要成为大师，就需要达到前面所说的"道法术合一"。不过，我不认为人人都必须去成为大师，只要做好你自己所能，就人生无悔。而对于大众来说，避免平庸的方法还有"剩者为王"，即只要在一个行业能"活"得够久，也可以熬成一个行业的佼佼者。

懂得善用时间就是时间之道。时间是我们最为宝贵的财富和最有价值的东西。对于人一生中的那一万小时的学习或练习内容，也要懂得取舍，这样才能真正节约时间，让时间的效率变高。有些人学得太多太杂，他们并不明白学习的真正目的，只是为了学而学，不光成不了大师，反而没有了自己的思想，变得教条和刻板，成了人们口中的"书呆子"。那最佳的学习应该是什么样的呢？如图7-3所示。

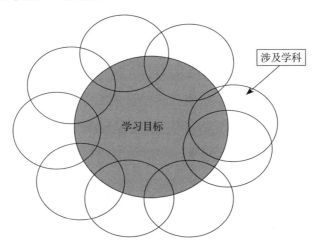

▲ 图7-3　最佳的学习示意图

当你确定了自己的人生方向，并制订了学习或工作的目标计划后，你就既要学习本专业的知识，又要学习相关专业的知识，这样才能博采众长、触类旁通，进而融会贯通。记得当年，我初学投资理财时，投资理财的书一本不落地看，而这些书中提到的有关数学、科学，包括哲学等知识，我都一一查阅。甚至为了了解作者当时的想法，还会参阅同时代最有影响的科学成就，想探知他可能受到的某种影响，但我仅看书中涉及投资的有关知识，其他是不看的，有时一本书可能只看几页而已。这样的学习效果极佳，两年自学所学到的投资理财知识，比我大学四年里学到的要有用得多。所以，**除非你要改变专业目标，否则就要懂得学习的取舍，"取"图中阴影部分，"舍"图中空白部分，不要在非目标专业上浪费时间。**

像孙正义两年读 4000 本书，马斯克一年读 700 本书，如果不是懂得读书的时间取舍之道，恐怕现在那些书还没全读完，哪有时间去创造财富和改变世界呢。其实，这个道理不光体现在学习上，也体现在工作、生活、经商和投资中，否则就会本末倒置、难以聚焦，让人无法卓越，以致人生无法成功。

在企业管理中，一般会涉及人事财务管理、行政后援管理、运营后台管理、生产库存管理、订单客服管理、商品质量管理、营销宣传管理、资产档案管理、发文印章管理和思想建设管理等，但**最重要的管理，其实是时间管理**。因作为管理者，你首先要管理好自己的时间，所谓"A 时间做 A 事，B 时间做 B 事"。应把 80% 的时间放在为企业带来最多利益的 20% 的人身上，而绝不能因缺乏时间管理，让自己长期做无效或低效的工作，更不能成为企业的"救火队员"。对员工团队的管理，最有效的方法也是时间管理，管理思想很难，毕竟人的思想很复杂，管理行为又显得企业缺乏人性化，所以对员工的时间管理就很重要。

在理财上，时间之道体现得更是淋漓尽致。巴尔扎克说过："时间是人的财富、全部财富，正如时间是国家的财富一样，因为任何财富都是时间与行动化合之后的成果。"但斌在《时间的玫瑰》一书中也写道，"时间是最有价值的资产，我们今天所买入的股票不仅仅属于我们自己，它属于整个家族，我们应该为子孙后代担负起此刻的责任。"股神巴菲特则更明确地指出，时间的价值就是复利，他说道，"复利有点像从山上往下滚雪球，最开始时雪球很小，但是往下滚的时间足够长，而且雪球黏得适当紧，最后雪球会很大很大。"

如果说融资是财务的杠杆，那时间就是人生的杠杆。要想人生成功，就要在设定的目标上投入时间和精力，通过聚焦人生中某一阶段的时间，来搏取一生的成就。富人就是通过利用别人的时间来撬动财富的，例如麦当劳利用全球几万家的加盟店让自己无论是白天还是黑夜都有大笔的收入。

总之，通过时间之道来让财商之道落地，是财务成功的不二法门（这里的财务成功指的是可以"赚到钱"，而"留住钱"则是财务自由，能"创造钱"才是财富自由）。

五、心量之道

心量本是佛教语，如"心量广大，犹如虚空，无有边畔"，后引申为胸怀和心胸是否宽广的意思。古人也用"宰相肚里能撑船，将军额上能跑马"这样的俗语来形容一个人的胸怀宽广、大度豁达。这里的心量之道指的是如何通过修炼内心，来让自己的人生更顺畅，财富更充盈。上文讲过"赚到钱"的阶段为财务成功阶段，而"留住钱"的阶段才是是财务自由阶段，因留住钱才能使收支平衡，才能不为金钱所困。**想要"留住钱"不光需要"留钱的技术"，更需要"留钱的心法"，这留钱的心法就是心量之道。**

云谷禅师在《了凡四训》中曾说："世间享千金之产者，定是千金人物；享百金之产者，定是百金人物。"意思是想要拥有百金或千金的产业，就要成为百金或千金般的人物，而要想成为这样的人物就需要积德行善且宠辱不惊。**现在经常说的"厚德载物"和"德财配位"，意思就是人应增厚美德以容载万物，让自己的品德与获得的财富相配。**例如红顶商人胡雪岩年幼丧父，12岁放牛时捡到包有金银财宝的包裹后苦等失主数个时辰，后来失主非常感动，带他到自己的杂粮铺里当了学徒。后又到杭州阜康钱庄，同样是因为人品好，继承了钱庄的生意，获得了人生的第一桶金。又例如美国著名的华尔道夫酒店的故事，100多年前的一个风雨交加的夜晚，一对老夫妇入住旅店，但已客满，在他们失望之时，一位热心的服务员免费提供了自己的房间。多年后，这个服务员收到了一封附有往返机票的挂号信，邀请他到纽约曼哈顿访问。在那里，那对老夫妇指着一栋高贵华丽的大楼对他说："这是我盖的旅馆，希望你来为我经营，我叫威廉·华尔道夫，你正是我梦寐以求的员工。"在20世纪30年代，华尔道夫酒店是当时世界上最高的摩天大楼酒店（共42层），而那位服务员就是乔治·波特，一位奠定该酒店世纪地位的推手。香港首富李嘉诚曾说："良好的品德是成大事的根基。"美国金融大亨摩根则说："我宁愿贷款100万美元给一个有良好品德且养成储蓄习惯的人，也不愿贷1000美元给一个品德败坏且只知道花钱的人。"可见品德好的人，事业之路就会更顺畅。

今天，**如果企业都能有"全心全意为人民服务"的企业宗旨，则很少有做不好的。**要知道社会财富其实是人民的，这里的"人民"对企业来讲就是客户。一个企业的效益规模是和所服务的客户群数量成正比的。其实，很多企业就是在给人民（客户）造福的过程中而变富的，如修桥铺路、建医院、商场、住房、学校、公园、高铁和机场等，还有提供水泥、钢材、五金等材料配件的，提供运输和水电网络通信服务的，为运输车辆提供汽油的，以及配套商业金融服务等。最终，老百姓得到了益处，国家得到了发展，企业则得到了收入。当然，企业主也成为了富人。

所以，**一个人要想留住财富，就要修财亦修德。**

社会上经常有很多抱怨自己没有成功的人，但你如果仔细观察他们的言行举止，就会发现他们身上很多的不足。有的出言不逊、出口成"脏"，有的自私自利、贪图便宜，有的心胸狭隘、妒贤嫉能，有的出尔反尔、背信弃义，有的阳奉阴违、两面三刀，有的工于心计、思想阴暗，有的好吃懒做、得过且过，有的举止轻浮、行为猥琐，有的愚昧无知、狂妄自大，有的言语莽撞、行为粗鲁等。这些细节处的"败笔"，往往是事业道路上的"绊脚石"。**故人应修身养性、注意言行，才能成就大业。**

对于想要的目标，要明确和具体，而对于付出的回报，则不可明确。需坚持"只问耕耘，不问收获；但行好事，莫问前程"才行，要时刻保持平常心态。而要时刻保持平常的心态，就要学会宠辱不惊。范仲淹在《岳阳楼记》中写道，"不以物喜，不以己悲"。即在高峰时能想到低谷，在低谷时能想到高峰，说的就是这种心态。有这样心态的人，必是格局大、心量大的人。春秋时，有"财神"之称的范蠡曾经三次散尽家财，而每次都能重新成为一方首富，这不光在于他高明的赚财之术，更在于他的心量之大，完全配得上这巨额财富。而我也见过很多想理财致富的人，投资后就犹如惊弓之鸟，坐立不安、夜不能寐，虽然大家学的用的都是同一方法，但他们却总能以失败离场。究其原因，不是方法不行，而是心态不好，所以必须要先修心才行。**修心就是要把心量修大、修正和修好，只有内心的能量提高了，才能成就大业。**

心量大的人与人做生意，更愿意对方多赚钱；心量大的人对待员工，并不怕员工赚得更多。因心量大的人，最懂"舍得"二字。现在的聪明人太多，你也只有靠"善良大度"才能赢得人心，而不是比谁更聪明。要知道，赢市场不如赢人心。很多人还喜欢把不好的境遇归罪于命运，岂不知"相由心生，境由心转，命由心造，福自我召"的道理。**只有将自己的心灵净化、心量放大、心胸豁达，才能"逆天"改命，实现人生真正的成功与幸福。**

六、生活之道

世间凡事有度、过犹不及，追求财富成功也要张弛有度，与紧张的聚焦原理相对应的就是放松的生活之道。在一档财经节目中，身价已达 20 亿元的作家吴晓波说过："自从 1997 年开始，大约 20 多年，我晚上都不工作，业余时间大多奉献给了韩剧和麻将。"现实中，很多的"学霸"也表示，他们并不是人们口中所说的那种没日没夜地发奋读书的人，相反他们只需要很短的时间就可以掌握很多的知识，业余生活相当丰富，他们不光会学，更会玩。投资家罗杰斯在成功后，便开始了他的环球之旅，他在《玩赚地球》一书中写道："在非洲炽热的漫天黄沙里驾车飞奔；在冰天雪地的冰岛欣赏夜晚湛蓝天空下五彩的烟花；在西伯利亚一望无际的大平原上，看郁郁葱葱的白桦林和贝加尔湖清澈见底的湖水如画如歌；在埃塞俄比亚拉利拉神庙读世界上最古老的经文；在印度恒河圣浴；驾车穿越 15 个烽火硝烟的战区；两次驾车环游世界，三次打破吉尼斯世界纪录，穿越了116个国家；甚至骑着摩托横穿中国，领略中华文化。"股神巴菲特在年轻时，也喜欢工作之余抱着夏威夷四弦琴（尤克里里）边弹边唱。

我们理财的目的是为了更好的生活，而许多理财的秘密也藏在生活的细节之中，有些生活的智慧本身就是理财的智慧。例如投资股票就需要投资好的公司，而好的公司不是看公司的宣传有多好，而是要看其满足了人们生活中的哪些需求，因能满足人们在生活中的需求才是企业最大的价值，有价值的企业，股价自然会慢慢上升。基金之王彼得·林奇就经常通过观察生活中的各种畅销商品来分析判断生产该商品的公司股票行情，他还经常询问爱人和孩子一些商场购物的情况。想在生活中发现智慧，就需要你有一颗放松的心灵和一双发现机会的眼睛。不管多么成功的人，当他离开了生活高高在上时，智慧也会离他而去。

有很多没有成功的人并不是懒惰的人，恰恰相反，是过分勤奋的人。在他们身上经常能看到"用力太大"的痕迹，他们的精神是紧张的，神情中透露着一丝沮丧。他们也明白"业精于勤荒于嬉"的道理，他们不敢懈怠，他们全力以赴。他们的问题是紧张焦虑的心情压抑了灵感的产生，堵塞了产生智慧的源泉，还失去了生活的乐趣。有个电视广告是这么说的："人生就像一场旅行，不必在乎目的地，而应在乎的是沿途的风景，以及看风景的心情。"用力太大不仅对成功不利，不能欣赏人生旅途的风景，还会影响人的身心健康。

我非常喜欢普希金的一首诗《假如生活欺骗了你》。

假如生活欺骗了你，

不要悲伤，不要心急！

忧郁的日子里须要镇静：

相信吧，快乐的日子将会来临！

心儿永远向往着未来；

现在却常是忧郁。

一切都是瞬息，一切都将会过去；

而那过去了的，就会成为亲切的怀恋。

热爱生活就是生活之道。一个人的成功若源自生活，那他的成功就是真正的成功，但也有的人成功了，家庭却破碎了，不能不说是一种遗憾。只有热爱生活，才能体验成功的真谛，才能赢得大家的尊重。主持人涂磊是《爱情保卫战》当红的"情感专家"，但却突然宣布退出该节目的录制。后来涂磊透露，他之所以决定退出常驻导师的身份回归家庭，是因为他的妻子曾对他说过的"5 年之约"。他答应过妻子，在女儿 5 岁之后将会减少工作量，用更多的时间去陪伴女儿和家人。网友纷纷称赞其是个好男人、好父亲，我也非常钦佩他有这样的举动。很多人其实分不清事业、金钱与生活、家人的轻重，在天平的两端放错了砝码。我想涂磊之所以能在事业上获得成功，能一针见血地直指人心，和他对爱情的理解及对生活的热爱是分不开的。

有很多在为生活苦苦打拼的人，寻不到成功的机会，其实是他们不明白成功的机会就在生活里，他们的眼光一直都在四处寻找，但却忽视了脚下的路。早年在农村老家喜欢摆弄花草的一个年轻人，决定要改变命运，所以到大城市里寻求发展，但却屡屡碰壁，最后他绝望之际，在街上游荡，却无意间发现了有些居民把死掉的花卉扔在垃圾桶旁。他突然有个想法，那些花养不好很可能是土质问题，而家乡的土质非常好，种的花都是枝繁叶茂，他可以做有机土的生意。没几年，他就成了当地一个小有成就的商人。

生活中还有一些很有趣的现象，在家中聚餐吃饭时，喜欢吃肉的经常抱怨夹不到菜里的肉，而喜欢吃素的则又发现怎么夹菜里都有肉，而且还不少。这是什么道理呢？其实是我们的心理作用。本来是一样的，但因爱憎所以有了分别心。由此得出的行事方法，用一句开玩笑的话来讲就是："谁想要就偏不给谁，而谁不要就偏给谁。"正是"有心栽花花不开，无心插柳柳成荫"，又如"落花有意随流水，流水无情恋落花"。历史上有个程咬金，原本不想当皇帝，却被选中当了瓦岗山的"混世魔王大德天子"。他就是不按套路出牌，不管是有着"同归于尽"般不要命精神的"三板斧"，还是对隋炀帝皇杠的几次"半路"抢劫。当时，无论押运皇杠的官兵有多少人、本领有多强，都被从半路上杀出来的程咬金用斧头杀得大败而去，这也是"半路杀出个程咬金"这句民间俗语的由来。**世界上的事情往往就是这样，你正着取不一定能得来，但反着取又根本得不来，必须"既正又反"才能得来。**

什么是"既正又反"呢？**就是"心正行反"，你的心要正，行为要反。**"窈窕淑女，君子好逑"，是人对美好爱情的渴望，应心中有爱，但行为要端正，如果变成了"窈窕淑女，君子哀求"那就不好了；对孩子教育也是一样，若希望子女成龙成凤，那就要心中殷切盼望，辅以管理和约束，但也不能给子女过大压力。

在理财的致富过程中，也要"心正行反"。"心正"就是说要把理财致富的目标放在心里；而"行反"就是说行为上不能操之过急，否则就会急功近利、孤注一掷、慌不择路、屡屡受挫后事与愿违。理财要的是静，静才能有平常心，你的理财技巧才不会被心情扰乱，**只有"心静＋技巧"，理财的智慧才能产生。**生活中，因面临很多经济的压力，很难"静"下来，因此试着让自己"静"下来就是迈向成功的第一步。善于识人的曾国藩就曾说，"功名看气概，富贵看精神"。

生活之道不光能让你享受一路的风景，体验人生的幸福，更能发掘财富的信息。过去的商机叫"信息不对称"，现在的商机叫"乾坤大挪移"，如把教学搬到网上的、把办公搬到网上的、把新闻写作搬到网上的、把 KTV 搬到网上的、把超市专卖店搬到网上的、把工厂搬到网上的、把娱乐搬到网上的、把导购搬到网上的，甚至把生活也搬到网上的。

总之，**想成功就要抓住趋势，而很多的趋势就来自生活，只要在生活中做个有心人，离成功就不会太远。**

七、自然之道

曾有很多人探讨，究竟什么才是真正的成功？答案有很多。但我认为，**做好自己就是成功。如果你是大树，就要去撑起一片蓝天；如果你是小草，就要让碧草如茵；如果你是鲜花，就要芬芳艳丽。**每个人都有渴望成功的自由，也有追求财富的权力。达，则泽于世；不达，则泽于己。始终相信，一切都是最好的安排。其中有几个关键词，我想要分享给读者们。

⊙ 万物生长

自然界有春夏秋冬四季，"春生夏长，秋收冬藏"，是农作物的生长规律。财富的增长也像农作物一样，需要一定的时间。所有的植物都是从一粒小小的种子发芽生长而来，而财富的种子最初也只是一个小小的想法。**你需要甄别自己众多的想法，选择最好的那个，埋入思想的土壤，并通过不断思考实践来浇水施肥，促使它不断茁壮成长。**

现在很多人创业都在追风口，投资都在炒热点，就像一个从不播种的人，却成天想着收获别人成熟的庄稼。社会充满了浮躁的情绪和急功近利的做法，但却缺少了匠人般的专注精神。究其原因，是我们太渴望成功了，但却违背了自然的法则。风口上的企业的确有不少成功案例，但大都是经过播种发芽，最终等到了自己成熟的季节。投资也是如此，热点接二连三，判断扑朔迷离，其实个股的上涨就像植物生长一样，是到了其"夏长"的阶段。所以，要想获得真正成功，就要按照自然的法则来：创业者能够研究怎么从 0 到 1，而不是从 1 到 N；投资者能够研究怎么发现价值，而不是发现热点。蜜蜂因建立了长期的生存法则，如"8 字舞"，所以可以准确采到花蜜，而苍蝇虽然也在空中飞舞，因无章法，所以只能到处乱碰乱撞。所以，**今天要不追风口，只做价值，让你的企业真正有价值，让你的投资逻辑真正有价值，那成功自然就会水到渠成。**

⊙ 光锥坐标

物理学上讲：将一块石头扔进水塘，水表面的涟漪向四周散开，并且涟漪以圆周的形式越变越大，这个二维的池塘水平面加上时间，扩大的水圈与时间就能画出一个圆锥，叫"未来光锥"，对应的还有一个"过去光锥"，或叫"历史光锥"，如图 7-4 所示。

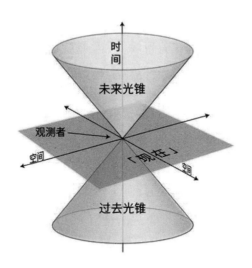

▲ 图7-4　"未来光锥"与"过去光锥"

　　我们并不是要学物理学，只是借这个模型来说明一些道理。**如果把那块石头比做是一个事件的话，当一个事件发生，就会随着时间的推移而发生一连串的现象，这种未来变化的现象也呈螺旋上升的态势。**比如，当某地发生一起事件时，另一地的一个人要等到时间推移形成的"未来光锥"影响到他时，他才会知道那个过去发生的事件，即当时眼前的事件并非是眼前看到的，而是从过去的某一时点来的。同理，今天所见的一切，也是"过去光锥"影响的结果。如果假设两个同一事件（A与B）发生在两个相同的观测环境里，那我们就可以大胆推测，当时A事件的"未来光锥"，也会是现在B事件的"未来光锥"，**它们会随着时间发生一连串大致相同的事件，这就具备了一个较为可行的预测功能。**

　　如果在金融市场上发生了一个事件，而这个事件又与历史上的某个事件相近，一旦市场环境也接近当时的环境，那两个事件的影响在那一刻是相似的。虽然因时间的关系，两种情况不会完全相同，但如果特征一致，则可认为是更高层次的回归，历史仍将重演。如果根据历史上的事件反应来加强目前事件的反应，就会加剧这种事件影响的作用。即过去的那块石头仅使得湖面泛起涟漪，而今天同样的石头，因人为增加了涟漪波动的频率，形成了蝴蝶效应，使得后面的涟漪成了"惊涛骇浪"，这人为加强的过程，就有点像索罗斯在《金融炼金术》一书中说的**反身性理论**。

如图7-5所示，在点P投入的石头所形成的二维水面涟漪，其实对应两个三维的光锥，上面的是未来，下面的是历史，如果石头和环境不变，那历史就对应着未来。在学习哲学的时候，发现真理的一个定义是这样的：**真理是包含未来的事件与历史的事件及它们之间的各种介质的总和**。在《列宁选集》的某页下一小行注解中，还进一步说明：α代表未来事件，β代表历史事件，γ代表中间的介质。原来真理也是有坐标的。而这个真理坐标也非常符合光锥的形态特征，我称之为"光锥坐标"。

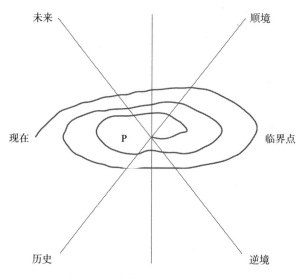

▲图7-5 "未来光锥"与"过去光锥"

运用光锥坐标的理念，如果记录下同一石头在同样环境中，在历史上的每一圈涟漪的到达时间，就会推算出未来某时会发生某现象，这样就可以预测未来、运筹帷幄了。如果可以用一种数学模型来进行计算的话，那就会得到一张该事件在未来发生的系列现象时间表。自然对你的创业和投资，甚至生活的各个方面，都是大有益处，就像古人"趋吉避凶"的原理一样。

如果把上面的部分称为"顺境"的话，那下面的部分就叫作"逆境"，中间的 P 点叫作"临界点"。举个生活的例子，如果你进入厨房，会看到刀叉勺筷、锅碗瓢盆等器物，如果你进入卧室，会看见床单被褥、枕头睡衣等物，而如果在卧室看到了刀叉勺筷等物，那就不对了，绝对是走错了空间。所以在顺境空间中，你大多会看见对你好的事物，而在逆境空间中，你大多会看见对你不好的事物。明白了这个道理的好处是，你可以用它来判断自己或别人是处于哪种时空。对于处在顺境空间的人来说，这是你人生的大好时光，所谓好花不常开，好景不常来，你必须要抓住机会，大刀阔斧地去勇往直前，创造自己人生最大的辉煌，包括事业和财务，都是一样的道理；而对于处在逆境空间的人来说，这是你人生的低谷时期，所谓人有三衰六旺，月有阴晴圆缺，你必须要多静少动，避免更大的损失，度过逆境最好的方法就是读书和劳动，而不是妄动。其实，逆境是人重新思考以认识自己的大好时机，一位哲人曾说过，"苦难是人生最好的老师"，很多灵感和创作都是痛苦思考后的结晶。

⊙ "熵减"运动

熵代表一个系统中的混乱程度，熵增定律是热力学第二定律的另一种表述，也是爱因斯坦认为的最科学定律。这个定律是说，**在一个封闭系统中，**

如果没有外部的干预，就会越来越混乱。生活中这样的例子有很多：房间不整理，就会越来越乱；团队不管理，就会离心离德；公司不经营，就会越来越差；财富不打理，就会钱财受损；身体不运动，就会变胖虚弱；朋友不联系，就会渐渐疏远；社会不治理，就会治安混乱。**总之，只要不做功，系统的能量就会散尽，一个人只要不努力，就会被社会淘汰。**

因为熵代表无序和混乱，所以熵增就是不好的情况，而熵减正好相反，代表更有序、更有效率，是好的情况。《熵减：华为活力之源》一书就是介绍华为各级员工学习任正非"熵减"管理哲学的资料合集。早在 2012 年，任正非就提出了"熵"的概念。亚马逊的创始人杰夫·贝索斯也有同样的理念，并总结了三条抵抗熵增定律的经验，抵制形式主义、小团队组织和开放系统。管理学大师彼得·德鲁克是将"熵"的概念引入企业管理的第一人，他说："**管理要做的只有一件事情，就是如何对抗熵增。在这个过程中，企业的生命力才会增加，而不是默默走向死亡。**"

不难看出，世界上拥有巨额财富的人，都在做"熵减"运动。**只有将封闭的系统改为开放，通过不断学习创新，让新的知识和信息或具备新知识和新信息的新人来充当外力，才能保证系统内长期的有序和高效率，也只有这样才能让企业长青且财源不断。**

⊙ 思维线

稻盛和夫在《思维方式》一书中指出："人生·工作的结果 = 思维方式 × 热情 × 能力。"他说，"上天分别赋予了每个人神奇且无限的可能性，区别仅仅在于，有的人发挥了这种可能性，有的人却没有发挥。"所以，人的思维方式也决定着一个人的人生是否会成功。**如果把我们自身比做是一艘飞船**

的话，对自我的认知就是该飞船的操作系统，学习的各种知识就是飞船外部的交通规则，那些具体的方法和技巧就是驾驶飞船的操控技术，而真正的驾驶员就是每个人心中的灵魂。

从思维的长短来看，深谋远虑的人胜于眼光短浅的人；从思维的角度来看，将心比心的人胜于以我为尊的人；从思维的深度来看，心思缜密的人胜于粗枝大叶的人；从思维的广度来看，心怀天下的人胜于狭隘偏激的人。所以，一个人想要成功，就要让自己的思维线变长、观测点变低，同时加强思维的深度与广度，以让自己的飞船驾驶技术更加娴熟，最终成功飞往理想的人生目的地。

总而言之，只要我们学会并掌握了财商之道及其涉及的 7 个方面，那就具备了成功的可能性。本书不想简单教你怎样走向成功，更想教你如何去避免失败，因你成功的因素里还需要自己的努力和领悟，和一点点运气。现在的中国，其实已经进入了**全商时代**，不光理财的智慧需要提升，生活、工作、健康和娱乐，甚至做人等各个方面的智慧都需要提升。好在，现在移动互联网技术能让人们在碎片化的时间里，就可以低成本地学到各种各样的知识。而这种全面化、全民化、碎片化的学习传播，**不仅是你我的个人提升，也许也是我们全人类的一次提升计划。**